P. Scott Hollander

Tarot für Anfänger

P. Scott Hollander

Tarot für Anfänger

Das praktische Einführungswerk in die Welt des Tarots

Urania Verlags AG

1. Auflage: 1.-7. Tausend 1996

ISBN 3-908644-32-1

Originalausgabe: «Tarot for Beginners. An Easy Guide to Understanding & Interpreting the Tarot», Llewellyn Publications, St. Paul, Minnesota.

Übersetzt aus dem Englischen von Martin Rometsch
Umschlagentwurf: Gerd Aumann, Wiesbaden
Satz: GBS, CH-3250 Lyss
Printed in Germany

Wenn ein Gefangener ohne Bücher Tarotkarten besäße und zu gebrauchen wüßte, könnte er in wenigen Jahren über ein universelles Wissen verfügen und über alle möglichen Themen mit beispielloser Autorität und unerschöpflicher Gewandtheit diskutieren.

Eliphas Levi

Widmung

Für Florence Hollander, meine Mama, die mir half, in meine Seele zu blicken und meinen eigenen Weg zu finden.

Das Kartenlesen beginnt

Ihr Tarot-Kartenspiel kann nicht nur die einfachen Fragen beantworten, die Sie vielleicht einem Wahrsager stellen, sondern auch die tieferen Fragen über das, was Ihr Leben lenkt. Und wenn Sie ein intensives Studium des Tarots beginnen, um sich spirituell weiterzuentwickeln, lernen Sie mit der Zeit, die Bilder auf den Karten zu deuten.

Aber irgendwo müssen Sie anfangen. Sie müssen die Grundbedeutung der Karten kennen, bevor der Tarot wirklich in Ihrer Sprache zu Ihnen «sprechen» kann. Hier kann der *Tarot für Anfänger* helfen. Das Buch beschreibt und interpretiert die Symbolik aller 22 Karten des Großen Arkanums und sämtlicher 56 Karten des Kleinen Arkanums klar und verständlich, und es zeigt Ihnen, wie Sie die Karten legen und in ihrer Beziehung zueinander deuten.

Was der Tarot wirklich aussagt, entscheiden letztlich Sie selbst. Der Tarot ist ein Schlüssel, und wo ein Schlüssel ist, da ist auch eine Tür. Und auf der anderen Seite der Tür finden Sie die Antworten auf alle Ihre Fragen, einerlei, ob sie einfach oder komplex, weltlich oder religiös, spirituell oder profan sind. P. Scott Hollander ist seit über zwanzig Jahren Tarotforscherin, -lehrerin und -deuterin. Erfahren Sie von ihr, welche Türen der Tarot für Sie öffnen kann.

Inhaltsverzeichnis

Teil zwei: Die Kleinen Arkanen

Teil drei: Weissagen mit dem Tarot

Einführung

BEVOR SIE ANFANGEN

Wenn es Ihnen so geht wie den meisten Menschen, die mit dem Studium des Tarots (sprich Ta-roo) beginnen, sind Sie gewiß verwirrt angesichts der vielen verschiedenen Karten und Deutungsmöglichkeiten. Wo fangen Sie an? Wessen Interpretation sollen Sie sich anschließen?

Es ist nicht so kompliziert, wie es scheint. Die Grundbedeutung jeder Karte ist ziemlich einheitlich. Die verschiedenen Systeme weichen deshalb so sehr voneinander ab, weil fast jeder, der Tarotkarten benutzt, mit der Zeit seine eigenen Deutungen der Bilder und Symbole entwickelt.

Sobald Sie sich für ein bestimmtes Spiel entschieden haben, werden Sie feststellen, daß der Tarot mit Ihnen «spricht». Mehr noch: Er spricht in *Ihrer* Sprache zu Ihnen. Die Bilder des Tarots passen sich jeder philosophischen oder religiösen Einstellung an, die Sie benötigen, um Ihre Karten zu verstehen und anzuwenden.

Wie sehr Ihre eigenen Deutungen vom Üblichen abweichen, hängt davon ab, wofür Sie Ihre Karten benutzen. Wenn Sie die Karten nur zum Wahrsagen verwenden wollen, müssen Sie lediglich ein bereits vorhandenes System finden, das Ihnen vernünftig vorkommt (und verständliche Antworten liefert), und sich nach ihm richten. Doch Sie können den Tarot, vor allem die Großen Arkanen, auch als Weg zur spirituellen Entwicklung betrachten. Wenn Sie den Tarot aus diesem Grund intensiv studieren, entdecken Sie nach und nach Ihre eigenen Interpretationen der Bilder auf den Karten.

Mit diesem Buch möchte ich Ihnen den Anfang erleichtern. Ich beschreibe jede Karte eines normalen Tarot-Kartendecks und gebe jeweils die Grundbedeutung an. Ich werde Ihnen nicht nur zeigen, wie Sie Ihre Karten zum Wahrsagen verwenden, sondern auch, wie Sie sie mit der Zeit als Pfad zur spirituellen Erleuchtung nutzen können.

Wie Sie dann weitermachen, liegt an Ihnen. Aber sobald Sie anfangen, den Tarot ernsthaft zu studieren, werden Sie sehen, daß Ihre Karten nicht nur die einfachen Fragen beantworten, die Sie vielleicht einem Wahrsager stellen, sondern auch die bedeutsamen Fragen über das, was letztlich Ihr Leben bestimmt.

Das Tarot-Kartendeck

Das Tarot-Deck hat 78 Karten, die man in ein Großes und Kleines Arkanum einteilt. Das Wort «Arkanen» (lat. «Arcana», Einzahl «Arkanum») ist vom lateinischen *arcanus* abgeleitet, das «verschlossen» oder «geheim» bedeutet. Im Zusammenhang mit dem Tarot bedeutet es «Geheimnis» oder «Mysterium» und wird meist im Plural gebraucht.

Das Große Arkanum, die Reihe der Trümpfe, besteht aus zweiundzwanzig Karten. Auf jeder Karte sehen Sie ein anderes Bild, das ein Tun, Verhalten und/oder Ereignis symbolisiert. Außerdem hat jede Karte einen Namen, einen Titel, eine Beschreibung des Bildes.

Mit einer Ausnahme sind alle Karten des Großen Arkanums von eins bis einundzwanzig numeriert. Der Narr, die einzige nicht numerierte Karte, gilt im allgemeinen als «Nummer null».

Beim Lesen der Karten spricht das Große Arkanum *Bewußtseinszustände* an – Ihren seelischen, emotionalen und/oder spirituellen Zustand zum Zeitpunkt des Kartenlegens oder die Situation, in der Sie sich befinden.

Die restlichen 56 Karten heißen Kleine Arkanen. Man teilt sie in vier «Reihen» oder Gruppen ein: Schwerter, Kelche, Münzen und Stäbe. Jede Reihe enthält vierzehn Karten: zehn numerierte Karten (Punktkarten) vom As bis zur Zehn sowie vier Bild- oder Hofkarten: Bube, Ritter, Königin und König.

Bei der Deutung beschreiben die Kleinen Arkanen *Ereignisse oder Situationen*, und jede Farbe konzentriert sich auf einen bestimmten Bereich Ihres Lebens. Im allgemeinen beschreiben die Schwerter Ihren intellektuellen Zustand, die Kelche Ihr Gefühlsleben. Münzen entsprechen Ihrem körperlichen oder materiellen Status, Stäbe Ihrem Beruf, Ihren Fähigkeiten und Ihrem Potential. Die Hofkarten symbolisieren manchmal Menschen, die für Ihr Leben wichtig sind; mitunter muß man sie aber wie die numerierten Karten deuten.

Die Karten des Kleinen Arkanums entsprechen den modernen Spielkarten. Die heutigen Kartenspiele verzichten auf den Ritter, so daß in jeder Farbe nur drei Hofkarten übrigbleiben. Aus den Schwertern des Tarots wurde Pik, aus den Kelchen wurden Herzen. Münzen heißen jetzt Karo und Stäbe sind Kreuz. Die einzige Karte des Großen Arkanums, die den Sprung in die modernen Kartenspiele geschafft hat, ist der Narr, der zum Joker wurde.

Die Geschichte des Tarots

Über den Ursprung des Tarots gibt es viele Theorien; aber niemand weiß genau, wo und wie die Karten entstanden sind. Einige Fachleute behaupten, der Tarot habe sich aus den Schafgarbenstengeln entwickelt, die man beim chinesischen *I Ging* benutzt; andere sagen, er sei dem legendären *Buch Thot* entnommen. Manchmal werden seine Ursprünge auch im 14. oder 15. Jahrhundert in Europa gesucht, da das erste vollständige Spiel, das wir kennen, aus dieser Zeit stammt.

Die populärste Theorie besagt, der Tarot sei im alten Ägypten erfunden und etwa im 14. Jahrhundert von Zigeunern nach Europa gebracht worden. Demnach wären die allegorischen Bilder auf den Karten des Großen Arkanums aus ägyptischen Geheimlehren abgeleitet.

Papus erläutert in seinem Buch *Key to Occult Science* (Schlüssel zur okkulten Wissenschaft), das Königreich sei gefährdet gewesen und deshalb hätten die Priester des alten Ägypten den Tarot entworfen, um ihre Geheimnisse an die Initianden künftiger Zeitalter weiterzugeben. Nach Papus zeigten die Großen Arkanen die Stufen der persönlichen Entwicklung, die Initianden bewältigen mußten, wenn sie Adepten werden wollten. Die Aufzeichnung der Geheimlehren in Form von Symbolen sollte dieses Wissen ernsthaften Studenten der okkulten Künste zugänglich machen; Uneingeweihte würden es lediglich für ein lustiges Spiel halten.

Andere Theorien sehen in den Großen Arkanen die Überlieferung der Geheimlehren verschiedener religiöser Untergrundgruppen. Eine dieser Gruppen, denen man den Tarot zuschreibt, sind die Gnostiker, eine frühchristliche Sekte, die wegen ihrer spirituellen Überzeugungen oft als ketzerisch galt und die gezwungen war, ihren Glauben heimlich zu praktizieren, um der Verfolgung zu entgehen.

Andere meinen, die Philosophie des Tarots gehe auf die Kabbala zurück. In der Tat basiert die Reihenfolge der Kleinen Arkanen auf dem hebräischen Buchstaben- und Zahlensystem.

Die Kabbala ist eine mystische jüdische Tradition. Sie lehrt, daß man durch symbolisches Interpretieren alter Texte sein Bewußtsein über die Ebene des profanen Wissens erheben und dadurch das Göttliche verstehen und sich mit ihm vereinigen könne. Nach dieser Lehre sind Buchstaben und Zahlen nicht nur ein Verfahren, Gedanken und Ereignisse niederzuschreiben, sondern auch Speicher göttlicher Macht, die reiches Wissen enthalten, das bei Eingeweihten die Erleuchtung auslösen kann. (Es ist bemerkenswert, daß die griechische neupythagoräische Schule ebenfalls lehrte, Buchstaben und Zahlen seien göttliche Wesen mit eigenen übernatürlichen Kräften.)

Viele Lehren der Kabbalisten wurden nie aufgeschrieben. Lehrer gaben sie an ihre Schüler weiter und verbargen sie auf diese Weise vor Außenseitern. Die Symbolik der Großen Arkanen enthält demnach diese Geheimnisse in einer Form, die Uneingeweihten schwer zugänglich ist. Nach dieser Auffassung ist der Tarot die Allegorie des Weges zur Erleuchtung, die nur jene verstehen, die in dieser Symbolik ausgebildet wurden.

Der Ursprung der Kleinen Arkanen ist ebenfalls umstritten. Einige Forscher glauben, sie seien Teil des ursprünglichen ägyptischen Kartenspiels; andere sagen, sie seien ungefähr im 14. Jahrhundert einem italienischen Kartenspiel namens *tarocchi* entnommen worden.

Sogar die Herkunft des Wortes *Tarot* ist zweifelhaft. Eine einfache Erklärung lautet, der Name sei von den gekreuzten Linien abgeleitet, die man auf der Rückseite der Karten sieht. Man nennt dieses Muster *tarotee.* Andere meinen, das Wort sei von den *tarrocchi* abgeleitet, der Quelle der Kleinen Arkanen.

Etteilla, ein großer Kenner des Tarots, leitet den Namen von den ägyptischen Worten *tar,* «Weg», und *ro* oder *ros,* «königlich», ab. Zusammen ergäbe das «der königliche Weg des Lebens». J. F. Vaillent schreibt in seinem 1857 erschienenen Buch *Les Romes, histoire vraie des vraise Bohemiens* (Die Roma, die wahre Geschichte der echten Zigeuner): «Der große Gott Ashtarot, As-Tarot, ist niemand anders als der Indo-Tarter, Tan-tara, der

Tarot, der Zodiak.» Andere Fachleute sind der Meinung, sowohl der Tarot als auch das Buch Thot hätten ihre Namen vom ägyptischen Wort *taru* – «eine Antwort verlangen» oder «konsultieren» – erhalten.

Wie auch immer – wir wissen, daß die Symbolik der Karten universell ist und daß sie viele verschiedene Kulturen und Philosophien anspricht. Menschen aller Völker und Religionen benutzen den Tarot und haben ihre eigene Version der Karten entwickelt. Und in einem Punkt stimmen alle Kenner überein: Der Tarot, vor allem die Große Arkanen, enthält ein vollständiges Buch des esoterischen Wissens, das eifrig Lernenden helfen kann, sich selbst und das Rätsel der Schöpfung zu verstehen – wenn sie seine wahre Bedeutung entdecken.

Wahrsagen und Meditieren mit dem Tarot

Im letzten Teil des Buches zeige ich Ihnen verschiedene Möglichkeiten, die Tarotkarten zu legen, um Ihr Schicksal zu ergründen, und ich erkläre Ihnen, wie Sie die Karten sinnvoll deuten. Zunächst jedoch müssen Sie lernen, wie der Tarot Ihre Fragen beantwortet.

Auch wenn Sie es nicht glauben – Sie sind in der Lage, die Antworten zu finden, die Sie brauchen. Aber die meisten von uns können über diese Fähigkeit nicht nach Belieben verfügen. Benutzen Sie den Tarot – und jedes andere Mittel zum Wahrsagen –, um Ihre hellseherischen Fähigkeiten zu konzentrieren, damit sie aktiv werden, wann immer Sie wollen, und damit sie Ihnen helfen, auf Verlangen die Wahrheit zu finden.

Stellen Sie sich Ihr Bewußtsein als eine Art Beifahrer vor, der alles besser weiß, selbst wenn er keine Ahnung hat, wovon er spricht. Hier ist dieser Besserwisser ausnahmsweise jemand, auf dessen Rat Sie sich gewöhnlich verlassen, so daß es Ihnen schwerfällt, seine weniger nützlichen Anweisungen zu mißachten.

Sie fahren jetzt auf einer unbekannten Straße zu einem Ort, den weder Sie noch Ihr Beifahrer je gesehen haben.

Sie wissen, daß Sie Ihr Ziel ohne größere Schwierigkeiten erreichen können, wenn Sie sich auf die Straßenschilder, die Position der Sonne und der Sterne sowie ihren natürlichen Richtungssinn konzentrieren.

Aber Sie können sich nicht konzentrieren. Jedesmal, wenn Sie die Richtung beinahe gefunden haben, mischt Ihr Beifahrer sich mit seinem Rat ein und führt Sie in die Irre.

Es gibt nur eine einzige Möglichkeit, den Schlauberger zum Schweigen zu bringen: Sie müssen ihm eine andere Beschäftigung geben, etwas, was dem Alleswisser (der in Wirklichkeit nichts weiß, zumindest nicht in diesem Fall) das Gefühl gibt, nützlich zu sein – denn mehr will er nicht! Dann hört er auf, Sie abzulenken, und Sie können Ihr Ziel erreichen.

Sie können die unerwünschten Anweisungen nicht einfach ignorieren; Sie müssen Ihren Beifahrer einbeziehen. Er kann selbst dann nicht aufhören, Sie zu stören, wenn Sie beide es wollen. Darum ist es am besten, wenn Sie ihm die Straßenkarte geben und ihn die Richtung bestimmen lassen.

Darum geht es bei allen Arten des Wahrsagens. Das Werkzeug, das Sie benutzen, gibt Ihrem Bewußtsein etwas zu tun, so daß Ihr von Natur aus hellsichtiges Unterbewußtsein sich auf die Reise zum Bestimmungsort konzentrieren kann.

Der Tarot ist die detaillierteste und präziseste Straßenkarte zur Selbsterkenntnis und zur spirituellen Entwicklung.

In den folgenden Kapiteln erfahren Sie die Grundbedeutung der Karten beider Arkanen. Wie bereits gesagt, liegt es letztlich an Ihnen, wie Sie die Karten deuten, sobald Sie mit der ernsthaften Arbeit beginnen. Je länger Sie mit dem Tarot arbeiten, desto persönlicher wird Ihre Auslegung.

Lassen Sie es geschehen. Lassen Sie die Karten zu Ihnen sprechen. Wenn Sie beim Kartenlesen das Gefühl haben, daß der Tarot Ihnen etwas anderes sagen will, als irgendein Tarotbuch es sich vorstellt – folgen Sie Ihrem Gefühl. Der Tarot schöpft aus dem Wissen Ihres hellsichtigen Unterbewußtseins und hilft Ihnen, die Wahrheit zu begreifen.

Die
Großen Arkanen

Trümpfe

Einführung in die Großen Arkanen

Die Großen Arkanen, auch Reihe der Trümpfe genannt, sind das Herz des Tarots. Hier, in diesen zweiundzwanzig Bildkarten sind die Lehren des Tarots ausgedrückt. Die Philosophie des Deuters beeinflußt die Aussage dieser Karten wie auch der Karten des Kleinen Arkanums.

Jedes Bild der Großen Arkanen ist die Allegorie eines anderen Bewußtseinszustandes oder Stadiums der spirituellen Entwicklung. Als Einheit betrachtet, zeigen die Karten die Entwicklung des Anfängers zum Initianden und zum Adepten der Mysterien, die der Tarot lehrt.

Ohne Frage sind die Bedeutungen dieser Bilder ebenso mystisch wie komplex. Dennoch brauchen sich neue Studenten des Tarots nicht entmutigen zu lassen. Wir benötigen keine hochtrabende Sprache, um die Bilder zu deuten. Die Grundbedeutung der Karten läßt sich in einfachen Worten ausdrücken.

Ich möchte Ihnen die Geschichte erzählen, die jede Karte bildlich darstellt, und Ihnen einen «Leitfaden für Anfänger» in die Hand geben, mit dessen Hilfe Sie den tieferen philosophischen Sinn der Karten selbst erforschen können. Das verschafft Ihnen eine gute Ausgangsposition, einerlei, ob Sie den Tarot nur zum Wahrsagen benutzen oder einen Schritt weitergehen und seine mystischen Bedeutungen erkunden wollen.

Wie Sie diesen Leitfaden benutzen

Sie haben zwei Möglichkeiten, dieses Buch zu nutzen. Wenn Sie Ihre Karten nur zum Wahrsagen verwenden möchten, brauchen Sie in den folgenden Kapiteln nur den Abschnitt «Beim Kartenlegen» zu lesen. Wenn Sie mit Hilfe des Buches ein ernsthaftes Studium des Großen Arkanums beginnen wollen, folgen Sie am besten dem unten beschriebenen Schema und lesen jedes Kapitel ganz.

Im ersten Teil des Buches beschreibe ich jede Karte des Großen Arkanums nach demselben System. Zuerst finden Sie den Namen der Karte und seine Entsprechungen, das heißt den Buchstaben des hebräischen Alphabets, mit dem er zusammenhängt.

Dann erläutere ich kurz die Symbolik der Karte, also den Bewußtseinszustand oder das Stadium der spirituellen Entwicklung, die das Bild illustriert.

Ich habe die Deutung der Karten stark vereinfacht; sie soll Ihnen lediglich helfen, die wahre Aussage der Karten selbst zu finden. Sollten Sie den Tarot nur zum Wahrsagen benutzen, können Sie diese Auslegung als allgemeine Aussage über den Bewußtseinszustand und die Charaktermerkmale des Fragestellers verstehen, und zwar in der Situation, um die es beim Kartenlegen geht.

Die beiden nächsten Abschnitte jedes Kapitels möchten Ihnen helfen, die tiefere Bedeutung der Großen Arkanen für Ihr Leben aufzudecken.

Zunächst beschreibe ich das Bild auf der Karte und weise Sie auf die grundlegenden Elemente hin, die Sie beachten sollten, und, wenn nötig, auf tieferliegende Bedeutungen.

Denken Sie daran, daß die Bilder der verschiedenen Zeichner sich ein wenig voneinander unterscheiden. Manchmal sind die Unterschiede nur oberflächlich, sie betreffen zum Beispiel die

Kleidung oder das Geschlecht der Figuren. Manchmal fügt der Schöpfer der Karten einige Elemente hinzu, um seine Philosophie wirkungsvoller auszudrücken.

Es gibt jedoch Elemente in den Bildern der Großen Arkanen, die auf allen Karten gleich sind – oder gleich sein sollten. Diese Elemente beschreibe ich in den folgenden Kapiteln. Der Abschnitt «Beschreibung» geht davon aus, daß Sie nur mit einem Deck arbeiten und daher keine Möglichkeit haben, verschiedene Karten zu vergleichen und festzustellen, was sie gemeinsam haben. Ich möchte Sie vor allem darüber informieren, welche Elemente auf jeder Karte für den gesamten Tarot so wichtig sind, daß sie in allen Decks vorkommen.

Der zweite Teil des Meditationsabschnitts «Bedeutung» geht auf den allegorischen Sinn der Karten ein. Auch hier habe ich mich bemüht, Auslegungen zu vermeiden, die für bestimmte religiöse oder philosophische Systeme typisch sind. Ich möchte Ihnen die grundlegende, anerkannte Interpretation vermitteln. Diese Beschreibung ist ebenfalls nur eine Ausgangsposition. Mit der Zeit sollte jede Karte selbst zu Ihnen sprechen.

So beginnen Sie mit Ihrer eigenen Deutung

Noch bevor Sie die folgenden Kapitel lesen, sollten Sie jede Karte des Großen Arkanums sorgfältig studieren. Achten Sie auf die Hauptfiguren, auf ihre Position (sitzen sie, oder stehen sie, welche Beziehung haben sie zueinander, welche Haltung nehmen sie ein? usw.), auf menschliche oder nichtmenschliche Gestalten, die sie begleiten, auf ihre Besitztümer oder Werkzeuge, auf Einzelheiten im Hintergrund, die Ihnen auffallen.

Denken Sie daran, daß alle Details auf jeder Karte bedeutsame Symbole sind, selbst unscheinbare Dinge wie ein Grasbüschel irgendwo im Hintergrund. Jede Karte enthält einige Elemente, die Sie berücksichtigen müssen, wenn Sie die allgemeine Bedeutung finden wollen. Es gibt zwar Elemente, die besonders wichtig sind (nämlich jene, die Sie auf den Karten aller Decks finden); aber manche Tarotsysteme fügen ihre eigene Symbolik hinzu, und das beeinflußt die Deutung der Karten. Lernen Sie, auf alles zu achten, was Sie auf einem Bild sehen.

Vergessen Sie beim Studium Ihrer Karten nicht, daß viele Kulturen zum Tarot beigetragen haben. Wenn die philosophische Symbolik Ihnen mißfällt, benutzen Sie das falschen Deck. Es gibt beispielsweise Karten, auf denen christliche Symbole zu sehen sind; andere enthalten heidnische oder feministische Bilder. Wenn Ihre religiöse oder auch nur politische Grundhaltung mit der Philosophie des Schöpfers Ihrer Karten nicht übereinstimmt, können Sie die Karten nicht zum Meditieren benutzen, vielleicht nicht einmal zum einfachen Wahrsagen.

Leider gibt es auch Karten mit einer verwirrenden Symbolik. (Ich habe eine Karte gesehen, auf der ein Papst mit einem Dreifachkreuz einer heidnischen Hohepriesterin folgt, die einen Halbmond als Kopfschmuck trägt.) Ich rate Ihnen, solche Karten ebenfalls zu meiden. Suchen Sie ein Deck, dessen Symbolik klar ist und Ihren Grundüberzeugungen entspricht.

Nachdem Sie jedes Bild studiert haben, schreiben Sie am besten Ihre Eindrücke nieder: Was bedeuten die Einzelheiten des Bildes und das gesamte Bild für Sie? Das Große Arkanum ist ein Buch, das verborgenes Wissen enthält. Versuchen Sie herauszufinden, was jedes Bild Ihnen sagen möchte.

Vielleicht halten Sie es für Zeitverschwendung, Ihr Studium ohne Hilfe zu beginnen, obwohl Sie ja einen Leitfaden besitzen. Aber es ist sehr wichtig für Sie, diese ersten Schritte selbst zu gehen. Sie haben diese Gelegenheit nur einmal; denn sobald Sie gelesen haben, was andere über den Tarot denken, können Sie die Karten nie mehr unvoreingenommen betrachten.

Erst wenn Sie jede Karte studiert und Ihre Eindrücke notiert haben, sollten Sie die Erläuterungen in den folgenden Kapiteln lesen. Stellen Sie fest, ob Sie wenigstens einige der wichtigen Elemente jeder Karte entdeckt haben. Wahrscheinlich werden Sie angenehm überrascht sein!

Sie werden aber auch sehen, daß Ihre ersten Eindrücke von der Bedeutung dieser Elemente sich von den Erklärungen in diesem oder jenem Buch unterscheiden. Daraus dürfen Sie nicht schließen, daß Ihre Auslegung falsch ist. *Es gibt so viele Interpretationen der Großen Arkanen wie Interpreten.* Wenn also Ihr erster Eindruck von einer Karte nicht mit den Eindrücken anderer übereinstimmt, so folgt daraus, daß das Bild Ihr Unterbewußtsein angesprochen hat, Ihre persönlichen, einzigartigen Erfahrungen. Was Sie beim unbeeinflußten Betrachten der Karten empfinden, wird für Ihr späteres Studium des Tarots von größter Bedeutung sein.

Zweifeln Sie nicht an Ihrem «Gefühl»; versuchen Sie nicht einmal, es voll und ganz zu verstehen. Schreiben Sie es einfach auf. Wenn Sie eines Tages ein intensives Studium des Tarots abgeschlossen haben und Ihre Aufzeichnungen noch einmal lesen, werden Sie vielleicht überrascht sein, wie bedeutsam Ihre ersten intuitiven Eindrücke waren.

Wenn Sie von irgendeiner Karte – oder gar von allen – keinen klaren Eindruck haben, arbeiten Sie ebenfalls mit dem falschen Deck. Suchen Sie eines, das zu Ihnen spricht. Irgendwo werden Sie es finden.

So benutzen Sie die Karten zum Wahrsagen

Der letzte Teil jedes Kapitels heißt «Beim Kartenlegen». Er erklärt Ihnen die Bedeutung der Karten beim einfachen Wahrsagen. Hier geht es nicht um Meditation, und darum erfolgt die Interpretation von einem etwas anderen Standpunkt aus.

In diesem Abschnitt zähle ich eine Reihe von positiven und negativen Aspekten jeder Karte auf, wie sie beim Legen vorkommen. Die Karte bedeutet nicht alles gleichzeitig! Wenn Sie die Karten legen, wählen Sie die Bedeutung aus, die im Zusammenhang mit der Frage und Ihrer Antwort am vernünftigsten ist und/oder am besten zu den benachbarten Karten paßt. (Näheres lesen Sie im Kapitel über das Wahrsagen.) Zu jeder Karte gehört auch die Beschreibung des seelischen Zustandes des Fragestellers, auf den die gezogene Karte schließen läßt. Sie kann die Form einer Frage oder einer Feststellung oder beides haben. Wenn Sie die Karten auslegen, können Sie entweder eine geeignete Aussage oder Frage aus der Liste der positiven und negativen Merkmale auswählen oder diese Beschreibung als Wegweiser zur Bedeutung der Karte benutzen.

Denken Sie daran, daß eine Trumpfkarte, die beim gewöhnlichen Kartenlegen erscheint, die Gefühle des Fragenden oder seine wahrscheinliche Reaktion in der gegebenen Situation beschreibt. Die Trumpfkarte sagt: «So ein Mensch sind Sie in diesem Moment» oder «Zu diesem Menschen hat diese Situation Sie gemacht». Wie Sie eine bestimmte Situation bewältigen, hängt natürlich davon ab, was für ein Mensch Sie jetzt sind. Darum haben Trumpfkarten beim Kartenlegen großen Einfluß auf andere Karten und auf die Situation insgesamt.

Die Reihenfolge der Karten

Beim Kartenlegen können Trumpfkarten in jeder Reihenfolge auftreten, und wir untersuchen lediglich ihre Position im Spread, also im Muster, das die Karten auf dem Tisch bilden. Wenn Sie jedoch meditieren wollen, können Sie die Karten des Großen Arkanums nicht unabhängig voneinander betrachten. Jede Karte führt zur nächsten und folgt aus ihrer Vorgängerin. Sie müssen also ihre richtige Reihenfolge kennen.

Leider können sich die Experten nicht einmal darauf einigen. Einige Decks stellen beispielsweise den Narren an den Anfang, andere ordnen ihn am Ende ein, und bei einigen Spielen finden Sie ihn an vorletzter Stelle. (Wenn Sie dieses Kapitel lesen, werden Sie sehen, daß dadurch nicht nur die numerische Reihenfolge verändert wird, sondern auch die tiefere Bedeutung der Karte.)

Außerdem ändern mindestens zwei Tarotschriftsteller (A.E. Waite und Paul Case) die Reihenfolge zweier weiterer Karten des Großen Arkanums: Kraft und Gerechtigkeit. Bei ihnen erhalten diese Karten die Nummern acht und elf, während fast alle anderen Tarotdecks ihnen die umgekehrte Reihenfolge zuweisen.

Mein Rat ist einfach: Lassen Sie sich nicht von der Reihenfolge verrückt machen. Wenn Sie Ihr Deck nur zum Wahrsagen benutzen, spielt die Reihenfolge der Großen Arkanen keine Rolle. Sie wird nur dann wichtig, wenn Sie den Tarot als spirituellen Führer verwenden wollen. Wenn Sie jedoch mit dem intensiven Studium des Tarots beginnen und über größeres Wissen verfügen – nachdem Sie dieses und andere Bücher gelesen und Ihre Karten zum Meditieren benutzt haben –, können Sie mit der Zeit selbst beurteilen, welche Reihenfolge am sinnvollsten ist. Wenn Sie das Gefühl haben, das ein bestimmter Schritt vor einem anderen erfolgen sollte, können Sie Ihre Karten entsprechend umnumerieren. Lassen Sie sich durch diesen Gelehrtenstreit nicht vom Lernen abhalten.

Ich behandle die Karten in der Reihenfolge, welche die meisten Decks benutzen. Ausnahmen in anderen Systemen sind angegeben.

Der Tarot als spiritueller Führer

Da die Bilder auf den Großen Arkanen Allegorien sind, wollen wir anhand einer Allegorie illustrieren, wie wir ihre Lehre nutzen können.

Der Tarot ist einer der Wege zur spirituellen Selbsterleuchtung. Er lehrt Sie nicht nur, wie Sie dieses Ziel erreichen, sondern warnt Sie auch vor Abwegen, auf die Sie während der Reise geraten können.

Sie können die Natur Ihrer Reise am besten verstehen, wenn Sie sich das Große Arkanum als eine nach oben führende Treppe mit zweiundzwanzig Stufen vorstellen. Jede Stufe unterscheidet sich ein wenig von den anderen; manche sind breiter, manche schmaler, einige sind rauher, andere glatter. Und jede Stufe hat ihre eigenen Schwierigkeiten, die Sie überwinden müssen, um Ihren Weg fortzusetzen.

Auch der Weg zwischen den Stufen ist von unterschiedlichem Schwierigkeitsgrad. Mitunter müssen Sie eine steile und anstrengende Klettertour bewältigen, ein anderes Mal ist der Weg so leicht wie das Schreiten durch eine Tür. Es gibt jedoch immer eine Barriere, und Sie müssen herausfinden, wie Sie sie überqueren können, damit Sie die nächste Stufe erreichen.

Außerdem gibt es auf jeder Stufe einen Treppenabsatz ohne Hindernisse, wo Sie rasten oder für immer vom Weg nach oben abirren können. Was Sie auf diesen Absätzen sehen, ist manchmal schrecklich, manchmal schön, manchmal beides zugleich; aber es ist immer verführerisch. Jeder Treppenabsatz hat seine eigenen Versuchungen, die Sie anlocken möchten. Einerlei, was Sie sehen und wie Sie darüber denken – es ist immer einfacher, auf dem Treppenabsatz zu bleiben, als die Stufe zu überqueren, auf der Sie sich befinden, und die nächste zu erklimmen.

Am Fuße dieser Treppe sind Sie ein Sucher, der Antworten auf die grundlegenden Fragen des Menschen finden möchte: Warum bin ich hier? Was ist der eigentliche Sinn des Lebens? Wer die Treppe vor Ihnen bestiegen hat, kann Ihnen einen allgemeinen Eindruck davon vermitteln, was Sie auf jeder Stufe erwartet, mit welchen Versuchungen Sie rechnen müssen und wie schwierig es ist, von einer Stufe zur anderen zu gelangen. Aber niemand kann Ihnen genau sagen, was Sie auf jeder Ebene vorfinden oder wie Sie darauf reagieren werden; denn jeder Sucher ist anders.

Nur eines wissen Sie mit Sicherheit: daß es zweiundzwanzig Stufen gibt und daß Sie sie alle überwinden müssen, um Ihr Ziel zu erreichen. Wenn Sie vor der zweiundzwanzigsten Stufe anhalten, finden Sie vielleicht, was Sie Ihrer Meinung nach suchen: aber Sie finden niemals die wahren Antworten auf Ihre Fragen.

Jeder Weg zur spirituellen Selbsterleuchtung hat seine eigenen Gefahren und Fallstricke. Der Weg des Tarots ist keine Ausnahme. Manchmal werden Sie verzweifeln und davon überzeugt sein, daß Sie nie verstehen oder Erfolg haben werden, und manchmal werden Sie versucht sein aufzugeben.

Doch wenn Sie durchhalten, haben Sie einen sehr wichtigen Vorteil. Sie werden auf jeder Stufe feststellen, daß Sie bereits die Fähigkeit besitzen zu siegen. Der Tarot gibt Ihnen diese Fähigkeit nicht; das ist nicht notwendig, weil sie bereits in Ihnen vorhanden ist und immer vorhanden war. Die Lehre des Tarots hat nur den Zweck, diese Fähigkeit ans Licht zu bringen, damit Sie sie nutzen und Ihr höchstes Ziel erreichen können.

Es folgen einige Beispiele für die verschiedenen Tarotdecks, aus denen die Abbildungen in diesem Buch stammen.

Der traditionelle Rider Waite-Tarot mit Bildern von Pamela Coleman Smith. Auffällig sind die groben Schwarz-Weiß-Zeichnungen.

Aleister Crowleys Thoth-Tarot, neben dem Rider Waite-Tarot eines der beliebtesten Decks überhaupt.

Der Hexen-Tarot, künstlerisch brillant gestaltete moderne Karten.

Der 1JJ-Tarot, das traditionelle Schweizer Spiel aus dem 19. Jahrhundert.

Der Oswald-Wirth-Tarot, nach Originalentwürfen des Schweizer Kabbalisten Oswald Wirth gestaltet.

Tarot de Marseille: Reproduktionen mittelalterlicher Holzschnitte von höchster Qualität.

Die Gestalt auf dieser Karte kann Menschen, Dinge und Ereignisse beherrschen und manipulieren.

Trümpfe Eins

Der Magier

Le Bataleur (Der Jongleur), meist «Der Magier» genannt. Entspricht der Zahl eins und dem hebräischen Buchstaben Aleph.

Symbolik

Menschliche Intelligenz, weltliche Weisheit. Beherrschung der Kräfte, die in dieser Welt wirken, oder das Bedürfnis, sie zu beherrschen und zu manipulieren.

Beschreibung

In den meisten Decks ist der Magier männlich, und in allen ist er allein. Einerlei, ob er Mann oder Frau ist – er hat ein junges Gesicht und kluge Augen. Er ist alterslos.

Der Stil seiner Kleider variiert von ägyptisch über griechisch bis mittelalterlich. Der Magier trägt jedoch immer einen Gürtel, und auf manchen Karten ist dieser Gürtel eine geringelte Schlange (vielleicht Ouroboros, die alchemistische Schlange, die sich in den eigenen Schwanz beißt, oder die Schlange, in die Moses und die ägyptischen Magier ihre Stäbe verwandelten).

Der Magier hat eine Hand erhoben, meist die, die einen Stab hält; die andere Hand zeigt nach unten und hält manchmal einen anderen Gegenstand. (Beachten Sie, daß diese Stellung die

Form des Buchstabens Aleph hat.) Das Bild symbolisiert «Wie oben, so unten»: Hermes Trismegistus lehrte, daß die kleinere Welt in jedem Menschen alle Elemente des größeren Universums enthalte und daß man die ganze Schöpfung begreifen könne, wenn man ein Individuum – das Selbst – studiere.

Der Magier hat verschiedene Gegenstände vor sich ausgebreitet, meist auf einem niedrigen Tisch oder Altar. Auf manchen Karten handelt es sich nur um Krimskrams; auf anderen sehen wir vier Formen, die den vier Reihen der Kleinen Arkanen entsprechen: einen Kelch, ein Schwert, einen Stab und eine Münze. Da der Magier die Welt beherrscht, ist es logisch, daß die Objekte aus den Kleinen Arkanen stammen. Wenn Sie auf Ihrer Karte andere Dinge sehen, ist das aber nicht unbedingt falsch.

Auf jeden Fall symbolisieren diese Gegenstände das, was der Adept beherrscht. Das ist die wesentliche Aussage dieser Karte: Beherrschen Sie Ihr Selbst und die Elemente Ihres Universums.

Bedeutung

Gleichgültig, ob Sie sich diese Karte als Magier oder Jongleur vorstellen – die Allegorie ist dieselbe. Denken Sie daran, daß alles im Universum vor Gott ausgebreitet ist wie die Objekte auf dem Tisch des Jongleurs, und Gott wirft mit diesen Elementen der Schöpfung um sich wie ein Jongleur. Für den Jongleur sind Gegenstände als Individuen unwichtig; wichtig ist, daß er sie beherrschen und manipulieren kann.

Wenn Sie auf dieser Karte einen Magier sehen, dann steht ein echter Magier nach den okkulten Lehren im Zentrum des Universums und strahlt alle Dinge aus. Einerlei, wie er erschafft oder neu erschafft – das Universum in seinem Geist wird zum realen Universum. In jedem Fall hat die Gestalt auf diesem Bild also die Fähigkeit, Menschen, Dinge und Ereignisse zu beherrschen und zu manipulieren.

Die erste Karte des Arkanums ist der erste Schritt auf dem Weg zur spirituellen Erleuchtung und Selbstentwicklung. Zu viele Menschen bleiben hier stehen. Da der Magier oder Jongleur seine Welt beherrscht, ist es verlockend, ihn für das Ziel zu halten.

Sie beginnen Ihren Weg mit dem Willen, mit dem Beschluß zu wachsen, mit der Hoffnung auf Erfolg. Um im Bild des Magiers zu bleiben: Wollen Sie die Herrschaft über die profane Welt aufrechterhalten, oder gehen Sie von da aus weiter, um spirituell zu wachsen? Wenn Sie der Jongleur sind, lautet die Frage: Wie viele Dinge können Sie gleichzeitig in der Luft halten und wie lange?

Beim Kartenlegen

Aufrecht (positiv): Willenskraft, Intuition, Selbstbeherrschung, Selbstvertrauen, Unabhängigkeit, Diplomatie. Die positiven Eigenschaften der Menschheit: Geschick, Initiative. Intelligenz, kritisches Urteilsvermögen, Verständnis. Nicht von anderen beherrscht werden. Das alles führt zum Erfolg und zur Fähigkeit, die Umwelt zu beherrschen.

Verkehrt (negativ): Schläue, Gerissenheit, Skrupellosigkeit, Spitzfindigkeit. Ein Intrigant, Lügner, Scharlatan, Gauner; ein Mensch, der die Schwäche und das Vertrauen anderer ausnutzt. Das alles ist die Folge eines unzureichenden Selbstwertgefühls und des beherrschenden Einflusses äußerer Kräfte, und es kann zu Schande oder geistigen Störungen führen.

Der Magier hat das Potential, gottähnlich zu werden. Wenn diese Karte den Fragesteller betrifft, dann hat er die Macht oder das Potential, seine Umwelt zu beherrschen. Entwickelt er dieses Potential, oder vegeudet er es durch Bekundungen profaner Macht? Die übrigen Karten im Spread sagen es Ihnen.

Diese Karte symbolisiert die Fähigkeit, das Wort Gottes zu verstehen und auszulegen. Auf diese Weise machen wir von unseren intellektuellen Fähigkeiten den besten Gebrauch.

Trümpfe Zwei

Die Hohepriesterin

Junon/La Papesse (Die Hohepriesterin oder Die Päpstin) entspricht der Zahl zwei und dem hebräischen Buchstaben Beth.

Symbolik

Göttliche Weisheit, Erleuchtung. Verstehen (oder das Bedürfnis zu verstehen), warum die Dinge so sind, wie sie sind.

Beschreibung

Eine weibliche Gestalt, die sitzt oder steht. Wenn sie steht, hält sie einen Stab in der Hand und deutet in die Ferne. Wenn sie sitzt, hält sie oft ein offenes Buch im Schoß, das Symbol des göttlichen Gesetzes, welches das Universum regiert und ordnet. Die Kleidung ist unterschiedlich; doch immer trägt sie eine Mondsichel oder ein ähnliches Gebilde als Kopfschmuck.

Meist steht oder sitzt die Hohepriesterin zwischen zwei Säulen, von denen eine weiß und die andere schwarz ist. Dieses Thema wiederholt sich auf anderen Karten des Großen Arkanums. Die Säulen symbolisieren gut und böse, Licht und Dunkelheit, Wahrheit und Lüge. Am besten betrachten Sie sie anfangs als Tor und die Gestalt zwischen ihnen als Hüterin dieses Tores. Wenn Sie durch das Tor gehen möchten, brauchen Sie die

Wächterin nicht zu besiegen oder zu überreden – Sie müssen werden, was die Wächterin ist.
Die Hohepriesterin symbolisiert göttliche Weisheit. Sie ist Göttin, Mutter, Beschützerin und Lehrerin zugleich. Im Gegensatz zum Magier, der seine Fähigkeiten benutzt, um das Universum zu manipulieren, besteht die Aufgabe der Hohepriesterin darin, zu beschützen und zu belehren. Sie begreift das Universum, und dieses Verständnis, nicht bloßes Herrschen, ist sowohl ihr Ziel wie auch ihr innerstes Wesen.

Das Wesen dieser Karte ist Weisheit, Einsicht in die Gesetze, die das Universum regieren.

Bedeutung

Wenn Sie sich für den Weg zu Ihrer Rechten entscheiden, für den Weg des spirituellen Wachstums, ist die Hohepriesterin Ihr nächster Schritt. Sie weiß, wie das Universum funktioniert und warum alles so ist, wie es ist. Aber sie benutzt ihr Wissen nicht, um zu beherrschen und zu manipulieren, sondern um zu hegen, zu belehren und zu beschützen.

Diese Karte symbolisiert die Fähigkeit, das Wort Gottes zu verstehen und zu deuten. Wenn wir das Gesetz verstehen, machen wir von unseren intellektuellen Fähigkeiten den besten Gebrauch.

Als Vertreterin des göttlichen Gesetzes ist die Hohepriesterin das verkörperte Gesetz, zumindest jenes Teils, den Sterbliche begreifen können. Sie ist die weibliche Schöpferkraft, die Mutter aller Weisheit, der weibliche Aspekt Gottes. Sie lehrt, daß das Wissen und die Weisheit, die Sie suchen, in Ihnen ist, in Ihrem Unterbewußtsein. Um sie anzuzapfen, müssen Sie Ihr Bewußtsein umgehen, das heißt, Sie dürfen sich nicht von Ihrer sinnlichen und profanen Natur blenden lassen.

Beachten Sie aber, daß die Ziele der Hohepriesterin zwar wertvoller (und gewiß weniger egoistisch) sind als die des Magiers, daß sie jedoch nicht der Punkt sind, an dem der Suchende stehenbleiben sollte. Die Hohepriesterin nutzt ihre Energie, um andere zu hegen und zu unterrichten. Dadurch schränkt sie ihre Fähigkeit ein, selbst spirituell zu wachsen.

Beim Kartenlegen

Aufrecht (positiv): Weisheit, Gelassenheit, Wissen und Verständnis; Urteilen, Lernen, das Rätselhafte, Wissenschaft, Kunst; die Fähigkeit, zu lernen und zu lehren; vielleicht auch Geheimnisse, die in angemessener Zeit enthüllt werden.

Verkehrt (negativ): oberflächliches Wissen, sogar Ignoranz; die Unfähigkeit, Ereignisse und Probleme klar zu beurteilen; verschwommenes Denken; Vorurteile und Einseitigkeit; Unschlüssigkeit oder Angst vor Entscheidungen.

Die Hohepriesterin kennt den Weg, und sie ist bereit, Sie zu führen, wenn Sie bereit sind zu gehen. Wenn diese Karte den Fragesteller symbolisiert, dann ist er imstande, andere auf den rechten Weg zu bringen. Er sollte aber vorsichtig sein und sich nicht derart um das Wohl anderer kümmern, daß er seine eigenen Chancen vernachlässigt.

Die Herrscherin ist das verkörperte Matriarchat. Sie symbolisiert Sicherheit, körperlichen und seelischen Trost und Verständnis.

Trümpfe Drei

Die Herrscherin

L'Imperatrice. Die Herrscherin entspricht der Zahl drei und dem hebräischen Buchstaben Gimel.

Symbolik

Die Mutter, Fortpflanzung, häusliche Harmonie – nicht nur im Heim des Individuums, sondern auch in der Gesellschaft.

Beschreibung

Eine reife, weibliche Gestalt, die auf einem Thron sitzt und vornehme Kleider trägt. Sie hält ein Szepter in der Hand und trägt eine Krone. Auf manchen Karten liegt ein Schild oder ein Wappen zu ihren Füßen. Manchmal ist der Thron ein Garten, und meist befindet die Herrscherin sich im Freien. Sie ist eine Mutterfigur, eine schöpferische Kraft, die dafür sorgt, daß die Elemente, die sie in diese Welt bringt, nicht gegeneinander, sondern zusammenarbeiten. Das Wesen dieser Karte ist die harmonische Zusammenarbeit ansonsten gegensätzlicher Kräfte in Richtung auf ein gemeinsames Ziel – häusliche Harmonie und persönliche Erfüllung für alle Beteiligten. Die Herrscherin ist das verkörperte Matriarchat. Sie symbolisiert Sicherheit, körperlichen und seelischen Trost und Verständnis.

Bedeutung

Die Herrscherin ist die weibliche Herrscherin im Haus – die Mutter. Sie weiß, was in dieser Welt zu geschehen hat, damit ihre Untertanen (die sie als ihre Kinder behandelt) sicher, glücklich und zufrieden sind. Sie hat die Macht, in bestimmten Bereichen Harmonie herzustellen.

Außerdem ist sie das Symbol des weiblichen Instinkts, jener intuitiven, blitzartigen Erkenntnisse, die uns in die Lage versetzen, die richtige Entscheidung zu treffen, wenn wir keine Zeit zum Nachdenken haben. Sie ist Schutz und Fruchtbarkeit. Sie lehrt Liebe zwischen den Menschen (die Vereinigung der Seelen, nicht bloße sexuelle Anziehung). Als Mutter ist sie die Tür, durch die wir diese Welt betreten. Als Herrscherin sorgt sie für Harmonie zwischen den Menschen. Die Herrscherin ist die herrschende Kraft, die eine Umwelt hervorbringt, in der jeder Mensch die Freiheit hat, sein eigenes Potential zu verwirklichen.

Beim Kartenlegen

Aufrecht (positiv): erfolgreiches Handeln, Schönheit, persönliche Entwicklung und persönlicher Fortschritt; häusliche Harmonie; Ehe und Mütterlichkeit; langes Leben; Verständnis, dessen Quelle Erfahrung ist; seelischer und körperlicher Trost. Die Herrscherin sorgt nicht nur für das, was wir zum Leben brauchen, sondern gewährt auch Luxus.

Verkehrt (negativ): das Unbekannte; Zweifel und Schwierigkeiten; Unentschlossenheit; Egoismus; Machtverlust, die Unfähigkeit, Probleme zu lösen oder nützliche Pläne zu schmieden; Ignoranz.

Die Herrscherin weiß, wie man für Harmonie in dieser Welt sorgt. Wir müssen jedoch bereit sein, ihr zuzuhören und mit anderen zusammenzuarbeiten. Wenn diese Karte den Fragesteller betrifft, kann dieser für Harmonie zwischen anderen sorgen – sofern sie zuhören und verstehen.

III
Die Herrscherin

Der Herrscher symbolisiert eine andere Art weltlicher Weisheit: Die Einsicht, daß es nicht genügt, nach Frieden und Sicherheit zu streben und dafür einzutreten, sondern daß wir mitunter bereit und imstande sein müssen, beide zu verteidigen.

Trümpfe Vier

Der Herrscher

L'Empereur (Der Herrscher) entspricht der Zahl vier und dem hebräischen Buchstaben Daleth.

Symbolik
Der Vater; weltliche Macht, Schutz für jene, für die er verantwortlich ist.

Beschreibung
Eine reife männliche Gestalt (meist mit Vollbart), die entweder auf einem Thron sitzt oder daran lehnt. Er trägt sein Gewand über einer Rüstung. In der Hand hält er ein Szepter, auf dem Kopf trägt er eine Herrscherkrone. Auf manchen Karten liegt ein Schild oder eine Rüstung neben seinem Thron oder zu seinen Füßen. Wieder steht der Thron im Freien, und manchmal sind ferne Berge zu sehen. Das Wesen dieser Karte ist Schutz – die Bereitschaft, für die häusliche Harmonie zu kämpfen, welche die Herrscherin uns lehrt. Der Herrscher ist der männliche Beschützer des Heims, der Vater, der alle behütet und führt, die seiner Obhut anvertraut sind.

Beschreibung

Der Herrscher ist auch ein weiser Lehrer. Er lehrt uns, weltliche Macht zu verstehen und zu nutzen. Es gibt Kräfte, die weder guter Wille noch gute Ausbildung überwinden können. Darum müssen wir zuweilen bereit sein, ein Schwert in die Hand zu nehmen. Der Herrscher lehrt, daß wir mit dem Gewissen keine Kompromisse schließen können. Wenn es notwendig ist, müssen wir für das, was wir besitzen wollen, kämpfen. Als männlicher Hüter unseres Hauses ist der Herrscher der Patriarch, der Verteidiger dieser Welt. Der Herrscher symbolisiert eine andere Art weltlicher Weisheit: Die Einsicht, daß es nicht genügt, nach Frieden und Sicherheit zu streben und dafür einzutreten, sondern daß wir mitunter bereit und imstande sein müssen, beide zu verteidigen.

Beim Kartenlegen

Aufrecht (positiv): Autorität, Erfolg, weltliche Macht, Stabilität, Weisheit, Ehrgeiz, überlegtes Handeln; Führerschaft und die Fähigkeit, weise zu herrschen; Mitgefühl; Schutz, Hilfe; erreichte Ziele.

Verkehrt (negativ): Unreife und Verwirrung; Machtverlust, Probleme mit Feinden; die Unfähigkeit, sein Ziel zu erreichen; Energieverschwendung.

Während die Herrscherin die Menschen Zusammenarbeit lehrt, verteidigt der Herrscher dieses sichere Heim gegen äußere Gefahren. Wenn diese Karte den Fragenden symbolisiert, ist er imstande, die Menschen und Dinge, die er liebt, zu verteidigen und für sie zu sterben. Achten Sie darauf, daß alles, was Sie verteidigen, diesen hohen Einsatz wert ist.

IV
Der Herrscher

Der Hohepriester des Tarots symbolisiert religiöse Autorität – die Suche nach der Wahrheit, den Deuter geheimer Mysterien, der den Weg zur Erlösung (oder zu Ihrem persönlichen höchsten Ziel) ist.

Trümpfe Fünf

Der Hohepriester

Der Hohepriester (Hierophant). In manchen Tarotdecks Jupiter oder Zeus, in anderen der Papst. Entspricht der Zahl fünf und dem hebräischen Buchstaben He.

Symbolik

Göttlicher Wille; die Auslegung des göttlichen Gesetzes im Hinblick auf das persönliche Verhalten und den gesellschaftlichen Verhaltenskodex.

Beschreibung

Eine männliche Gestalt, die auf einem Thron sitzt. Er trägt Priestergewand und Krone und hält ein Szepter in der linken Hand. Was er anhat und welche Gegenstände er benutzt, hängt davon ab, welches Kartendeck Sie verwenden. Sein Szepter trägt das typische Symbol der Religion, welcher der Schöpfer der Karte angehört. Seine Krone und seine Kleider sind ebenfalls Teil eines Priestergewandes. Der Hohepriester hebt segnend die Hand. Vor ihm stehen oder sitzen zwei (mitunter drei) weniger bedeutende Priester, die ihm huldigen oder als Bittsteller zu ihm kommen. Auf manchen Karten hat der Hohepriester ein sehr junges, sogar leicht feminines Gesicht, auf anderen ist er alt und bärtig.

Fast immer sitzt diese Gestalt wie die Hohepriesterin zwischen zwei Säulen.

Das Wesen dieser Karte ist religiöse Autorität. Diese Gestalt hat die Macht – verliehen von ihren Anhängern –, zu entscheiden, was wir tun müssen, um «gerettet» zu werden.

Bedeutung

Einerlei, an welchen höchsten Gott Sie glauben – es ist offensichtlich, daß er oder sie nicht regelmäßig vom Himmel herabsteigt, um zu seinem Volk zu sprechen. Darum gibt es in den meisten, wenn nicht in allen Religionen Individuen, deren Aufgabe es ist, den Willen Gottes für ihre Anhänger zu deuten. Je organisierter und strukturierter die Religion ist, desto größer ist die Autorität ihres Hohepriesters.

Denken Sie aber daran, daß nicht nur Vertreter einer organisierten Religion über diese Art Autorität verfügen. Der Hohepriester des Tarots symbolisiert religiöse Autorität, die Suche nach der Wahrheit, den Deuter geheimer Mysterien, der uns den Weg zur Erlösung zeigt (oder zu einem anderen höchsten spirituellen Ziel).

Doch diese Gestalt symbolisiert auch jede organisierte weltliche oder religiöse Institution, die das Denken ihrer Anhänger bestimmt. In jeder institutionalisierten Philosophie gibt es eine Person oder eine beherrschende Gruppe, die behauptet, im Besitz der Wahrheit zu sein, und wenn die Anhänger nicht gehorchen, sind sie verloren.

Die fünfte Karte des Großen Arkanums fordert Sie heraus, eine Entscheidung zu treffen. In diesem Stadium Ihrer spirituellen Entwicklung haben Sie Gelegenheit, das höchste Mysterium aufzudecken – den Willen Gottes, soweit er Ihnen gilt. Auch der

Hohepriester ist ein Türhüter, und Sie müssen er werden, um durch die Tür gehen zu dürfen. Entscheiden Sie selbst, welches der Weg zu Ihrer Erlösung ist, oder lassen Sie eine andere Autorität – beispielsweise den Tarot – für sich denken? Was Sie jetzt beschließen, wird Ihre künftige spirituelle Entwicklung beeinflussen.

Beachten Sie, daß diese Karte nicht immer günstig ist. Im Gegensatz zur Hohepriesterin, die ihre Weisheit und ihr Verständnis nutzt, um anderen den richtigen Weg zu zeigen, benutzt der Hohepriester seine Macht, um seine Autorität zu vergrößern. Diese Karte läßt Ihnen die Wahl: Sie können die Bedürfnisse Ihrer Seele erforschen oder Ihr Selbst den Anforderungen anderer anpassen.

Beim Kartenlegen

Aufrecht (positiv): Gnade, Güte, Freundlichkeit, ein Bündnis (möglicherweise eine Ehe); Kreativität; die Suche nach der Wahrheit; Verständnis und Inspiration; religiöse Bedürfnisse und Neigungen; moralischer Mut; die Fähigkeit, allem Widerstand zum Trotz eigene Wege zu gehen, wenn Sie es für richtig halten.

Verkehrt (negativ): extremer Konservatismus; übermäßige Güte oder Konformität; Knechtschaft, Gefangenschaft, Schwäche; das Bedürfnis, gesellschaftlich anerkannt zu sein; das Bedürfnis, sich anzupassen; Verlust der Autorität (oder Sie akzeptieren Autorität nur, wenn Sie einem anderen die Schuld zuschieben können, falls etwas schiefgeht).

Diese Karte symbolisiert einen Menschen, der die Macht hat, Sie zu übertreffen oder zu besiegen. Sie müssen entscheiden, ob es sich lohnt, diese Person zu besänftigen, nur um die erwünschten Fortschritte zu machen. Wenn diese Karte den Fragenden symbolisiert, ist er ein Mensch, der unbedingt wichtige Probleme für andere lösen will, meist so, daß dadurch seine Machtposition gefestigt wird. Er riskiert dabei, wahre Autorität und persönliches Wachstum dem Glauben an seine Unfehlbarkeit zu opfern.

V
Der Papst

Die Liebenden sind eine Allegorie, die Gegensätze vereint – hier das Männliche und das Weibliche – und ein mystisches Band zwischen Gleichen im Geiste knüpft.

Trümpfe Sechs

Die Liebenden

Les Amoureux (Die Liebenden). Entspricht der Zahl sechs und dem hebräischen Buchstaben Vau.

Symbolik

Vereinigung von Gegensätzen; Engagement.

Beschreibung

Abgesehen von übernatürlichen Gestalten (siehe unten), zeigen manche Karten nur zwei junge Liebende, die bekleidet oder nackt sein können. Auf anderen ist eine dritte Person zu sehen, die über die Verbindung wacht oder sie beeinflußt. In mehreren mittelalterlich anmutenden Decks ist die dritte Gestalt ein alter Mann, entweder ein Beobachter oder eine Vaterfigur, vor dem das junge Paar sich anscheinend rechtfertigen muß. Auf Karten im ägyptischen Stil sehen wir zwei junge Frauen und einen jungen Mann, der sich offenbar für eine von beiden entscheiden muß.

Auf den Karten, die drei menschliche Gestalten zeigen, ist eine geflügelte Figur dargestellt, die aus einer Wolke herabblickt und dem Gott Amor gleicht. Ihre Pfeile deuten auf die Frau (oder auf eine von zwei Frauen). Auf den Karten, die nur zwei

Liebende zeigen, ist die übernatürliche Gestalt in der Höhe ein geflügelter Engel mit segnend ausgebreiteten Armen. Die Entscheidungen, die das Paar treffen muß, werden durch zusätzliche Bilder dargestellt (im Waite-Tarot sehen wir z.B. Adam und Eva vor dem Baum der Erkenntnis und dem Baum des Lebens).

Die Karte symbolisiert die Notwendigkeit, Entscheidungen zu treffen, und die Vereinigung zweier junger Liebenden.

Bedeutung

Die Liebenden symbolisieren die Vereinigung von Gegensätzen – hier als Mann und Frau dargestellt – und das mystische Band zwischen Gleichgesinnten im Geiste. Die Karte kann auf romantische Liebe, ideale Freundschaft oder eine andere enge Verbindung zwischen zwei Menschen anspielen, vor allem wenn die beiden Seelen eine Barriere oder einen Widerstand überwinden müssen, um zueinander zu finden. In diesem Fall ist gemeinsames Engagement das entscheidende Element, das die Beteiligten verbindet.

Es gibt aber noch andere Arten von «Ehen» und von Gegensätzen, die versöhnt werden müssen. Als Allegorie Ihrer spirituellen Entwicklung stellen die Liebenden die Vereinigung der Gegensätze in Ihrem Selbst dar. Jeder von uns hat Eigenschaften, die wir als positiv oder negativ ansehen, und Charakterzüge, die sich anscheinend widersprechen. Einige dieser Merkmale akzeptieren wir, andere würden wir lieber ablegen, oder wir wollen nicht einmal ihre Existenz zugeben.

Die Liebenden fordern Sie auf, die Gegensätze in Ihrem Selbst zu erforschen und zu versöhnen. Versuchen Sie nicht, sie zu ändern oder zu beseitigen. Wenn Sie beide Seiten Ihres Wesens verstehen und nutzen, werden Sie heil und befinden sich nicht mehr im Konflikt mit sich selbst. Und da dies eine schwierige

Aufgabe ist, brauchen Sie wieder einmal Engagement, um Ihre Ziele zu erreichen.

Sie sollen diese unterschiedlichen Charakterzüge nicht einfach hinnehmen. Sie sollen begreifen, daß selbst jene Züge, die Ihnen mißfallen, für Ihr Wachstum und Wohlbefinden notwendig sind. Von zwei Gegensätzen ist nicht der eine gut und der andere böse. Die Gegensätze in Ihrem Selbst – oder in dem Menschen, mit dem Sie eine Verbindung eingehen möchten – können einander ergänzen und unterstützen. Um sie zu vereinigen, müssen Sie dafür sorgen, daß sie ohne Konflikte zusammenarbeiten; dann bilden sie ein Ganzes, das größer ist als die Summe seiner Teile.

Der Lohn für die Versöhnung der widersprüchlichen Elemente in Ihrem Selbst sind zunehmende Stärke und Willenskraft. Sie vergeuden Ihre Zeit und Energie nicht mehr mit sinnlosen Versuchen, Eigenschaften loszuwerden, die Sie stören. Statt dessen integrieren Sie sie in Ihr Selbst und nutzen sie dann, um Situationen und Ereignisse besser in den Griff zu bekommen.

Beim Kartenlegen

Aufrecht (positiv): Anziehung, Liebe; Probleme oder Versuchungen, die durch Harmonie überwunden werden, Einheit, Zusammenarbeit; kluge Entscheidungen, die richtige Wahl zwischen zwei gleichwertigen Zielen; möglicherweise ein Kampf, aber mit glücklichem Ausgang.

Verkehrt (negativ): Versagen, Konflikt, Teilung, unreife Pläne, Frustration, unrealistische Ziele, falsche Entscheidungen, Traurigkeit.

Während der Hohepriester Ihnen rät, den eigenen Willen zu entwickeln, anstatt Forderungen anderer zu akzeptieren, erinnern die Liebenden Sie daran, daß diese anderen – Menschen oder Kräfte – Merkmale oder Elemente besitzen, die auch Sie benötigen, um zu wachsen und zu überleben. Wenn diese Karte den Fragenden symbolisiert, kommt eine wichtige Entscheidung auf ihn zu, die sein künftiges Leben beeinflussen wird. Er muß eine kluge Wahl treffen und energisch auf sein Ziel zusteuern.

VI
Der Liebende

Der Wagen symbolisiert die Herrschaft über echte Gegensätze, über Kräfte, die von Natur aus miteinander im Konflikt stehen.

Trümpfe Sieben

Der Wagen

Le Chariot (Der Wagen) entspricht der Zahl sieben und dem hebräischen Buchstaben Zain.

Symbolik

Sieg, Herrschaft über gegensätzliche Kräfte durch Entscheidungen und Willenskraft.

Beschreibung

Eine königliche, männliche Gestalt fährt einen Wagen. Auf den meisten Karten trägt der Mann eine Krone, meist auch eine Rüstung. Der Wagen besitzt ein Dach, so daß auch diese Gestalt zwischen zwei Säulen steht.

Den Wagen ziehen zwei Wesen, die real oder mystisch sein können: Pferde, Sphingen, mitunter Einhörner oder geflügelte Rosse. Auf manchen Karten haben die beiden Zugtiere unterschiedliche Farben (z.B. schwarz und weiß). Auf den meisten, wenn nicht auf allen Karten scheinen sie sich in gegensätzliche Richtungen zu bewegen (das eine nach rechts, das andere nach links); dennoch ziehen beide denselben Wagen. Dies symbolisiert Aspekte Ihrer Natur z.B. den körperlichen und den spirituellen –, die möglicherweise gegeneinander arbeiten, obwohl sie auf dasselbe Ziel zusteuern. Sie sind außerdem Symbole der gegensätzlichen Kräfte, die Sie auf der vorigen Stufe Ihres Fortschritts (sechste Karte des Großen Arkanums) versöhnt und gemeistert haben und die Sie jetzt in Richtung Sieg ziehen.

Die Aussage dieser Karte ist stärker als die der Liebenden. Während jene Karte die Vereinigung scheinbarer Gegensätze darstellt, symbolisiert der Wagen die Meisterung echter Gegensätze und die Anwendung jener Kräfte, die von Natur aus miteinander im Konflikt stehen.

Bedeutung

Sobald Sie die Gegensätze in Ihrem Selbst so weit versöhnt haben, daß Sie sie nach Bedarf nutzen können, sind Sie in der Lage, Ihre wahren Feinde zu besiegen.

So wie ein Wagen in der Schlacht den Feind überfährt, symbolisiert auch der Wagen des Tarots den Sieg über alles, was gegen Sie ist. Es handelt sich hier nicht (wie bei den Liebenden) um Elemente, die Sie harmonisieren können, damit sie zusammenwirken, sondern um Kräfte, die ihrer Natur nach Feinde sind: gut und böse, positiv und negativ, recht und unrecht. Es mag noch einige Faktoren in Ihrem Selbst geben, die Sie zwingen müssen zusammenzuarbeiten, wenn auch nicht einvernehmlich. Oft stehen diese widerstreitenden Kräfte für Menschen oder Ereignisse in Ihrem Leben, die Sie daran hindern wollen, Ihre Ziele zu erreichen.

Da Sie aus den Gegensätzen in Ihrem Inneren Kraft schöpfen, weil sie jetzt zusammenarbeiten, können Sie nun Ihre wahren Feinde erkennen und ihre Schwächen zusammen mit Ihrer Stärke gegen sie ausnutzen. Dies ist der Sieg, den die Karte darstellt. Alle Ihre Feinde sind verblüfft, alle Ihre Ziele sind erreicht, und nichts steht Ihrem Erfolg mehr im Weg.

Auch auf der Ebene des Wagens ist der Reisende versucht anzuhalten. Schließlich hat er nicht nur Frieden mit sich selbst geschlossen, sondern auch alle Hindernisse überwunden und ein wichtiges Ziel erreicht. In der Tat ist dieser Erfolg für Sie so wichtig, daß Sie ihn möglicherweise für Ihr eigentliches, vielleicht sogar für Ihr einziges Ziel halten. Es kann sehr schwierig sein, sich selbst davon zu überzeugen, daß Sie noch mehr erreichen können, wenn Sie Ihre Suche fortsetzen.

Beim Kartenlegen

Aufrecht (positiv): Eroberung, Triumph über Feinde oder Hindernisse, manchmal Vergeltung, Sieg trotz ungünstiger Aussichten, Meisterung gegensätzlicher Kräfte. Es ist auch möglich, daß Ihnen in einem Augenblick großer Not (die Kavallerie reitet über den Berg!) Rat oder Hilfe zuteil wird.

Verkehrt (negativ): Konflikt, Krieg, Probleme, Niederlage, Disharmonie, Streit, Feinde oder Hindernisse sind stärker als Sie.

Der Wagen gibt Ihnen die Chance, das bisher Gelernte zu nutzen, um alles zu überwinden, was Sie daran hindern möchte, Ihre Ziele zu erreichen. Wenn diese Karte den Fragenden symbolisiert, sind Sie jetzt imstande – ob Sie sich dessen bewußt sind oder nicht –, Ihre Feinde zu besiegen und ihnen Ihre Bedingungen zu diktieren. Schauen Sie in Ihr Inneres hinein – dort ist die Stärke.

Dies ist die göttliche Gerechtigkeit, nicht die menschliche. Sie ist völlig unparteiisch und fair.

Trümpfe Acht

Gerechtigkeit

La Justice (Gerechtigkeit) entspricht der Zahl acht und dem hebräischen Buchstaben Heth.

Anmerkung: Bei Waite und Grey trägt diese Karte die Nummer elf, und Kraft ist Nummer acht. In den meisten Decks ist diese Karte jedoch die Nummer acht.

Symbolik

Unparteiische und unvoreingenommene Gerechtigkeit. Strikte Fairneß.

Beschreibung

Eine weibliche Gestalt, die entweder sitzt oder steht, meist zwischen zwei Säulen. Sie trägt eine Krone, manchmal auch eine Rüstung oder ein prächtiges Gewand. In der einen Hand hält sie ein Schwert, das nach oben zeigt, in der anderen eine Waage in völligem Gleichgewicht.

Bedeutsam an diesem Bild ist der Umstand, daß die Gerechtigkeit des Tarots – im Gegensatz zum modernen Sinnbild der Justicia – *keine* Augenbinde trägt. Ihre Augen sind groß und geöffnet, und sie sieht den Betrachter an. Die göttliche Gerechtigkeit läßt sich nicht von Menschenwerk blenden.

Bedeutung

Dies ist die göttliche Gerechtigkeit, nicht die menschliche. Sie ist völlig unparteiisch und fair. Sie steht in direktem Gegensatz zur menschlichen Gerechtigkeit, die sich von unsachlichen Erwägungen beeinflussen läßt. Wahre, göttliche Gerechtigkeit bleibt unbeeindruckt von äußeren Einflüssen und persönlichen Vorurteilen. Dagegen ist die menschliche Gerechtigkeit nicht einmal imstande, zwischen Recht und Unrecht zu unterscheiden. Was sein soll, wird sein, und niemand kann es ändern.

Die Wäge befindet sich in völligem Gleichgewicht, und die Frau weiß genau, was zu tun ist. Das Schwert in der einen und die Waage in der anderen Hand symbolisieren die duale Natur der Gerechtigkeit: Genauigkeit und Strenge.

In diesem Stadium Ihrer spirituellen Entwicklung brauchen Sie genau diese Vision, um Initiand zu werden. Um durch das Tor gehen zu können, müssen Sie lernen, ohne Vorurteile und mit offenen Augen hinaus in die Welt und in Ihr Selbst zu blicken, damit Sie nur das sehen, was da ist, nicht das, was Sie sehen wollen. Beurteilen Sie alles, was Sie sehen, unvoreingenommen, genau so, wie es ist.

Beim Kartenlegen

Aufrecht (positiv): Billigkeit, Sieg des Rechts, Triumph der Seite, die im Recht ist; die Fähigkeit, ohne Vorurteile und persönliche Neigungen zu urteilen; Fairneß, Angemessenheit, Ausgewogenheit, Unparteilichkeit. Diese Karte kann auch auf Gerichtsverfahren hinweisen (und sie manchmal beeinflussen).

Verkehrt (negativ): Scheinheiligkeit, Ungleichbehandlung, Vorurteile, Rechtsmißbrauch, Komplikationen bei rechtlichen Angelegenheiten, unfaire Strafe, übermäßige Strenge.

Dies ist die Gerechtigkeit als Ideal, die allen Widerständen zum Trotz, ohne Voreingenommenheit und ohne Rücksicht auf das unklare menschliche Gesetz das Richtige tut. Wenn diese Karte auf eine Situation anspielt, werden Sie bekommen, was Sie verdienen, das heißt, das Ergebnis wird den Umständen nach absolut fair und richtig sein. Wenn diese Karte den Fragenden symbolisiert, schätzen Sie Ihre Lage oder die Lage derjenigen, mit denen Sie es zu tun haben, völlig richtig ein. Sie treffen die richtige Entscheidung oder sind zumindest imstande, sie zu treffen. Lassen Sie sich nichts anderes einreden.

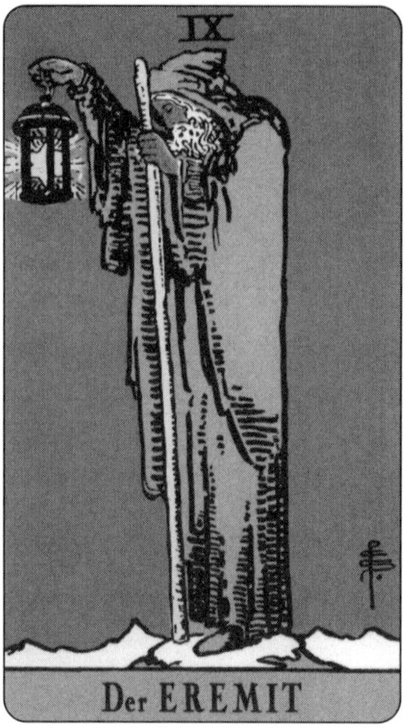

Diese Karte ist das Sinnbild einer einsamen Suche. Um unser Ziel zu finden, brauchen wir ein Licht (die Laterne symbolisiert Wissen oder Verständnis).

Trümpfe Neun

Der Eremit

L'Ermite (Der Eremit oder Einsiedler) entspricht der Zahl neun und dem hebräischen Buchstaben Teth.

Symbolik

Selbstprüfung; die Suche nach einer Vision.

Beschreibung

Ein alter, meist bärtiger Mann in einem langen Gewand. Seine Kleider sind sehr einfach und schmucklos; aber sie können auf die Religion des Kartenschöpfers hinweisen: Auf manchen Karten sehen wir Kleider, wie sie im alten Ägypten oder Israel getragen wurden, auf anderen mittelalterliche Mönchskutten oder die Gewänder des Wicca-Kultes. Der Eremit trägt oft eine Haube und um die Taille eine verknotete Schnur.

Der Eremit steht immer, und auf den meisten Karten geht er. Im Hintergrund ist eine Wüste oder ein leerer Raum zu sehen, mitunter auch Berge in weiter Ferne. In einer Hand trägt der Mann eine Laterne, mit der er seinen Weg beleuchtet, und auf manchen Karten stützt er sich auf einen Stock.

Diese Karte ist das Sinnbild einer einsamen Suche. Um unser Ziel zu finden, brauchen wir ein Licht (die Laterne symbolisiert

Wissen oder Einsicht). Der Eremit besitzt nur, was er bei sich hat; er braucht keinen königlichen Schmuck und kein Rangabzeichen. Er will nichts weiter, als seine Suche erfolgreich beenden und sein Ziel erreichen.

Bedeutung

In fast allen Religionen gibt es Legenden über eine große Suche oder über einen großen Lehrer oder Propheten, der auf der Suche nach der Wahrheit – oder nach Gott – die Welt durchstreift.

Der Eremit sagt Ihnen, daß Sie an einem Punkt Ihrer spirituellen Entwicklung angelangt sind, wo Sie den Verlockungen und Forderungen der Zivilisation entsagen und hinaus in die Wüste gehen müssen, um in Ihrer Seele nach dem Sinn Ihres Daseins zu suchen – und um Ihren Gott zu finden. Die Gottheit kann nicht klar zu Ihnen sprechen, wenn die Anforderungen des Alltags Sie ablenken. Darum müssen Sie die Wahrheit allein suchen.

Dies ist eine Suche nach dem Selbst und nach Gott; doch das Bild verspricht Ihnen göttlichen Beistand auf Ihrer Suche, sofern Sie aufrichtig suchen. Die Laterne symbolisiert das Wissen und das Verständnis, das Sie benötigen, um Ihren Weg zu beleuchten. Der Stab könnte Gott darstellen, eine Kraft, auf die Sie sich verlassen können und die Ihnen den richtigen Weg zeigt und Sie vor Feinden schützt, denen Sie unterwegs begegnen können. Der Eremit läßt die Zivilisation hinter sich und sucht nur die Wahrheit; er ist eine Allegorie der Selbstinitiation.

Beim Kartenlegen

Aufrecht (positiv): Selbstprüfung, Mäßigung, Weisheit, Stille, verborgene Wahrheit; Klugheit, Umsicht; Zurückgezogenheit, Einsamkeit, Vorsicht; Lernen durch Erfahrung; ein Sucher; vielleicht eine bevorstehende Reise.

Verkehrt (negativ): Täuschung, Lüge, eine falsche Information, Heimlichtuerei, Tarnung oder gar Betrug, Bestechlichkeit; falsche Ideale.

Während die Karte des achten Arkanums die reine Gerechtigkeit darstellt, symbolisiert die neunte die Suche nach der Wahrheit in ihrer reinsten Form, unverdorben von Ideologien, Vorurteilen oder Bedürfnissen. Wenn diese Karte den Fragenden symbolisiert, dann befinden Sie sich in einer Phase der Selbstprüfung, oder sie steht unmittelbar bevor. Sie bewerten Ihr Leben, Ihre Beziehungen und Ihre Ziele neu. Welche Veränderungen Sie dadurch in Ihrem Leben hervorrufen (und mit welchen Folgen Sie rechnen müssen), sagen Ihnen die anderen Karten des Spreads.

Das Rad des Schicksals lehrt Sie, daß es Dinge im Leben gibt, die einfach geschehen und die weder Sie noch das blinde Schicksal wirklich beeinflussen können.

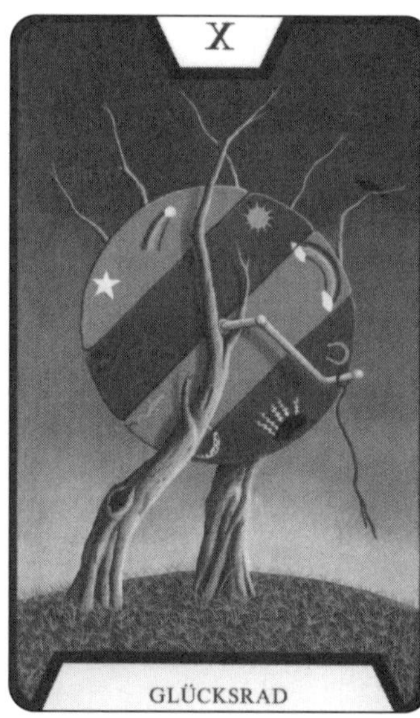

Trümpfe Zehn

Rad des Schicksals

La Roue de Fortune (Das Rad des Schicksals) entspricht der Zahl zehn und dem hebräischen Buchstaben Jod.

Symbolik

Zufall, blindes Schicksal, eine Situation, auf die Sie keinen Einfluß haben.

Beschreibung

Auf den meisten Karten ist ein Rad zu sehen, dessen Achse zwei Senkrechte halten. Auf manchen Karten steht das Rad am Rand eines Felsens. Im allgemeinen befinden sich drei Gestalten auf dem Rad, oder sie sind an das Rad gefesselt: Eine steht oben, eine klettert hinauf, die dritte klettert oder fällt hinab und stürzt im letzteren Fall vom Felsen. Die Gestalten auf dem Rad sind Menschen oder Tiere. Tiere haben eine symbolische Form; sie sind zum Beispiel Sphingen oder bekleidete, affenähnliche Wesen. Die Gestalt oben auf dem Rad hat eine besondere Bedeutung; sie trägt eine Krone oder ein Schwert, oder sie feiert etwas.

Auf einigen Karten ist das Rad allein, obwohl es sich offensichtlich dreht. Auf anderen dreht eine junge Frau mit verbundenen Augen das Rad. Beachten Sie, daß keine der Gestalten auf dem Rad diese Frau sieht, nicht einmal die fallende. Genau genommen beobachtet niemand, auch nicht die Blinde, die Folgen der Drehbewegung, und niemand versucht, sie zu steuern. Auf einigen wenigen Karten ist das Rad nur eine Scheibe, die vom Himmel hängt, und daneben sind Buchstaben oder Symbole zu sehen. Auf diesen Karten sehen wir nicht nur die drei ans Rad geflochtenen Gestalten, sondern auch eine symbolische Figur in jeder Ecke der Karte: oben einen Menschen und einen Vogel oder Greif, unten einen Löwen und einen Stier, alle vier geflügelt.

Bedeutung

Wir alle sind ans Rad des Schicksals gefesselt. Manche von uns kämpfen sich nach oben; andere fallen hinunter; einige sitzen ganz oben und kümmern sich anscheinend nicht um die Launen des Schicksals. Doch das Rad dreht sich für jeden, einerlei, ob wir uns dessen bewußt sind oder nicht. Die Folgen sind dem Zufall überlassen; sie richten sich nicht nach dem Wert des Individuums. Die Botschaft dieser Karte steht also in schroffem Gegensatz zur Gerechtigkeit (achte Karte des Großen Arkanums). Auf beiden Karten wird jedes Individuum völlig unparteiisch behandelt. Doch die Gerechtigkeit ist fair: Wir bekommen, was wir verdienen. Was das Rad des Schicksals uns gibt, hat nichts mit unserem Verdienst zu tun. Schlimmer noch: Die Kräfte, die Ihr Leben beherrschen, kümmern sich überhaupt nicht um Sie und um andere; sie sehen Sie nicht einmal. Letztlich sind Sie nur ein Spielball wie die Dinge auf dem Tisch des Jongleurs und werden rein zufällig hin und her geworfen. Ja, Sie sind sogar noch unbedeutender; denn der Jongleur achtet wenigstens darauf, was er tut, auch wenn er sich nur für sich selbst interessiert.

Die Karte des zehnten Arkanums lehrt Sie, daß es Dinge im Leben gibt, die einfach geschehen und die weder Sie noch das blinde Schicksal wirklich beeinflussen können. Sie müssen sich dessen bewußt sein, daß das Rad des Schicksals sich unaufhörlich dreht und Ihr Leben beeinflußt. Wenn Sie erfolgreich sein wollen, müssen Sie darum kämpfen, das Unbeherrschbare zu beherrschen; Sie müssen das Schicksal zwingen, Ihnen das Gewünschte zu geben, einerlei, ob Sie es verdient haben.

Das Geheimnis des Glücks besteht darin, die übersinnlichen, inneren Kräfte zu nutzen, damit Sie Ihr Schicksal in die Hand nehmen können, anstatt sich von jedem Wind hin und her wehen zu lassen. Dem blinden Schicksal ist es gleichgültig, wer gewinnt oder verliert; es dreht sein Rad völlig willkürlich. Wenn Sie nach oben gelangen wollen, müssen Sie lernen, sich selbst darum zu kümmern, was mit Ihnen geschieht, damit Sie das Rad des Schicksals beeinflussen können.

Beim Kartenlegen

Aufrecht (positiv): Glück, Schicksal, Erfolg, eine unerwartete Wende der Ereignisse, Beförderung, Sieg; das Glück hilft Ihnen, Hindernisse zu überwinden.

Verkehrt (negativ): zu viele Anschaffungen bringen Sie in Schwierigkeiten; Versagen, Unglück, Probleme, unerwarteter Schaden.

JETZT wird über Ihre Zukunft entschieden. Nehmen Sie Ihr Leben in die Hand, oder akzeptieren Sie alles, was das blinde Schicksal Ihnen zuweist. Wenn diese Karte den Fragenden symbolisiert, hat das, was Ihnen zustößt – Glück oder Unglück – nicht das Geringste mit Ihrem Verdienst zu tun – es geschieht einfach. Wenn es Ihnen gefällt, lassen Sie es geschehen, wenn es Ihnen mißfällt, kämpfen Sie dagegen an; aber in dieser Situation werden Sie weder bestraft noch belohnt – niemand kümmert sich um Sie.

X
Rad des Lebens

Diese Karte symbolisiert die innere Kraft, die Sie brauchen, um Hindernisse auf Ihrem Weg zu überwinden.

Trümpfe Elf

Kraft

La Force (Kraft oder Stärke) entspricht der Zahl elf und dem hebräischen Buchstaben Kaph.

Anmerkung: Bei Waite und Gray trägt diese Karte die Nummer acht, und Gerechtigkeit die Nummer elf. Die meisten Decks ordnen diese Karte aber so ein wie hier.

Symbolik

Überwindung von Hindernissen, spirituelle Kraft und Willenskraft, Sieg trotz ungünstiger Chancen.

Beschreibung

Viele Karten zeigen eine junge Frau, die mit einem Löwen ringt. Sie kämpft mit bloßen Händen und gewinnt. Auf manchen Karten scheint sie dem Löwen das Maul zuzuhalten, auf anderen zieht sie seine Kiefer auseinander. In jedem Fall zwingt sie den Löwen, nach ihren Wünschen zu handeln, nicht nach seinen eigenen. Auf diesen Karten sehen wir über dem Kopf der Frau das Symbol der Unendlichkeit (∞); mitunter hat auch ihr Kopfschmuck oder Hut diese Form.

Auf einigen Karten ist ein starker junger Mann dargestellt, der mit bloßen Händen mit einem Löwen kämpft. Vielleicht ist es

Simson oder Herakles. Die Keule hat der Mann fallengelassen oder weggeworfen. Manchmal packt er das Maul des Löwen.

Wenn ein Mann gegen den Löwen kämpft, ist eindeutig ein Kampf im Gange, an dessen Ende der Sieg oder der Tod steht. Zeigt die Karte dagegen eine Frau, haben wir oft den Eindruck, daß sie nicht gegen das Tier kämpft, sondern es durch pure Willenskraft zähmt.

In jedem Fall stellt die Karte ein Individuum dar, das einen viel stärkeren Widersacher besiegt, obwohl seine einzige Waffe die eigene Kraft und Entschlossenheit ist.

Bedeutung

Diese Karte symbolisiert die innere Stärke, die Sie brauchen, um Hindernisse auf Ihrem Weg zu überwinden. Brutale Gewalt wird nicht durch brutale Gewalt überwunden; es ist vielmehr die spirituelle Kraft, welche die körperliche Stärke besiegt. In fast allen Sagen von Menschen, die schreckliche Bestien überwinden – Löwen, Drachen oder andere Geschöpfe –, siegen Recht, innere Kraft und Gottvertrauen, nicht die Gewalt.

Auf dieser Karte symbolisiert die Bestie vielleicht äußere Hindernisse, die Ihren spirituellen Fortschritt aufhalten wollen. Er ist aber auch Sinnbild der Bestie in Ihrem Inneren, Ihrer Ängste und Leidenschaften, die scheinbar stärker sind als Sie, die Sie jedoch ändern und zähmen können, wenn Sie fest daran glauben, daß Sie ihnen überlegen sind. Der Löwe symbolisiert einen scheinbar unschlagbaren Widersacher, den Sie besiegen können, wenn Sie an sich selbst glauben und den Willen zum Sieg haben. Wer aufgehört hat zu rauchen oder sich an eine strenge Diät hält, hat eine «Bestie» dieser Art besiegt.

Es geht hier also um eine Schlacht zwischen dem Körperlichen und dem Spirituellen. Sie befinden sich auf dem Weg zur spirituellen Erleuchtung. Um Ihr Ziel zu erreichen, müssen Sie Ihre niedrigen Leidenschaften besiegen oder zähmen und sie zwingen, sich Ihrem höheren Selbst zu unterwerfen.

Beim Kartenlegen

Aufrecht (positiv): Willenskraft, moralische Stärke, Vitalität, Mut, Erfolg, Triumph, Entschlossenheit, Energie, Trotz, die Fähigkeit, Entbehrungen zu ertragen.

Verkehrt (negativ): Machtmißbrauch, Despotismus; Versagen, Schande, körperliche oder spirituelle Schwäche, Streit, fehlende Harmonie.

Ihre Ausdauer wird auf die Probe gestellt. Wenn Ihr Wille stärker ist als der Widersacher, werden Sie überleben und gewinnen. Wenn nicht, enden Ihre Träume hier. Innere Kraft ist Ihr Schlüssel zum Sieg. Verzweifeln Sie nicht. Wenn diese Karte den Fragenden symbolisiert, müssen Ihre Entschlossenheit und Ihr Wille sich bewähren. Es ist kein leichter Kampf; aber Sie können siegen, wenn Sie entschlossen sind durchzuhalten. Nur wenn Sie aufgeben, verlieren Sie.

Die Botschaft des Gehängten lautet: Sie müssen persönliche Opfer bringen, um Ihr Ziel zu erreichen.

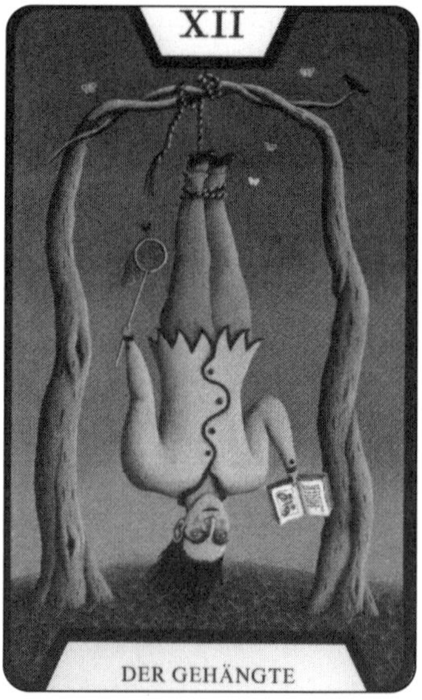

Trümpfe Zwölf

Der Gehängte

Le Pendu (Der Gehängte) entspricht der Zahl zwölf und dem hebräischen Buchstaben Lamed.

Symbolik

Selbstaufopferung mit dem Ziel, zu wachsen oder Weisheit und tiefe Einsicht zu erlangen.

Beschreibung

Eine männliche Gestalt hängt mit dem Kopf nach unten von einem Galgen. Manchmal sehen wir links und rechts des Mannes Pfähle, die den Ast stützen, an dem er hängt – hier wiederholt sich das Thema der beiden Säulen oder Türpfosten. Ebensooft wird nur der horizontale Ast dargestellt. Beachten Sie, daß die beiden Pfähle zugeschnittene Bäume mit Wurzeln in der lebendigen Erde sind. Wenn nur der waagrechte Ast sichtbar ist, hat er an verschiedenen Stellen Blätter. In jedem Fall besteht also der «Galgen» aus lebendigem Holz.

Der Mann hängt an einem Lederriemen oder Strick, den ihm jemand um einen Fuß oder Knöchel gebunden hat. Der andere Fuß ist frei, und der Mann hat ihn hinter das gefesselte Bein gebogen. Auf den meisten Karten sind die Hände gebunden, oder der Gehängte verschränkt sie hinter dem Rücken.

Wichtig ist, daß die Gestalt offenbar keine Schmerzen verspürt und nicht verstört ist. Auf manchen Karten ist sein Gesicht friedlich, auf anderen nachdenklich oder gar fröhlich. Zweifellos hat er sich diese Tortur selbst auferlegt, und sie gibt ihm, was er haben will und wofür er leidet.

Bedeutung

Wie beim Eremit (neunte Karte des Großen Arkanums) bereits erwähnt, ist in vielen Religionen und Mythen von einer göttlichen oder halbgöttlichen Gestalt die Rede, die ein persönliches Opfer erbringen muß, um göttliche Weisheit oder gar Göttlichkeit zu erlangen. So berichtet zum Beispiel die Edda, daß Odin, der höchste Gott, neun Tage und Nächte am heiligen Baum Yggdrasil hing, um in das Geheimnis der Runen eingeweiht zu werden. Der Eremit rät Ihnen, Ihr Ziel in der Einsamkeit verstehen zu lernen; die Botschaft des Gehängten lautet: Sie müssen persönliche Opfer bringen, um Ihr Ziel zu erreichen.

Der Gehängte wird nicht von anderen oder für andere geopfert. Er hat die Wahl, und der Lohn ist sein. Es gibt Ziele, für die Sie persönliche Opfer bringen müssen, das heißt, Sie müssen unangenehme Erfahrungen durchstehen. Wenn Sie durchhalten, ist Ihr Gewinn seinen Preis wert. (Wenn auch andere davon profitieren, so wie es bei Odins Runen der Fall war, dann sind sie nur zufällige Nutznießer – aber das Opfer erfolgte nicht für sie.)

Wichtig ist, daß Sie sich entscheiden müssen und daß Sie das Opfer erbringen müssen, weil das Ziel es Ihnen wert ist. Opfer und Ziel können körperlicher, seelischer oder geistiger Art sein. Doch auf jeden Fall müssen Sie Ihre kindischen oder egoistischen Illusionen aufgeben, um Ihre reifen Träume zu verwirklichen. So wie Gott den Menschen nach seinem Bilde schuf, müs-

sen Sie Ihr Selbst nach dem Bilde des Menschen, der Sie sein wollen, neu erschaffen.
Die Karte überbringt noch eine andere Botschaft: Der einzige Mensch, den Sie opfern dürfen, um Ihre Ziele zu erreichen, sind Sie selbst.

Beim Kartenlegen

Aufrecht (positiv): Selbstaufopferung; Intuition, größere Weisheit; Hingabe, Ergebenheit, Verzicht um eines höheren Wertes willen; Prophezeiung.

Verkehrt (negativ): Egoismus, Eigeninteresse, politische Machenschaften; kleinliche Opfer; Mangel an Bindungen. Vielleicht verlieren Sie etwas, was Sie haben wollen oder brauchen.

Der Gehängte verlangt, daß Sie gewisse Verluste in Kauf nehmen oder auf manche Annehmlichkeiten verzichten, um Ihr Ziel zu erreichen. Je größer das Ziel, desto größer das Opfer, das Sie erbringen müssen. Wenn diese Karte den Fragenden symbolisiert, müssen Sie teuer für das bezahlen, was Sie haben wollen. Wenn Sie bereit sind, den Preis zu zahlen, können Sie Ihr Ziel erreichen. Denken Sie während dieser schwierigen Zeit daran, daß die Entscheidung bei Ihnen liegt: Zahlen Sie den Preis, oder opfern Sie das Ziel.

Der Tod symbolisiert den vollständigen Bruch mit der Vergangenheit, das Ende Ihres bisherigen Lebens.

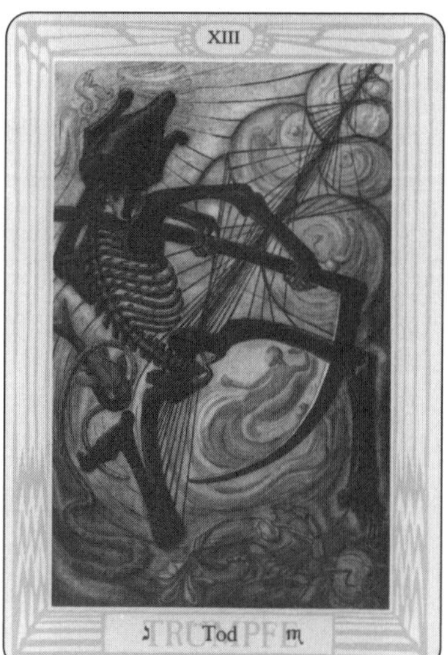

Trümpfe Dreizehn

Tod

La Mort (Tod) entspricht der Zahl dreizehn und dem hebräischen Buchstaben Mem.

Symbolik

Abrupter Wandel, das Ende der Dinge, so wie sie sind oder waren; Tod.

Beschreibung

Auf vielen Karten wird der Tod traditionell, das heißt als Skelett mit Sense, dargestellt. Manchmal ist er ein Skelett in schwarzer Rüstung und reitet auf einem Pferd. Mitunter grinst die Gestalt, oder sie sieht wütend oder rachsüchtig aus.

Auch der Hintergrund ist verschieden. Manchmal ist der Boden spärlich bewachsen oder kahl, als ob die Erde selbst tot wäre. Auf anderen Karten sind Körperteile zu sehen: Köpfe, Hände, Füße und Knochen. Auf einigen Karten sind Menschen dargestellt – ein König, ein Mädchen, ein Kind, ein Priester –, entweder bereits tot oder dem Tod nahe. Das Bild möchte ausdrücken, daß niemand verschont wird, weder der Höchste noch der Niedrigste.

Bedeutung

Der Tod symbolisiert den vollständigen Bruch mit der Vergangenheit, das Ende Ihres bisherigen Lebens. Das kann bedeuten, daß Sie alte Ideen und Verhaltensweisen aufgeben oder daß Ihr Leben und Ihre Lebensweise sich grundlegend ändern. Die Karte kündigt auch das Ende enger Bindungen an, entweder weil Sie sich weiterentwickeln, oder weil andere es tun.

Die Sense des Todes ist das Sinnbild der Reife – Sie haben Ihre Saat gesät, sie ist gewachsen, und nun ist es Zeit für die Ernte. Sie nutzen, was Sie gelernt haben, und besteigen die nächste Stufe der Existenz (wenn Sie gelernt haben, was Sie lernen sollten, ist es eine höhere Stufe).

Auf jeden Fall stellt die Karte einen realen Tod dar, aber auch den Beginn eines neuen Lebens. Die Todeskarte symbolisiert das Ende des Menschen, der Sie waren, und davor brauchen Sie keine Angst zu haben – Sie haben es nicht nur verdient, sondern Sie haben sogar darauf hingearbeitet. Das Ende dessen, was Sie waren, ist die Folge der Opfer, die Sie (in der Karte des zwölften Arkanums) erbracht haben, und all dessen, was Sie bisher gelernt haben. Von nun an wird Ihr Leben sich von allem, was Sie kennen oder sich vorstellen können, grundlegend unterscheiden.

Obwohl ich bisher nicht auf numerologische Deutungen eingegangen bin, möchte ich in diesem Fall wenigstens eine kurze Bemerkung dazu machen. Die Zahl dreizehn ist weder eine Glückszahl noch eine Unglückszahl. Sie ist ein Symbol der Transformation – auf der materiellen Ebene gewöhnlich eines Wandels zum Besseren – und der Wiedergeburt. Sie bezeichnet eine Grenze zwischen dem, was war, und dem, was sein wird.

Beim Kartenlegen

Aufrecht (positiv): eine plötzliche Veränderung, das Ende dessen, was war; Sterblichkeit, eine unvermeidbare Situation oder ein unvermeidbares Ereignis; der Zusammenbruch Ihrer Pläne; Versagen. Die Karte kann auch den «echten» Tod ankündigen, Ihren oder den eines Menschen, der Ihnen nahesteht.

Verkehrt (negativ): Zerstörung, ein Verlust, gescheiterte Pläne; Apathie, Verlust der Hoffnung oder des Glaubens; eine ungünstige (aber nicht unbedingt tödliche) Veränderung.

Ihnen stehen große Veränderungen bevor. Gleichgültig, ob sie positiv oder negativ sind – sie sind unvermeidlich. Beachten Sie, daß diese Karte beim Legen sehr ungünstig ist, obwohl sie im Stadium der spirituellen Erleuchtung eine positive Transformation symbolisiert.

Wenn diese Karte den Fragenden symbolisiert, müssen Sie mit Ihrem alten Leben vollständig brechen – es gibt wenig oder nichts, was Sie dagegen tun können. Deuten Sie die anderen Karten Ihres Spreads sorgfältig, um die Natur des Wandels genau zu bestimmen. Die Karte kann eine materielle Veränderung – z.B. Scheidung oder Verlust des Arbeitsplatzes –, aber auch den Tod ankündigen. Wenn der Wandel Ihre materielle Situation oder Ihre Beziehungen betrifft, können Sie vielleicht noch etwas retten, sofern Sie vorbereitet sind, oder Sie können zumindest neu anfangen. Sollte diese Karte aber Ihren Tod oder den Tod eines Ihnen nahestehenden Menschen voraussagen, erfahren Sie von den anderen Karten, wie und warum der Tod kommt. Möglicherweise können Sie ihn verhindern (z. B. indem Sie eine lebensgefährliche Situation vermeiden oder einem potentiellen Selbstmörder helfen). Es kann aber auch sein, daß Sie das Unvermeidliche akzeptieren und sich darauf einrichten müssen.

Was diese Karte Ihnen beibringen will, ist eine der wichtigsten und wahrscheinlich eine der schwierigsten Lektionen, die Sie lernen müssen: Geduld.

Trümpfe Vierzehn

Mäßigkeit

Die Mäßigkeit entspricht der Zahl vierzehn und dem hebräischen Buchstaben Noun.

Symbolik

Geduld, Selbstbeherrschung, die Bereitschaft, verstehen zu lernen.

Beschreibung

Ein geflügelter Engel steht an einem Bach. Auf manchen Karten steht die Gestalt mit einem Fuß im Wasser und mit dem anderen am Ufer. Der Engel kann männlich oder weiblich sein; es ist nicht immer erkennbar und spielt auch keine Rolle. Auf einigen Karten hat der Engel einen Heiligenschein und/oder eine Krone, mitunter auch eine symbolische Scheibe an der Stirn.

Der Engel hält in jeder Hand zwei Kelche oder Krüge und gießt eine Flüssigkeit, wahrscheinlich Wasser, aus dem einem in den anderen. Im Hintergrund sehen wir eine Landschaft und ferne Berge. Auf manchen Karten fließt der Bach (zu Füßen des Engels) von den Bergen herab. Mitunter schwebt eine kaum sichtbare Krone über den Bergen.

Der Engel als Hauptfigur auf dieser Karte symbolisiert die Vorstellung, daß wir die Fähigkeit haben, uns auf die Ebene der

Engel emporzuschwingen, wenn wir die Lehre der Karte beherzigen.

Bedeutung

Was diese Karte Sie lehrt, ist eine der wichtigsten und wahrscheinlich eine der schwierigsten Lektionen, die Sie lernen müssen: Geduld. Es gibt Zeiten im Leben, wo scheinbar nichts geschieht, nichts sich bewegt. Sie stehen still, und Sie können nichts dagegen tun.

Niemand und nichts hält Sie absichtlich auf. Sie befinden sich in einer notwendigen Phase des Wartens, und obwohl Ihnen diese Zeit wie eine Verzögerung vorkommen mag, geschieht etwas. Ein sehr profanes Beispiel: Wenn Sie Teig gemacht, ihn in der Pfanne verteilt und in den Herd gestellt haben, müssen Sie warten, bis er gebacken ist. Es ist sinnlos, unruhig hin und her zu gehen. Ihr Teig *muß* eine gewisse Zeit backen. Daß Sie warten, ändert nichts an der Tatsache, daß der Teig gebacken wird. Auch Ihre Bemühungen und Pläne werden Früchte tragen. Sie müssen nur Geduld haben.

Die Mäßigkeit lehrt Sie außerdem, daß Sie die Wartezeit sinnvoll verbringen können. Denken Sie darüber nach, was Sie erreicht haben und was Sie noch tun wollen; erforschen Sie Ihre Bedürfnisse und Motive; versuchen Sie, nicht nur zu lernen, sondern auch zu verstehen.

Wichtiger noch: Zwingen Sie sich, geduldig zu sein. Wir sind so sehr daran gewöhnt, immer etwas zu tun. Es ist wichtig zu lernen, daß es Lebensphasen gibt, in denen Sie nichts – zumindest nichts mehr – tun können oder müssen.

Beim Kartenlegen

Aufrecht (positiv): Geduld, Anpassung, Mäßigkeit, Mäßigung, Schlichtheit, Sparsamkeit; Nachdenklichkeit; Diplomatie; Unparteilichkeit; gutes Management, die Fähigkeit zu koordinieren.

Verkehrt (negativ): Disharmonie, gegensätzliche Interessen, unglückliche Beziehungen (z.B. gesellschaftlich inakzeptable Ehen oder Partnerschaften); Frustration, Ungeduld.

Auch wenn Sie den Eindruck haben, festgefahren zu sein, bewegen Sie sich auf das richtige Ziel zu und werden es in angemessener Zeit erreichen. Erzwingen Sie nichts. Im Moment können Sie nichts tun. Wenn diese Karte den Fragenden symbolisiert und wenn Sie ungeduldig auf Ergebnisse warten, ist die Botschaft dieselbe. Wenn Sie sich zurücklehnen und auf die Resultate warten, tun Sie genau das Richtige – denn Sie tun das einzige, was Sie in dieser Situation tun können.

Diese Karte symbolisiert nicht den individuellen Willen, sondern eine Intelligenz, die darauf abzielt, die göttliche Harmonie zu stören.

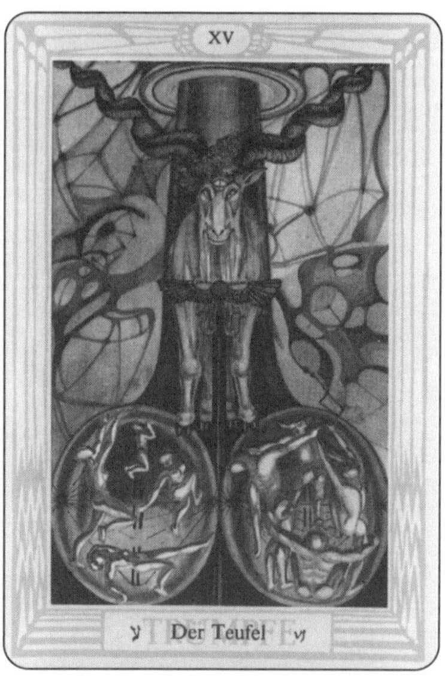

Trümpfe Fünfzehn

Der Teufel

Le Diable (Der Teufel) entspricht der Zahl fünfzehn und dem hebräischen Buchstaben Samech.

Symbolik

Der Kampf zwischen dem höchsten Guten und dem höchsten Bösen; eine Entscheidung oder ein Konflikt zwischen Ordnung und Chaos.

Beschreibung

Auf einigen Karten sehen wir einen traditionellen Teufel mit Hörnern, Hufen, Schwanz und Mistgabel. Er ragt über einer weinenden Gestalt empor, und seine Haltung – er hebt einen Arm wie ein Marionettenspieler – parodiert die stehende Hohepriesterin.

Die meisten Karten zeigen einen großen Teufel und zwei kleine Gestalten, einen Mann und eine Frau, die vor seinem Thron stehen. Die kleineren Figuren können Dämonen, Menschen oder gehörnte Menschen sein, und sie sind immer an den Thron des Teufels gefesselt. Beachten Sie, daß diese drei Gestalten die Hohepriesterin auf der fünften Karte des Großen Arkanums.

Der Teufel kann viele Formen annehmen, von der gehörnten Ziege bis zu einer menschenähnlichen Gestalt. Er kann attraktiv oder überaus schrecklich sein. Meist hat er auch Flügel und Hörner, und manchmal sehen wir das umgedrehte Pentagramm auf der Stirn oder auf dem Kopf.

Auf fast allen Karten hebt der Teufel eine Hand und/oder streckt sie über den beiden Seelen aus, die an seinen Thron gefesselt sind. Der Teufel sitzt oder steht; er kann verführerisch lächeln oder wütend die Stirn runzeln. Sein Gehabe hat unmittelbaren Einfluß auf die beiden kleinen Gestalten. Lächelt der Teufel, so tun seine zwei Sklaven es ihm nach; runzelt er die Stirn, sind die beiden entweder besorgt oder furchtsam.

Wir können in das Bild dieser mächtigen Gestalt, deren Gesten jeden beeinflussen oder beherrschen, der in seine Reichweite kommt, als Umkehrung oder Verhöhnung des Segens deuten, den der Hohepriester spendet. Mitunter ist es schwer zu sagen, ob die beiden kleinen Gestalten seine Gefangenen, seine Diener oder seine Schoßtiere sind; auf jeden Fall sind sie seinem Willen unterworfen.

Beachten Sie, daß die kleinen Gestalten zu beiden Seiten der Hauptfigur, obwohl sie sich auf einer niedrigeren Ebene befinden und viel kleiner als der Teufel sind, nicht nur an die kleinen Priester auf der Karte des fünften Arkanums erinnern, sondern auch an die beiden Säulen, die wir auf anderen Karten sehen.

Bedeutung

Der Teufel stellt die Antithese des Guten dar, die Kräfte, welche die harmonische Ordnung der Existenz stören wollen. Der Umstand, daß dieses Wesen ein Individualist ist und seinen eigenen Willen durchsetzen möchte, macht es noch nicht böse. Auch der Magier (erste Karte des Großen Arkanums) versucht, dem Universum seinen Willen aufzuzwingen, und wenn Sie den Weg des Tarots zu Ende gehen, erlangen Sie unter anderem die Fähigkeit, Ihr Schicksal selbst zu bestimmen.

Diese Karte symbolisiert nicht den individuellen Willen, sondern eine Intelligenz, die darauf abzielt, die göttliche Harmonie zu stören. Der Teufel will das göttliche Gesetz zu Fall bringen und die Welt wieder ins Chaos stürzen.

Die Alten lehrten, daß es eine Ordnung im Universum gibt, in der alle lebenden Wesen das für sie beste Schicksal finden können. Das göttliche Gesetz ist bestrebt, diese Ordnung zu schaffen und zu bewahren; der Teufel bemüht sich, sie zu stören und zu untergraben. Er kann als Versucher auftreten oder Angst einflößen; doch in jedem Fall besteht sein Ziel darin, uns durch unwiderstehliche Verlockungen vom rechten Weg abzulenken.

Der rechte Weg, wie der Tarot ihn lehrt, muß dem Göttlichen so nahe wie möglich sein. In diesem Stadium Ihrer spirituellen Entwicklung sind Sie bereits so geschickt, daß die Kräfte des Bösen in Ihnen einen wertvollen Diener sehen. An diesem Punkt können Sie entscheiden, ob Sie weiter auf Ihr höchstes Ziel zusteuern oder den Weg zur Linken einschlagen wollen, der hier endet. Jetzt sind die Verlockungen für den Suchenden besonders groß. Eben noch mußten Sie auf die Erfüllung Ihrer Wünsche warten (Mäßigkeit), und der Teufel bietet Ihnen scheinbar die Chance, Ihre Ziele ohne weiteres Warten und ohne zusätzliche Arbeit zu erreichen. Die angebotene Macht ist gewaltig; doch der geforderte Preis ist noch höher. Vergessen Sie nie, daß Sie Ihre Ziele auch ohne die Hilfe des Teufels erreichen können. Er interessiert sich nur für Sie, weil Ihr Potential alles übertrifft, was er sich jemals erhoffen kann – es sei denn, er kann Sie aufhalten.

Einen leichteren Weg kann Ihnen niemand anbieten. Die angeketteten Gestalten wollen Ihnen sagen, daß Sie Ihren freien

Willen opfern müssen, wenn Sie das Angebot des Teufels annehmen.

Beim Kartenlegen

Aufrecht (positiv): Haß, Gewalt, Zerstörung; Aufruhr, ein Todesfall, ein Unglück; freiwillig angelegte Fesseln. Sie verzichten auf Ihren Willen und Ihre Autorität und überlassen sie einem anderen. Außerdem zeigt die Karte, was vorherbestimmt und daher unausweichlich ist, ohne daß es deshalb schon negativ sein muß.

Verkehrt (negativ): Kleinlichkeit, Schwäche, Blindheit, Eifersucht, Krankheit, ein schlechtes Schicksal, eine falsche Entscheidung; ein Unglück aus Ihrer Sicht nützt anderen.

Man bietet Ihnen eine schnelle Lösung für Ihre Probleme an. Wenn Sie ungeduldig sind und das Angebot akzeptieren, können Sie dadurch all Ihre Träume und Pläne zerstören. Sie können allein Erfolg haben! Lassen Sie sich nicht zu Abkürzungen verleiten, einerlei, wie verlockend sie sind; und lassen Sie sich nicht von der harten Arbeit abschrecken, die Sie erwartet, wenn Sie alleine weitergehen.

Wenn diese Karte den Fragenden symbolisiert, sollten Sie vorsichtig sein. Die Macht, die sie über Ihre Untergebenen ausüben, ist berauschend, und vielleicht gefällt es Ihnen, zu manipulieren, zu herrschen und sogar Leben zu vernichten. Doch selbst der echte Teufel kann nur abwärts fallen.

XV
Der Teufel

Diese Karte symbolisiert die Zerstörung, deren unmittelbare Ursache mangelndes Verständnis, schlechtes Urteilsvermögen und der Mißbrauch des freien Willens sind.

Trümpfe Sechzehn

Der Turm

La Maison de Dieu (Das Haus Gottes, Der Turm oder Der Turm der Vernichtung) entspricht der Zahl sechzehn und dem hebräischen Buchstaben Main.

Symbolik
Ein Rückschlag, das Scheitern aller Pläne, eine Katastrophe, deren Ursache Machtmißbrauch oder der Mißbrauch göttlicher Gaben ist.

Beschreibung
Eine steinerne Festung, manchmal mit einer Krone. Der Turm wird vom himmlischen Blitz getroffen, der den Zorn Gottes versinnbildlicht. Die Turmspitze bricht ab, und der Turm zerbirst. Schutt und Funken regnen herab. Auf dem Bild sind auch zwei menschliche Gestalten zu sehen – in der Regel sind beide Männer –, die von der Spitze des Turms zu Boden fallen. Das Bauwerk stellt die Macht und die Eitelkeit des Menschen dar, die der Zorn Gottes vernichtet.

Bedeutung

Die bekannteste Geschichte, die zur Symbolik dieser Karte paßt, ist die vom «Turm zu Babel». Die Bewohner Babylons hätten fast etwas erreicht, was das größte Ziel der Menschheit sein könnte: die Einheit. Sie sprachen alle dieselbe Sprache, und sie arbeiteten zusammen, um ihr Ziel zu erreichen. Das Ergebnis ihrer Zusammenarbeit war, daß ihre Arbeit zerstört, ihre Sprache verwirrt und sie selbst in alle Winde zerstreut wurden.

Wichtig ist, daß nicht das Bauwerk als solches falsch war und gewiß nicht die Zusammenarbeit. Falsch war der Grund, warum der Turm gebaut wurde. Anstatt ihre vereinten Kräfte zu nutzen, um das Göttliche im eigenen Inneren zu suchen, forderten die Babylonier Gott heraus und versuchten, die Welt an seiner Stelle zu beherrschen.

Diese Karte folgt dem Teufel auf der fünfzehnten Karte des Großen Arkanums. Das Ziel Ihrer Reise zur spirituellen Selbsterleuchtung besteht darin, gottgleich zu werden. Der Tarot sagt jedoch, daß Sie nicht schon dadurch wie Gott werden, daß Sie auf der materiellen Ebene Macht ausüben. Wenn Sie in Versuchung geraten, diese Welt zu beherrschen, anstatt nach Weisheit und spirituellem Wachstum zu streben, verlieren Sie alles, was Sie gewonnen haben. Nicht der Erwerb großer Macht führt zur Katastrophe, sondern deren Mißbrauch. Die unmittelbare Ursache der Vernichtung sind mangelndes Verständnis, schlechtes Urteilsvermögen und der Mißbrauch des freien Willens.

Der Turm kann materiellen Verlust symbolisieren. Sie können zum Beispiel Geld, eine Beziehung, Ansehen oder Einfluß verlieren. Sie können die Karte auch als Warnung verstehen: Ihre Macht ist nicht so groß, wie Sie glauben. In diesem Sinne stellt sie die Katastrophe dar, die sich ereignen kann und muß, wenn Sie «Magie» anwenden, ohne ihren wahren Zweck zu verstehen.

Wer mit Mächten spielt, die er nicht begreift und nicht beherrscht, wird vernichtet.

Im spirituellen Sinne symbolisiert der Turm die Folgen für den Suchenden, der dem Weg des Teufels folgt – selbst wenn er in diesem Fall allein loszieht.

Abgesehen von einigen Hinweisen ist dies das erstemal, daß der Tarot klar sagt, wo Sie Ihr höchstes Ziel suchen sollen: Es ist nicht von dieser Welt, die Sie erobern wollen.

An diesem Punkt Ihrer Suche ist es immer noch verlockend, den Erfolg mit den Maßstäben dieser Welt zu messen, andere zu beeindrucken, diese Ebene zu beherrschen oder auf andere Weise weltlichen Ruhm zu erlangen. Das alles ist besonders verführerisch, weil Sie inzwischen die Macht haben, die Welt nach Ihrer Pfeife tanzen zu lassen, zumindest eine Zeitlang. Doch Sie haben ein größeres Ziel. Sie müssen lernen, über das Offensichtliche hinaus auf eine höhere Ebene zu blicken. Wenn Sie Ihren spirituellen Fortschritt zugunsten materieller Macht opfern, verlieren Sie alles, was Sie gewonnen haben.

Beim Kartenlegen

Aufrecht (positiv): eine Störung, ein Unglück, Not, unvorhergesehener Ruin, das Ende, ein finanzieller oder persönlicher Verlust – z.B. die Zerstörung Ihres Heimes oder Geschäftes –, das Zerbrechen einer Ehe oder Beziehung, schlimme Veränderungen in persönlichen oder finanziellen Angelegenheiten, eine unerwartete Katastrophe; Betrug.

Verkehrt (negativ): kündigt ebenfalls Katastrophen und Verluste an, jedoch weniger schwerwiegende – sie stören Ihr Leben, solange sie andauern; aber sie bedeuten nicht das Ende dessen, was Sie aufgebaut haben. Ein plötzlicher, unerwarteter Wandel; Unterdrückung, Tyrannei; Täuschung, Unglück.

Was Sie aufgebaut haben, endet in der Katastrophe. In den meisten Fällen hätten Sie dieses Unglück verhindern können, wenn Sie weise vorgegangen wären. Wenn Sie weise handeln, können Sie vielleicht einige ihrer Probleme lindern.

Wenn diese Karte den Fragenden symbolisiert, sind Sie zu weit gegangen und müssen dafür bezahlen. Doch selbst in diesem Fall werden Sie nicht bestraft, weil Sie trotzig waren, sondern weil Sie sich selbst eine Macht oder Autorität angemaßt haben, die Sie gar nicht besitzen, oder weil Sie Macht oder Autorität unklug oder für falsche Ziele eingesetzt haben. Einfacher gesagt: Sie haben es vermasselt, und der darauffolgende Sturz ist Ihre eigene Schuld.

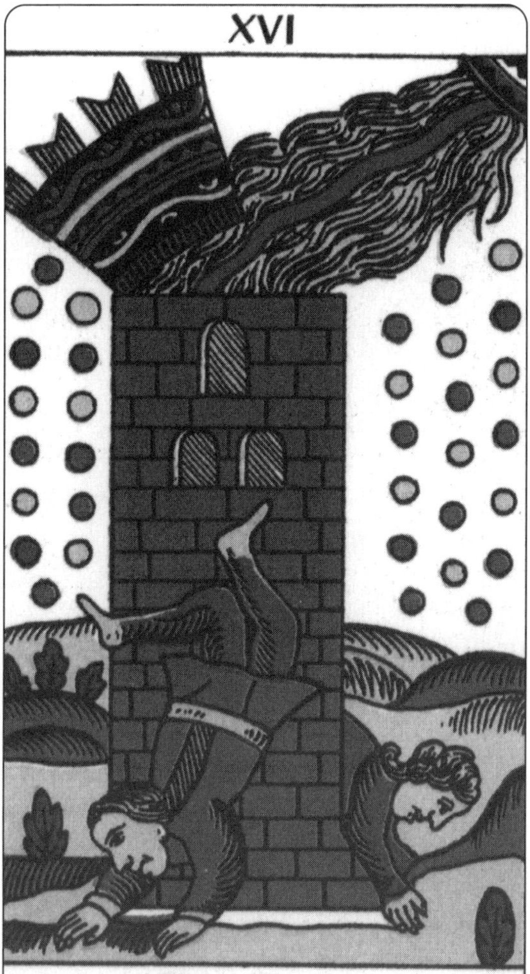
XVI
Der Turm

Diese Karte symbolisiert nicht einfach Geduld; sie rät uns, einen Teil dessen, was wir bekommen haben, zurückzugeben.

Trümpfe Siebzehn

Der Stern

L'Etoile (Der Stern) entspricht der Zahl Siebzehn und dem hebräischen Buchstaben Pe.

Symbolik

Weisheit, Unsterblichkeit, das Erreichen der Ziele, Großzügigkeit und Verständnis.

Beschreibung

Eine Frau kniet am Ufer eines Flusses. Auf den meisten Karten befindet sich ein Knie an Land und ein Fuß im Wasser. Sie hält zwei Henkelkrüge in den Händen, aus denen Sie Wasser gießt. Auf allen Karten leert sie aus mindestens einem Krug Wasser zurück in den Fluß, und oft fällt das Wasser aus dem anderen Krug auf das Land neben dem Fluß, und nur ein Teil davon fließt in den Bach. Beachten Sie die Ähnlichkeit mit der Karte des vierzehnten Arkanums (der Mäßigkeit). Hier geht es jedoch nicht um simple Geduld (d.h. um eine Beschäftigung während man wartet, bis sich ein Ziel verwirklicht hat), sondern darum, einen Teil dessen zurückzugeben, was man bekommen hat.

Über dem Kopf der Frau sehen wir Sterne, deren Zahl und Anordnung unterschiedlich sein kann. Einige Karten zeigen sieben halbkreisförmig angeordnete Sterne, die den Kopf der Frau wie ein Heiligenschein umgeben. Auf anderen sehen wir sieben kleinere Sterne in verschiedenen Konstellationen und einen viel größeren Stern, der sich stets unmittelbar über dem Kopf der Frau befindet. Im letzteren Fall sind die kleinen Sterne oft in zwei Säulen zu beiden Seiten des großen Sterns angeordnet, eine Wiederholung des Tormotivs. Es gibt auch Karten, auf denen nur ein großer Stern über dem Kopf der Frau abgebildet ist.

Im Hintergrund sehen wir eine offene Landschaft und auf vielen Karten einen oder zwei ferne Bäume und einen Vogel, der ganz oben auf einem Baum sitzt. Wenn zwei Bäume abgebildet sind, stehen sie links und rechts der Frau, so wie die Säulen auf anderen Karten dieses Arkanums.

Bedeutungsvoll ist, daß die Frau Wasser in den Fluß zurückschüttet: Sie gibt einen Teil dessen, was sie empfangen hat, seiner Quelle zurück.

Bedeutung

Kennen Sie die Sternbilder? Seit Urzeiten sind die Menschen von diesen Himmelszeichen fasziniert und orientieren sich danach. Die Astrologie lehrt, daß die Position der Sterne unser Leben beeinflußt; doch selbst wer nichts von Astrologie versteht, achtet auf diese fernen Leuchtfeuer. Reisende finden ihren Weg mit Hilfe des Polarsterns (südlich des Äquators übernimmt das Kreuz des Südens diese Rolle). Schon immer haben die Menschen Bilder am Sternenhimmel gesehen und sich Mythen dazu ausgedacht. Heute gewinnen die Sterne eine weitere Bedeutung für uns; denn wir sind langsam, aber sicher auf dem Weg zu ihnen. Die Sterne symbolisieren das geheimnisvolle Universum mit seiner Fähigkeit, zu wachsen, zu lernen und Macht auszuüben. Sie sind Symbole dessen, was «da draußen» ist, noch auf der materiellen Ebene, aber schon jenseits der Grenzen dieser Welt. Die Sterne lenken unser Leben in vieler Hinsicht, nicht nur in der Astrologie. Diese Karte des Großen Arkanums gibt dem Suchenden die Chance, die Richtung zu bestimmen.

Ebenso wie der Turm (die Karte des sechzehnten Arkanums) die schlimmen Folgen des Machtmißbrauchs zeigte, stellt der Stern das Potential der Weisheit und des Verständnisses, der wahren Macht, dar. Ein griechischer Mythos erzählt, daß die olympischen Götter Menschen als Sternbilder an den Himmel setzten, um sie unsterblich zu machen. Die siebzehnte Karte des Großen Arkanums verkündet den Beginn Ihrer Unsterblichkeit.

An diesem Punkt Ihrer Suche werden Sie nicht nur zum Suchenden, sondern auch zum Lehrer. Die Sterne ordnen sich so an, wie Sie es wünschen, und geben Ihnen die Macht, die der Magier nur anzuwenden versucht: im Zentrum des Universums zu sein und den Himmel nach Ihrem Willen zu verändern.

Doch wenn Sie diese Macht erlangen und behalten wollen, müssen Sie etwas zurückgeben. Die junge Frau auf diesem Bild gießt die Lebenskraft, symbolisiert durch das Wasser, auf die irdische Ebene zurück, obwohl die Sterne über ihrem Kopf sich so gruppieren, daß sie die Frau mit ihrer Kraft überschütten können. Das ist der Anfang einer Transformation: Die Sterne über ihr tun, was sie tut, weil sie allmählich das wird, was sie sind. Das ist ein ausgezeichnetes Beispiel und eine andere Definition des «Wie oben, so unten» des Magiers.

Die junge Frau ist das Sinnbild der ewigen Jugend und der wahren Schönheit. Die Sterne über ihr symbolisieren Ihre Fähigkeit, Ihre Ziele zu erreichen – und, wichtiger noch, die Erkenntnis, welche Ziele Sie sich setzen sollten. Das Wasser im Fluß ist ein Symbol der Gelassenheit (das ist mehr als Geduld), deren Quelle die Gewißheit ist, daß Sie alle Hindernisse überwinden werden. Die Frau gibt der Erde eine großzügige Menge ihres Wissens und ihrer Macht zurück, um das wiederzubeleben, was sie hervorgebracht hat. Das ist die Lehre der Sterne: Es ist wichtig, daran zu denken, daß Ihre Wurzeln – also Ihre Kraftquelle – sich auf dieser Ebene befinden, auch wenn Sie sich darauf vorbereiten, eine höhere Ebene des Wissens und des Strebens zu betreten. Sie müssen auch an diejenigen denken, die nach Ihnen kommen, nicht nur daran, wohin Sie gehen.

Beim Kartenlegen

Aufrecht (positiv): Weisheit, Unsterblichkeit, spirituelle Erleuchtung; Hoffnung, Glückseligkeit, intellektuelle Erfüllung, Befriedigung, glänzende Aussichten, Schicksal, Einsicht; ein Fortschritt, der Sie Ihren Zielen näherbringt; Sie begreifen, welche Ziele Sie wählen sollen.

Verkehrt (negativ): Frustration, Machtlosigkeit; Diebstahl; unerfüllte Erwartungen, Enttäuschungen; jemand verläßt Sie; Arroganz, die Ihnen Verluste einträgt.

Sie haben den Weg gefunden, der es Ihnen ermöglicht, Ihre eigene Form der Unsterblichkeit zu erlangen, einerlei, was Sie darunter verstehen. Nutzen Sie Ihre Macht weise; seien Sie gelassen in der Gewißheit, daß Sie erreichen können, wonach Sie streben. Wenn diese Karte den Fragenden symbolisiert, können Sie mit dem, was Sie haben oder demnächst erringen werden, der Welt Ihren Stempel aufdrücken. Sie brauchen keine Angst mehr vor Rivalen zu haben – niemand ist imstande, Ihnen diesen Erfolg zu nehmen. Wenn Sie klug und großzügig sind, begreifen Sie auch, daß Sie Ihren Einfluß und Ihren Ruhm vergrößern können, indem Sie anderen wenigstens einen Teil dessen beibringen, was Sie gelernt haben.

XVII
Der Stern

*Der Mond verrät Ihnen,
daß Sie lernen möchten,
Ereignisse zu formen,
anstatt sich von ihnen
formen zu lassen.*

Trümpfe Achtzehn

Der Mond

La Lune (Der Mond) entspricht der Zahl achtzehn und dem hebräischen Buchstaben Tsade.

Symbolik

Das Mysteriöse, Intuition, übersinnliche Fähigkeiten; Betrug und Gefahr.

Beschreibung

Diese Karte ist meist zweigeteilt. Die obere Hälfte zeigt den Mond in der Mitte. Es ist ein Vollmond, aber eigentlich eine Sichel, der nach der sogenannten «Seite der Gnade» (rechts vom Beobachter) hin zunimmt. Im Grunde wird der Mond sowohl als Sichel wie auch als Vollmond dargestellt. Links von der Sichel sehen wir ein Gesicht auf dem Mond; es betrachtet die Szene auf der Erde. Auf manchen Karten gehen Strahlen vom Vollmond aus, und Formen, die wie Wassertropfen aussehen, fallen vom Mond zur Erde – sie symbolisieren den Abstieg des Geistes in die Materie.

Beachten Sie, daß Mondsichel und Mondscheibe ein uraltes Sinnbild der Mondgöttin sind. Antike Stelen, Denkmäler im Nahen Osten mit aramäischen und phönizischen Inschriften, zeigen das Symbol häufig in dieser Form (Mondsichel in der Scheibe). In Nordafrika, vor allem im ehemaligen Zentrum der punischen Kultur, erscheint die Scheibe innerhalb oder unterhalb der Sichel. Auf jeden Fall gibt es archäologische Beweise dafür, daß zumindest ein Teil der Symbolik des Großen Arkanums viel älter ist als die europäische Kultur des 14. oder 15. Jahrhunderts. Außerdem befinden sich in der oberen Hälfte des Bildes, unter dem Mond, zwei Türme auf der rechten und linken Seite (auch hier das Tormotiv). Zwei Tiere, meist ein Hund und ein Wolf, stehen zwischen diesen Türmen und jaulen hinauf zum Mond. Sie symbolisieren unsere tierische Natur, die den Mond fürchtet und doch von ihm fasziniert ist und von ihm beeinflußt wird.

In der unteren Hälfte des Bildes sehen wir einen Teich oder See, aus dem ein Krebs oder Hummer kriecht (wahrscheinlich ist es ein Krebs wie im gleichnamigen Sternbild). Wie die Tropfen, die vom Mond fallen, wird auch das Wasser auf der Erde von den Mondzyklen beeinflußt.

Das Bild zeigt, daß der Mond uns zwar eine gewisse Macht gibt, daß seine Zugkraft, seine Herrschaft über die Erde und uns aber viel größer ist. Auch hier ist das Wasser die Lebenskraft; doch in diesem Fall wird seine Flüssigkeit betont, seine Fähigkeit, die Form eines beliebigen Behälters anzunehmen. Dies ist die Gefahr, die Sie meiden müssen: Sie wollen ja lernen, die Ereignisse zu formen, und sich nicht von ihnen formen zu lassen.

Bedeutung

Sie können gewaltige Macht erlangen; aber es besteht auch eine Gefahr, deren Sie sich immer bewußt sein müssen. Der Mond symbolisiert die Verlockung des Unbekannten, des verborgenen Wissens, der unbekannten Wahrheit. Ein Mangel an vollständigen Informationen führt zu Mißverständnissen und Konflikten, und es ist schwierig oder gar unmöglich, richtige Schlußfolgerungen zu ziehen. Bevor Sie den nächsten Schritt tun, sollten Sie genau wissen, was Sie wollen und was Sie tun. Beachten Sie auch, daß die Gefahr einer «Mondsucht» besteht – der geistigen Verwirrung, der Verzweiflung, sogar der Selbstmordneigungen. Das alles stört Ihre Suche nach dem verborgenen Wissen und der Macht, die alle Aspekte des Mondes in sich bergen.

Der Magnetismus des Mondes zieht uns an und beeinflußt uns. Er spricht unsere tierische Natur an und wirkt auf das Unbewußte ein; dadurch löst er ohne Zutun des Bewußtseins Willensentscheidungen aus. Es gibt nur einen Weg, die gefährlichen Aspekte des Mondes zu meiden: Sie müssen ganz bewußt handeln, seiner Anziehungskraft widerstehen und das Steuer in der Hand behalten. Wenn Sie den Gefahren dieser Karte aus dem Weg gehen wollen, müssen Sie lernen, jederzeit Ihren Verstand, Ihre bewußte Intelligenz zu gebrauchen. Sie dürfen sich nicht Ihren Instinkten und Emotionen ausliefern. Auf dem Weg des Tarots lernen Sie, sich auf Ihr Unterbewußtsein zu verlassen und Ihre übersinnlichen Fähigkeiten zu entwickeln. Aber dies ist der Punkt, an dem Sie diese Fähigkeiten bewußt ausüben müssen. Die Intelligenz unterscheidet Menschen von Tieren (die vom Mond beeinflußt werden, ohne zu wissen, warum) und Elementen (zum Beispiel dem Meer, an dem der Mond zerrt und das überhaupt nicht denken kann). Nutzen Sie von nun an Ihre Intelligenz, sonst ist Ihre Suche vergeblich. Sie dürfen sich nicht mehr allein nach Ihren Instinkten richten.

Beim Kartenlegen

Aufrecht (positiv): Vorsicht, verborgene Gefahr, versteckte Feinde; Skandal, Irrtum, Desillusionierung, Betrug, Streit; Intuition, latente übersinnliche Fähigkeiten, okkulte Kräfte in Ihrer Umgebung.

Verkehrt (negativ): Betrug und Gefahr, jedoch weniger bedrohlich; Instabilität, unwesentliche Irrtümer, Stille.

Um Sie herum wirken gewaltige verborgene Kräfte. Vielleicht können Sie sie nicht beherrschen; aber Sie können verhindern, von ihnen beherrscht zu werden. *Seien Sie auf der Hut.*

Wenn diese Karte den Fragenden symbolisiert, will Sie Ihnen sagen, daß Sie enorme, überwiegend latente übersinnliche Kräfte besitzen, auch wenn Sie es nicht wissen. Bisher haben Sie diese Kräfte wahrscheinlich kaum oder gar nicht genutzt. Jetzt ist die Zeit günstig, um sie zu entwickeln und beherrschen zu lernen – Sie werden sie in der Zukunft benötigen. Aber gehen Sie behutsam vor. Wenn Sie diese Fähigkeiten mißbrauchen oder sich weigern, sie überhaupt anzuwenden, können Sie auf gefährliche Abwege geraten.

XVIII
Der Mond

Die Sonnenkarte symbolisiert den Übergang zwischen dem sichtbaren Licht dieser Welt und dem spirituellen Licht der Welt, nach der Sie suchen.

Trümpfe Neunzehn

Die Sonne

Le Soleil (Die Sonne) entspricht der Zahl neunzehn und dem hebräischen Buchstaben Coph.

Symbolik

Glückseligkeit, Zufriedenheit, Erfolg, Erfüllung, Geschenke.

Beschreibung

Oben in der Mitte des Bildes sehen wir eine große Sonne, meist mit einem Gesicht, das den Betrachter ansieht, und immer mit einem Strahlenkranz. Auf manchen Karten fallen Tropfen zu Boden. Wie auf der Mondkarte handelt es sich um den Abstieg des Geistes in die Materie.

Die Szene unter der Sonne ist verschieden gestaltet. Auf manchen Karten sind zwei sitzende Kinder abgebildet, die einander umarmen, oder ein junges Paar, das in einem Kreis steht und sich an den Händen hält. Andere Karten zeigen zwei Kinder, die vor einem Deich stehen – ein Zwillingssymbol. Mitunter ist nur ein Kind dargestellt, das auf einem Pferd reitet und offensichtlich sehr glücklich ist. Hinter ihm befindet sich eine Stein- oder Ziegelmauer, dahinter große Sonnenblumen.

Die allgemeine Bedeutung der Karte ist Zufriedenheit, Frieden und Sicherheit, sogar Freude. Die Kinder auf der

Karte symbolisieren kindliches (nicht kindisches!) Glück und die Fähigkeit, die Gaben des Lebens so zu genießen, wie sie kommen.

Die Mondkarte forderte Sie auf, Ihre reife Intelligenz und Vernunft voll zu nutzen, damit Sie überleben. Jetzt dürfen Sie in den Strahlen einer warmen Sommersonne baden und die Früchte Ihrer Leistung und die Geschenke genießen.

Bedeutung

Der Mond strahlt reflektiertes Licht aus, das nicht genügt, um verborgenes Wissen zu erhellen. Dagegen ist die Sonne die Quelle des Lichts, die Helligkeit und Wärme spendet, die Verständnis weckt, die Klarheit und Glück bringt.

Auf halbem Weg zwischen Himmel und Erde ist die Sonne eine Vermittlerin zwischen Gott und den Menschen. Gleichzeitig ist sie der geringste Aspekt des Göttlichen und der höchste des Profanen. Die Sonnenkarte symbolisiert den Übergang zwischen dem sichtbaren Licht dieser Welt und dem spirituellen Licht der Welt, nach der Sie suchen. Wenn Sie die Gaben, die sie Ihnen anbietet, mit dem Herzen eines Kindes annehmen – ein Kind besitzt seine eigene Weisheit in Form von Unschuld, Einfachheit und Lebensfreude –, haben Sie den nächsten Schritt zum Göttlichen getan.

Das ist keine Anweisung, die Benutzung des Verstandes aufzugeben! Ganz im Gegenteil. Kinder lernen unaufhörlich. Richten Sie sich nach den Lehren des Verstandes *und* des Herzens. Sie erhalten ein herrliches Geschenk. Was Sie bisher gelernt haben, ermöglicht es Ihnen, das Geschenk zu genießen, ohne es zu analysieren.

Was die Sonne lehrt, ist vielleicht ebensoschwer in die Tat umzusetzen wie der Rat der Mäßigkeit (vierzehnte Karte des

Großen Arkanums). Auf allen Stufen Ihrer bisherigen Suche mußten Sie kämpfen und wachsen, um sich einem sehr wichtigen Ziel zu nähern. Die Sonne sagt Ihnen, daß es mitunter notwendig ist, innezuhalten und an den Rosen zu riechen. Sie dürfen genießen, was Sie gelernt haben und was Sie jetzt werden!

Als Mittelpunkt zwischen den göttlichen und den materiellen Ebenen symbolisiert die Sonne die Identifikation des Suchenden mit dem Leben und seine Freude daran, aber auch die Hoffnung und die Chance, daß er eine höhere Existenzebene erreicht.

Beim Kartenlegen

Aufrecht (positiv): Triumph, Erfolg, Glück, eine gute Leistung, Zufriedenheit, Ehre; ein Neubeginn, eine Geburt (eines Kindes, eines Projektes, einer Idee, einer Karriere usw.), materieller Wohlstand, eine Vereinigung (z. B. Heirat), die glücklich sein wird.

Verkehrt (negativ): dasselbe, jedoch in geringerem Maße. Diese Karte ist nie negativ.

Sie haben Ihren Weg jetzt klar vor Augen. Das, wofür Sie so hart gearbeitet haben, trägt nun Früchte. Vielleicht bekommen Sie sogar Geschenke, die Sie nicht verdient und nicht einmal erwartet haben. Analysieren Sie sie nicht; stellen Sie keine Fragen; zerpflücken Sie sie nicht in kleine Stücke, um ihre «wirkliche Bedeutung» herauszufinden. Nehmen Sie sie einfach an, und genießen Sie sie.

Wenn diese Karte den Fragenden symbolisiert, haben Sie sehr hart gearbeitet. Nun dürfen Sie genießen, was Sie sich verdient haben und was Ihnen geschenkt wird. Nehmen Sie sich jetzt Zeit, die Früchte Ihrer Arbeit wenigstens zu kosten. Es ist nicht falsch, auf das Erreichte stolz zu sein und auch ein wenig Spaß daran zu haben. Wenn Sie diese grundlegende Wahrheit noch nicht kennen, dann haben Sie jetzt Gelegenheit, sie zu lernen: Sie leben nicht, um zu arbeiten, sondern Sie arbeiten, um zu leben.

Genießen Sie Ihr Leben. Wenn Sie das nicht können, lohnt es sich nicht zu leben.

XIX
Die Sonne

Diese Karte symbolisiert das Ende Ihres alten Lebens und den Beginn eines neuen. Doch in diesem Fall sind alle Veränderungen positiv.

Trümpfe Zwanzig

Gericht

Le Jugement (Das Gericht oder Das letzte Gericht) entspricht der Zahl zwanzig und dem hebräischen Buchstaben Resh.

Symbolik

Endgültige Entscheidungen, ein neues Leben, Resultate, Schlußfolgerungen, das Ende Ihrer Zweifel, Antworten auf Ihre Fragen.

Beschreibung

Oben im Bild sehen wir eine göttliche Gestalt, meist einen geflügelten Engel, der sich aus einer Wolke beugt und auf einer Trompete bläst. Unten steigen nackte Menschen aus Särgen oder aus der Erde; ihre Gesichter drücken Staunen und Ehrfurcht aus.

Die Zahl der menschlichen Gestalten auf der Karte kann zwischen drei und sechs liegen. Wir sehen Männer, Frauen und manchmal Kinder. Auf einigen Karten stehen die Menschen im Kreis und reichen sich die Hände, auf anderen erheben sie die Arme zum Engel. Abgesehen von diesen kleinen Unterschieden ist das Bild auf den meisten Karten ähnlich.

Diese Karte symbolisiert die Auferstehung der Toten und das Jüngste Gericht. Alle Seelen werden dann für ihre Taten während ihrer Lebensreise zur Verantwortung gezogen, und sie erfahren das Urteil.

Beachten Sie, daß diese Zeit in der Zukunft liegt. Das Urteil wird nicht heute gefällt – die Karte versichert uns lediglich, daß es eines Tages gefällt wird. Die Karte fordert uns auf zu erwachen. Nach dem Erwachen werden wir sehen, daß unser Glaube auf Tatsachen beruhte: Es gibt etwas jenseits dieser Welt, nach dem zu streben sich lohnt.

Bedeutung

Wie die Todeskarte symbolisiert auch das Gericht das Ende Ihres alten Lebens und den Beginn eines neuen. Doch in diesem Fall sind alle Veränderungen positiv. Ihre Fragen werden beantwortet, Ihre Zweifel beseitigt. Endlich werden Sie die Wahrheit erfahren.

Sie können die Antworten auf der spirituellen oder auf der profanen Ebene Ihres Lebens erhalten. Im letzteren Fall winkt Ihnen beispielsweise eine neue berufliche Laufbahn, eine neue Romanze oder ein Wandel zum Besseren in ihrem Leben.

Auf der spirituellen Ebene sind die Antworten noch wichtiger. Bis jetzt strebten Sie auf ein Ziel zu, an dessen Existenz und Wert Sie nur glauben konnten.

Jetzt erfahren Sie, daß es wirklich existiert und daß nichts erstrebenswerter ist. Das Gericht verspricht Ihren den Lohn für Ihr Streben und Ihren Glauben: Den Beweis dafür, daß Ihr Leben und die Existenz des Universums, das Sie hervorgebracht hat und durch das Sie reisten, um Ihr Ziel zu erreichen, einen Sinn haben. Von nun an brauchen Sie nicht mehr zu glauben – Sie wissen. Beachten Sie, daß diese Karte trotz des Bildes sich nicht eigentlich auf das Jüngste Gericht als Ende der ganzen Welt bezieht. Sie verkündet vielmehr das Ende einer alten Welt für den Suchenden, das Ende der Verwirrung, der Verzweiflung und der Zweifel. Das Gericht ist eine positive Karte, die Regeneration, Wiedergeburt und Einsicht symbolisiert. Besonders wichtig ist, daß dieser Lohn Ihnen zusteht; Sie haben ihn durch Ihren Glauben (trotz aller Zweifel) und Ihre inneren Kämpfe verdient. Wir werden an unserem Verhalten und an unserem Charakter gemessen.

Beim Kartenlegen

Aufrecht (positiv): Entschlossenheit, eine Entscheidung, ein Ergebnis; eine Einführung, ein Neubeginn. Rechnen Sie mit Neuigkeiten, mit einer wichtigen Mitteilung, die sich positiv auf Ihre Zukunft auswirkt. Probleme werden gelöst, Fragen beantwortet. Wandel, Wiedergeburt, Erneuerung; eine radikale, aber positive Veränderung in Ihrem Leben.

Verkehrt (negativ): Verzögerung, Bedächtigkeit, hinausgeschobene Resultate, Schwäche, Feigheit, möglicherweise die Strafe für einen oder alle diese Faktoren.

Bisher sind Sie blindlings auf Ihr Ziel zugestolpert; nun erhalten Sie die Gewißheit, daß Sie Erfolg haben werden. Seien Sie unbesorgt. Ergreifen Sie die Gelegenheit beim Schopfe. Wenn Sie zögern, verpassen Sie vielleicht die größte Chance Ihres Lebens.

Wenn diese Karte den Fragenden symbolisiert, können Sie gewiß sein, daß Sie auf dem richtigen Weg sind. Einerlei, welche Zweifel Sie gehabt haben oder noch haben, und gleichgültig, auf welche Hindernisse Sie unterwegs gestoßen sind: Sie haben genau die richtigen Entscheidungen getroffen, für sich selbst und für alle anderen, auf die Ihre Entscheidungen sich auswirkten. Rechnen Sie sehr bald mit positiven Ergebnissen. Wichtige Fragen werden beantwortet, Zweifel beseitigt. Sie werden in Ihrem Glauben bestärkt und für Ihre Mühe belohnt.

XX
Das Gericht

Diese Karte bestätigt Ihnen,
daß Sie Ihr inneres Wesen
und die Kräfte in Ihrer
Umgebung völlig beherr-
schen und verstehen.

Trümpfe Einundzwanzig

Die Welt

Le Monde (Die Welt) entspricht der Zahl einundzwanzig und dem hebräischen Buchstaben Tau.

Anmerkung: Im Waite-Tarot nimmt der Narr diesen Platz ein (obwohl die Welt die Nummer einundzwanzig und der Narr die Nummer null trägt). Es ist korrekt, den Narren hier einzuordnen; denn Tau ist der letzte Buchstabe des Alphabets und Shin (der Buchstabe, der dem Narren zugeordnet ist) der vorletzte. Die meisten Tarotsysteme unterbrechen die Stufenfolge des Großen Arkanums jedoch nicht und geben dem Narren entweder die erste oder die letzte Stelle.

Symbolik

Vollkommenheit, das Erreichen des Zieles. Ihre Entwicklung (in diesem Bereich) ist beendet.

Beschreibung

Auf fast allen Karten ist die Hauptfigur eine junge, nackte Frau, die nur einen langen, fließenden Schal trägt. Sie ist umgeben von einem Kranz aus Blättern oder aus Blättern und Blüten. Mitunter hält sie in jeder Hand einen Stab. Die Stellung ihrer Hand ist unterschiedlich. Auf einigen Karten macht sie die gleiche Geste wie der Magier: Sie hebt eine Hand, die andere deutet nach unten.

An den Ecken der Karte sehen wir vier Figuren; oben links einen geflügelten Menschen oder Engel, oben rechts einen Falken oder Adler, unten links einen Stier und unten rechts einen Löwen. Auf manchen Karten sind nur die Gesichter dieser Figuren abgebildet, auf anderen auch die Leiber, so daß man die Flügel sehen kann. Beachten Sie, daß die Position dieser vier Figuren jenen ähnelt, die zuweilen auf dem Rad des Schicksals (zehnte Karte des Großen Arkanums) zu sehen sind.

Bedeutung

Dies ist die letzte Karte des Großen Arkanums. Jetzt werden Sie symbolisch zu einem Adepten, also zu dem, was Sie während Ihrer Reise werden wollten. Ihre Umwandlung (auf die das Gericht anspielt) ist vollendet, und Sie haben die vollkommene Synthese zwischen Körper (Materie), Verstand (Intelligenz), Seele (Selbstbewußtheit) und Geist (Unterbewußtsein) erreicht.

Die Welt bestätigt Ihnen, daß Sie Ihr inneres Wesen und die Kräfte in Ihrer Umgebung völlig beherrschen und verstehen. Sie wissen, was im Universum gut und richtig ist, und Sie verstehen seine Ordnung. Sie können Ihrem Urteil vertrauen, wenn es darum geht, was Sie unter den gegenwärtigen Umständen tun sollen. Sie sind jetzt ein Adept.

Diese Karte ist die Umkehrung des Turmes. Auf der Karte des sechzehnten Arkanums war die Vernichtung die Folge des Machtmißbrauchs. Der gescheiterte Adept maßte sich eine Autorität an, die er gar nicht besaß, und er strebte nach einem Ziel, das ihm nicht zustand.

Hier erreichen Sie sogar ein noch höheres Ziel, als Sie es sich auf einer niedrigeren Stufe wünschten oder auch nur vorstellen konnten.

Es besteht keine Gefahr der Vernichtung, weil Sie keine falschen Entscheidungen mehr treffen können. Alles, was Sie tun, ist richtig. Und Sie haben ein Recht auf alles, was Sie besitzen. Sie wissen, wer und was Sie sind; Sie wissen, warum Sie sind; und Sie kennen den Sinn der Existenz. Alle Antworten bestätigen Ihren Wert als Individuum. Dies ist der Lohn für Ihre Mühe.

Beim Kartenlegen

Aufrecht (positiv): Vollendung, Vollkommenheit, Synthese, höchster Wandel; Ehrlichkeit und Wahrheit; Erfolg, Harmonie; Reife, Ende eines Zyklus; Anerkennung, Belohnung, Beifall.

Verkehrt (negativ): Verneinung; Liebe oder Ziele werden geopfert; Flucht; Stillstand, Trägheit; Strafe für böses Tun.

Sie haben gelernt, was Sie in dieser Inkarnation (oder Situation, wenn die Frage sich auf weltliche Dinge bezieht) lernen mußten. Sie sind, was Sie sein sollen; Sie wissen alles, was Sie wissen müssen; Sie haben alles erreicht, was Sie erreichen sollten. Nun können Sie sich anderen Dingen zuwenden; denn Sie wissen ja, daß Sie diese Aufgabe vollständig gelöst haben.

Wenn diese Karte den Fragenden symbolisiert, haben Sie den höchsten Erfolg errungen, und zwar ohne einen jener Rückschläge, den geringere Erfolge so oft mit sich bringen. Alles, was Sie tun, alles, was geschieht, bestätigt Ihren Wert auf diesem Gebiet.

Aber eine Warnung ist angebracht. Auf dieser Ebene des Erfolges ist kein Raum für eine weitere Entwicklung in diesem Bereich. Doch wer das erreicht hat, was Sie erreicht haben, kann sich nicht einfach zurücklehnen und nichts tun. Wenn Sie sich auf Ihren Lorbeeren ausruhen, anstatt einen anderen Bereich des Wachstums zu suchen, ist Stillstand die Folge. Die Aufgabe ist gelöst – es ist Zeit, weiterzugehen.

Der Narr symbolisiert einen Menschen, der blind seinem Schicksal entgegengeht, ohne Warnungen zu beachten.

Trümpfe Null

Der Narr

Le Mat (Der Narr) entspricht der Zahl null und dem hebräischen Buchstaben Shin.

Anmerkung: Im Waite-Tarot ist der Narr zwischen dem Gericht (XX) und der Welt (XXI) eingeordnet. Paul Case und einige andere stellen den Narren an den Anfang des Großen Arkanums. MacGregor Mathers und viele andere ordnen ihn am Ende ein. Dieser Karte, vielleicht die wichtigste des Großen Arkanums, müssen Sie nach Ihrem eigenen Gutdünken einen Platz zuweisen. Ich stelle den Narren ans Ende; denn wenn Sie eine Entscheidung fällen wollen, müssen Sie auch bestimmen, was Ihrer Ansicht nach die richtige Deutung dieser Karte ist. Und Sie wissen jetzt so viel über den Tarot, daß Sie dazu in der Lage sind.

Symbolik

Unvermeidliche Fehler, deren Ursache Ihre (oft bewußte) Unwissenheit ist. Ausgeprägte Torheit.

Beschreibung

Eine männliche Gestalt steht am Rand eines Felsens. Der Mann geht auf den Abgrund zu, ohne auf seinen Weg zu achten. Entweder schaut er über die Schulter zurück, oder er starrt hinauf in den Himmel. Der nächste Schritt führt in den Abgrund; aber der Narr ist sich der Gefahr nicht bewußt.

Auf einigen Karten trägt der Narr das bunte Kostüm mit Mütze und Schellen eines Hofnarren, auf anderen die einfache, manchmal abgetragene Kleidung eines Wanderers. Auf den meisten Karten trägt er einen Landstreicherbeutel an einem Stock über der Schulter, und mitunter stützt er sich auf einen Wanderstab (wie der Eremit auf der Karte des neunten Arkanums). Auf vielen Karten ist auch ein kleiner Hund abgebildet. Er steht auf den Hinterbeinen und bellt den Narren an, oder er packt ihn an den Kleidern und versucht, ihn zurückzuziehen. Der Hund bemüht sich, den Narren vor der Gefahr zu warnen. Doch der Narr ist so sehr mit seinen eigenen Gedanken beschäftigt, daß er auch dem Hund keine Aufmerksamkeit schenkt.

Wichtig ist, daß die Karte nicht immer deutlich macht, ob der junge Mann wirklich ein Narr ist, der ohne zu wissen, er tut, in den Abgrund stürzen wird. Vielleicht kennt er die Gefahr, hat aber keine Angst. Auf jeden Fall wird sein nächster Schritt drastische Folgen haben.

Beachten Sie, daß seine Torheit beabsichtigt ist. Wenn Sie den Weg des Tarot beginnen, brauchen Sie ebenfalls blindes Vertrauen; denn es gibt keinen Führer, der Ihnen sagen könnte, wohin der nächste Schritt Sie führt.

Bedeutung

Unterschätzen sie den Narren nicht. Er sieht vielleicht lächerlich aus; aber Sie müssen verstehen, was er Ihnen sagen will.

Offensichtlich stellt die Karte die totale Verrücktheit dar. Wie der Eremit (neunte Karte des Großen Arkanums) ist der Narr ein Wanderer. Aber anstatt seinen Verstand zu gebrauchen und auf den Weg zu achten, ist er bewußt unbekümmert.

Vergleichen Sie das Bild auch mit dem Rad des Schicksals (Zehnte Karte des Großen Arkanums). Wie die Gestalt, die vom Rad fällt, steuert der Narr auf einen Abgrund zu. Allerdings ist im ersteren Fall das blinde Schicksal für die Katastrophe verantwortlich, im zweiten blinder Wahn.

Profan ausgedrückt beschreibt der Narr ein Individuum, das unbedingt einen bestimmten Weg gehen will, ohne auf Warnungen zu achten. Mit dieser Einstellung, sagt die Karte Null des Großen Arkanums, sind törichte Fehler unvermeidlich.

Was Ihre persönliche Entwicklung betrifft, so macht der Narr Sie darauf aufmerksam, daß Sie verblendet sind und sich einer großen Gefahr aussetzen, weil Sie sich weigern, die Wahrheit zu sehen, die genau vor Ihrer Nase liegt.

Wenn es jedoch um Ihre Fortschritte auf dem Weg des Tarots geht, sind zwei Deutungen möglich. Wenn der Narr an den Anfang des Großen Arkanums gehört, dann möchte er Ihnen sagen, daß Sie töricht sind, weil Sie sich bisher nicht um Ihre spirituelle Selbsterleuchtung gekümmert haben. Ohne die Einsicht, die dieses Studium Ihnen verschafft, gehen Sie blind durchs Leben; Sie übersehen alle wichtigen Zeichen und Warnungen, und Ihnen entgeht der Sinn des Lebens völlig. Sollten Sie allerdings versuchen, diesen Weg zu gehen, ohne achtsam zu sein (das heißt, die Fähigkeiten eines Adepten nutzen, ohne zu verstehen, wohin diese Sie führen können), steuern Sie womöglich auf eine große Katastrophe zu.

Wenn der Narr aber ans Ende gehört, ist er vielleicht gar nicht der Narr, der er zu sein scheint. Es könnte sein, daß Sie einen blinden, vertrauensvollen Sprung machen müssen, auch wenn Sie sich davor fürchten, um die letzte Stufe Ihres Weges zur Erleuchtung zu erreichen. Obwohl ein Beobachter den Eindruck haben mag, daß Sie blindlings in Ihr Verderben rennen, bewegen Sie sich möglicherweise auf eine Transformation zu, die so weit außerhalb der Grenzen dieser Welt liegt, daß selbst die fortgeschrittensten Adepten sie sich nicht vorstellen können.

Ich überlasse es Ihnen zu entscheiden, ob der Narr einfach nur ein dummer Mensch ist, der nicht auf seinen Weg achtet und dem eine Katastrophe bevorsteht, oder ob sein Glaube so groß ist, daß er bereit ist, einen wichtigen Schritt zu tun, ohne zu fragen, wohin er ihn führt. In beiden Fällen geht er blind seinem Schicksal entgegen. Diese Karte fragt Sie, ob Sie das gleiche tun wollen oder können.

Beim Kartenlegen

Aufrecht (positiv): Torheit, Gedankenlosigkeit, Ausgefallenheit, Mangel an Disziplin, Delirium, Raserei.

Verkehrt (negativ): Sorglosigkeit, Vernachlässigung, Apathie; Zögern, Instabilität.

Wenn diese Karte eine Situation symbolisiert, möchte sie Ihnen sagen, daß es töricht wäre, sich in diese Situation hineinzusteigern oder das Problem lösen zu wollen. Wenn Sie eine Person symbolisiert, dann ist diese ein Narr, oder sie hat sich auf ein törichtes Unternehmen eingelassen.

Wenn die Karte den Fragenden symbolisiert, müssen Sie bald eine Entscheidung treffen, die für Sie und Ihre Zukunft von größter Bedeutung ist. Wenn Sie so weitermachen wie bisher, droht Ihnen die Vernichtung. Wenn Sie auf die Warnschilder achten, haben Sie noch die Chance, der Katastrophe zu entgehen.

Diese Karte ist eine Mahnung, aufmerksam zu sein, den Verstand zu benutzen und sich nicht mehr freiwillig zum Idioten zu machen.

Anmerkung: Der Fragesteller weiß meist sehr genau, daß er sich töricht verhält; aber er will es nicht zugeben, weil er es nicht einsehen will.

Anmerkungen

Mehr über die Großen Arkanen

Sie können von den Großen Arkanen noch mehr lernen und mit ihrer Hilfe noch mehr erreichen, als ich hier besprochen habe, und mehr, als ein Buch dieser Art behandeln kann. Bevor wir aber weitergehen, wollen wir wenigstens kurz erörtern, wie Sie die Tarotkarten praktisch nutzen können.

Spiritueller Fortschritt ist wichtig; aber Sie müssen auch in dieser Welt leben. Sicherlich haben Sie bereits erkannt, daß man die Großen Arkanen für weltliche und spirituelle Zwecke benutzen kann. Sie brauchen nur die geeignete Karte für Ihr Anliegen auszuwählen. Dann benutzen Sie das Bild, um innere Veränderungen hervorzurufen, die es Ihnen ermöglichen, mit dem Alltag besser zurechtzukommen.

Das ist zugleich eine meditative Anwendung des Tarots, auch wenn es Ihnen darum geht, ein bestimmtes, einzelnes Ziel zu erreichen. Die Kraft ist beispielsweise eine Karte, die Ausdauer und Triumph über Widerstände symbolisiert. Sie kann Ihnen helfen, nicht nur Feinde außerhalb Ihres Selbstes, sondern auch innere Feinde – Ihre niedrigen Leidenschaften und Fehler – zu besiegen.

Angenommen, Sie haben vergeblich versucht, sich eine Angewohnheit abzugewöhnen. Ihr Problem kann ein Charakterzug, zum Beispiel extreme Schüchternheit, oder eine Sucht, etwa Rauchen oder Eßsucht, sein. Konzentrieren Sie sich nun in der Meditation auf die Symbolik der Karte Kraft. Projizieren Sie nun das Bild, das Sie von sich selbst haben, in die Figur hinein, die gegen den Löwen kämpft und ihn besiegt. Visualisieren Sie dann ein Bild Ihres Charakterzuges oder Ihrer Angewohnheit, und projizieren Sie es in den Löwen hinein. Stellen Sie sich vor, wie Sie das Problem bekämpfen und schließlich überwinden. Die Gewißheit, daß Sie Herr über jede Leidenschaft sind, verhilft Ihnen zum Sieg.

Wenn Sie damit keinen Erfolg haben, versuchen Sie es mit einer anderen Karte. Jeder Mensch und jede Situation ist anders, und das Große Arkanum bietet Ihnen eine Vielfalt von Lösungsmöglichkeiten. Nehmen wir einmal an, Sie können mit dem Rauchen nicht aufhören, weil Sie es in Wahrheit gar nicht wollen. Dennoch sehen Sie ein, daß dieses Laster Ihnen schadet. Wenn die Situation sich so darstellt, brauchen Sie keinen Feind zu besiegen; sie müssen Ihrer Gesundheit zuliebe etwas aufgeben. Der Gehängte (zwölfte Karte des Großen Arkanums), der ein Opfer zugunsten eines größeren Ziels symbolisiert, ist in diesem Fall für Ihre Zwecke besser geeignet.

Ob Sie eine bestimmte Karte benutzen können, hängt jedoch auch davon ab, ob Sie imstande sind, sich selbst hineinzuprojizieren. Wenn es Ihnen unangenehm ist, sich in einer bestimmten Situation zu visualisieren, ist die Karte für Sie nicht geeignet, einerlei, wie gut sie «paßt».

In diesem Fall ist es völlig legitim, sogar eine Karte zu übergehen, die Ihr spezifisches Problem ausdrücklich anspricht, und eine andere zu wählen, deren Bild Ihnen weniger bedrohlich vorkommt und/oder Ihnen besser gefällt. Sie können beispielsweise auch die Welt (die einundzwanzigste Karte des Großen Arkanums) benutzen, um eine Gewohnheit oder einen Charakterzug abzulegen. Die Karte liefert Ihnen dann das Bild des Endresultates – Ihres Erfolges und Ihrer Freude –, anstatt Ihnen den Weg dahin zu zeigen. Oder ziehen Sie es vor, sich als Magier (erste Karte des Großen Arkanums) zu visualisieren, der seine Angewohnheit mühelos und selbstsicher manipuliert und nach seinem Willen ändert?

Es hängt somit von drei Faktoren ab, welche Karte für Ihre Zwecke geeignet ist: 1. In welche Szenerie können Sie sich am besten hineinversetzen? 2. Welches Ziel wollen Sie erreichen? 3. An welchem Punkt starten Sie und warum gerade dort?

Denken Sie aber daran, daß Sie Ihr Selbst nicht über Nacht verändern können, auch wenn Sie die richtige Karte ausgewählt haben. Sie greifen ja in Ihre Persönlichkeit ein, um der Mensch zu werden, der Sie sein wollen. Wie lange es dauert, bis Ihnen das gelingt, hängt von den Umständen und von Ihrer Meditationstechnik ab. Aber mit Hilfe des Tarots fällt Ihnen der Erfolg leichter, und er ist dauerhafter.

Und jede Veränderung Ihrer Psyche fällt Ihnen leichter als die vorige. Wenn Sie mehr über den Tarot lernen – und infolgedessen mehr über sich selbst –, wählen Sie die richtige Karte mit der Zeit nahezu instinktiv aus und nutzen Sie optimal. Bis es soweit ist, sollten Sie experimentieren. Wir alle brauchen ein wenig Hilfe, um unsere Ziele zu erreichen – manchmal sogar, um uns darüber klar zu werden.

Der Tarot hilft Ihnen mehr als jedes andere Werkzeug, das wichtigste Element Ihrer Welt – Sie selbst – zu beherrschen, zu verbessern, anzuleiten und sogar wiederzubeleben. Zweifellos sind mitunter äußere Kräfte, auf die Sie keinen Einfluß haben, für Ihre Probleme verantwortlich. Aber eine Änderung der Persönlichkeit kann meist auch wundersame Veränderungen in der Umwelt hervorrufen.

Der Magier steht in der Mitte des Universums, dem Zentrum aller Dinge. Sie sind die Mitte und der Brennpunkt Ihres Universums. Ändern Sie den Brennpunkt, und alles andere wird folgen.

Werfen wir nun einen Blick auf das zweite Kartenspiel des Tarots: die Kleinen Arkanen.

Die
Kleinen Arkanen

Kleine Arkanen

Einführung

Das Kleine Arkanum des Tarot besteht aus sechsundfünfzig Karten. Man teilt sie in vier Reihen (Farben) oder Gruppen zu je vierzehn Karten ein: Schwerter, Kelche (auch Pokale genannt), Münzen (auch Scheiben genannt) und Stäbe (das «Kreuz» der modernen Spielkarten).

Jede Reihe wird in Zahlenkarten und Figuren- oder Hofkarten eingeteilt. Es gibt zehn Zahlenkarten (As bis Zehn) und vier Hofkarten (König, Königin, Ritter und Bube) pro Reihe.

Wie bereits erwähnt, haben sich die modernen Spielkarten aus den Kleinen Arkanen entwickelt. Die relative «Stärke» jeder Reihe wurde ebenfalls von einigen unserer heutigen Kartenspiele übernommen. Beim Bridge lautet die Rangordnung der Farben beispielsweise Pik, Coeur, Karo und Kreuz; sie entspricht dem System des Tarots: Schwerter, Kelche, Münzen und Stäbe.

Viele Tarotbücher schenken den Kleinen Arkanen sehr wenig Aufmerksamkeit. Meist enthalten sie nur eine kurze Liste der Bedeutungen der einzelnen Karten. Und selbst diese skizzenhaften Informationen unterscheiden sich von Buch zu Buch erheblich.

Die Schwierigkeit, klare Deutungen zu liefern, mag zum Teil darauf zurückzuführen sein, daß die meisten dieser Karten keine aussagefähigen Bilder aufweisen wie die Großen Arkanen. Die Zahlenkarten zeigen lediglich die jeweilige Zahl ihrer Reihe; das

Bild ist meist symmetrisch, aber im wesentlichen willkürlich, und es spiegelt nicht den Sinngehalt der Karten wider. Mehr noch: Die den Reihen zugeschriebene Bedeutung variiert von Kartendeck zu Kartendeck, oft sogar innerhalb desselben Decks.

Auch den Hofkarten fehlt es an echten Hinweisen auf den Charakter der abgebildeten Gestalten. Es handelt sich nicht um aufschlußreiche Zeichnungen, und die dargestellten Figuren sind inaktiv, ohne symbolische Requisiten und ohne charakteristischen Hintergrund. Es sind einfach nur Bilder von Königen, Königinnen, Rittern und Buben. Bei der Kleidung mag es zwar einige Unterschiede geben; doch die einzig sichere Methode, eine Reihe von der anderen zu unterscheiden, besteht darin, den Namen zu lesen, der auf der jeweiligen Hofkarte steht, und das Reihensymbol der vier Gestalten heranzuziehen.

Waites Karten sind immerhin eine Ausnahme. Auf seinen Zahlenkarten ist eine gewisse Aktivität zu sehen, wenn auch die Hofkarten ziemlich banal sind. Selbst Waite räumt ein, daß diese Bilder ein wenig nichtssagend sind. Einst waren alle Karten des Tarots mit Bildern geschmückt; doch das war offensichtlich nur eine Methode, die Spiele attraktiver zu machen. Die Bilder waren im wesentlichen eine Schöpfung der Künstler; sie erklärten nicht die tiefere Bedeutung der Karten (und widersprachen ihr sogar zuweilen).

Einerlei, ob ein Kartendeck aussagefähig ist oder nicht – die Kartenmuster der Kleinen Arkanen enthalten nur wenige oder überhaupt keine traditionellen Elemente. Die Tarotadepten vieler Generationen haben mit den Karten gearbeitet und mit der Zeit eine gewisse Übereinstimmung erzielt, was die Deutung angeht; aber es bestehen auch zahlreiche Meinungsverschiedenheiten. Im übrigen ist es sehr schwierig, die Bedeutung dieser Karten ohne einen anerkannten Maßstab zu bestimmen, wie er für die Großen Arkanen existiert.

Es könnte aber auch sein, daß es deshalb keine eindeutigen Bilder auf den Karten des Kleinen Arkanums gibt, weil sie ursprünglich keine klare Bedeutung hatten. Diese Karten sind schließlich keine Aufzeichnung uralter magischer Lehren. Vielleicht haben sie sich nicht nur zu gewöhnlichen Spielkarten entwickelt, sondern auch als solche begonnen! Sie erlauben zwar eine überaus genaue Weissagung, wenn man sie richtig liest; aber die Zahl der widersprüchlichen Interpretationen erweckt manchmal den Eindruck, als müsse der Deuter selbst entscheiden, was die Karten wirklich sagen wollen.

Gleichgültig, worin die Gründe für die Schwierigkeiten liegen, es herrscht große Uneinigkeit darüber, wie man diese Karten deuten soll und welche Rolle sie überhaupt im Tarotdeck spielen.

So werden die Kleinen Arkanen verständlich

Es gibt viele Hinweise darauf, daß die Kleinen Arkanen ein zweites, unabhängiges Kartenspiel sind, das irgendwann im 14. oder 15. Jahrhundert an die Großen Arkanen angehängt wurde. Die Art und Weise, wie diese Karten gewöhnlich interpretiert werden, stützt diese Theorie. Im allgemeinen ist nicht von obskurem Wissen oder spirituellem Wachstum die Rede. Statt dessen konzentrieren sich die Deutungen auf diese Welt mit ihren Situationen und Ereignissen.

Im Laufe der Jahrhunderte gab es immer wieder Versuche, in den Kleinen Arkanen eine höhere, philosophische Bedeutung zu entdecken, vermutlich weil diese in den Großen Arkanen offensichtlich ist. Aber diese Karten sind einfach kein Hilfsmittel für die Meditation. Es gibt wenig Grund zur Annahme, daß die Kleinen Arkanen im Rahmen des Tarots jemals mehr waren als ein Instrument zum Wahrsagen.

Das alles heißt jedoch nicht, daß die Kleinen Arkanen bedeutungslos wären. Wenn Sie verstehen, warum diese Karten in den Tarot aufgenommen wurden, wird Ihnen klar, daß es nicht notwendig ist, sich eine mystische Bedeutung für sie auszudenken. Sie sind auch so bedeutungsvoll genug.

Die Kleinen Arkanen haben die Aufgabe, die alltägliche Welt zu beschreiben. Sie liefern uns sowohl einen historischen wie auch kulturellen Hintergrund für das Bemühen des Individuums, mit seiner inneren Realität zurechtzukommen. Während die Großen Arkanen die Seele erforscht, stellen die Kleinen Arkanen den Menschen in den gesellschaftlichen Kontext.

Da wir das Bedürfnis haben, mehr über unsere Beziehungen zur äußeren Welt zu wissen, ist es sinnvoll, in den Tarot eine Methode aufzunehmen, die uns verrät, was die Welt für uns bereithält. Diese Kombination – ein Bild des persönlichen inneren Kampfes vor dem Hintergrund aktueller Geschehnisse – macht den Tarot zu einem präzisen und einzigartigen Hilfsmittel.

Die Großen Arkanen unterstellen, daß jedes Individuum ein Mikrokosmos ist, ein ganzes Universum innerhalb eines sich selbst bewußten Wesens. Aber es gibt auch einen Makrokosmos – ein größeres und oft gleichgültiges Universum –, in dem wir alle leben und wirken. Gleichgültig, was Sie unternehmen, um ein besserer Mensch zu werden oder ihr persönliches Potential zu entwickeln – alles, was Sie versuchen, wird unweigerlich von der größeren Welt beeinflußt, deren Teil Sie sind. Die Kleinen Arkanen enthüllen und beschreiben, was die größere Welt an einem bestimmten Zeitpunkt bezweckt und wie diese Ereignisse Sie beeinflussen.

Die Aussagen der Kleinen Arkanen sind daher nicht weniger wichtig als die der Großen. Die Kleinen Arkanen lehren, daß nichts in einem Vakuum geschieht, sondern daß alles eine Ursache hat. Je aufrichtiger Sie nach der Wahrheit suchen, desto wichtiger ist diese Erkenntnis für Sie; denn es ist eine Tatsache, daß Menschen, die sich intensiv mit dem Magischen und Mystischen befassen, oft die reale Welt da draußen übersehen oder gar vergessen, eine Welt, um die wir uns ebenfalls kümmern müssen. Indem der Tarot das Mystische und Profane einschließt, weist er uns nachdrücklich darauf hin, daß wir auch dann in dieser Welt leben müssen, wenn wir nach der anderen streben.

So deuten Sie die Kleinen Arkanen

Die vier Reihen der Kleinen Arkanen symbolisierten ursprünglich die vier wichtigsten Stände der mittelalterlichen Gesellschaft. Mit sehr geringen Änderungen sind sie auch auf die moderne Gesellschaft anwendbar. Die Zeiten und die Technik ändern sich; aber die Menschen bleiben so ziemlich gleich.

Schwerter sind das Symbol des Adels mit seiner absoluten weltlichen Macht und seiner Neigung, Krieg zu führen und nach Laune über Leben und Tod anderer Stände zu bestimmen. Beim Auslegen symbolisieren die Schwerter Macht, Haß und Gewalt. Diese Karten beschreiben Ihre Feinde: Individuen, organisierte Gruppen und unpersönliche Kräfte – alles, was Ihnen schaden oder Sie zum eigenen Vorteil beherrschen will.

Kelche (Pokale) symbolisieren die Geistlichkeit, den zweiten einflußreichen Stand der mittelalterlichen Gesellschaft, vor allem die örtlichen Priester, die ihr Bestes taten, um die Not ihrer Gemeindemitglieder wenigstens zu lindern. Die Kelche haben sich zu Sinnbildern der Liebe und des Glaubens entwickelt. Wenn Sie beim Kartenlegen erscheinen, deuten sie darauf hin, daß Individuen, Gruppen oder Kräfte sich für Sie einsetzen, weil Sie ihnen etwas bedeuten.

Münzen sind die Symbole der Kaufleute. Sie waren weder Adelige noch Leibeigene. Sie kauften und verkauften, eröffneten Handelswege, finanzierten viele Unternehmen und verdienten eine Menge Geld. Sie nutzten die Macht des Geldes, und darum steht diese Reihe für den guten oder schlechten Einfluß des materiellen Reichtums in Ihrem Leben.

Auf der untersten gesellschaftlichen Stufe standen die Bauern oder Leibeigenen, die von den Stäben symbolisiert werden. Sie waren kaum mehr als Sklaven und hatten wenig Hoffnung, ihre Position im Leben zu verbessern, es sei denn, sie machten Karriere in der Kirche oder liefen weg und waren erfolgreich – beides kam selten vor. Stäbe unter den ausgelegten Karten weisen auf die Fähigkeit hin, sich trotz gewaltiger Widerstände durchzusetzen.

Das Kleine Arkanum teilt also die Welt in vier Hauptkategorien ein: Kräfte, die gegen Sie arbeiten; Kräfte, die für Sie arbeiten; Einflüsse des materiellen Besitzes; die Fähigkeit oder das Potential, erfolgreich zu sein. Das mag, oberflächlich betrachtet, allzu einfach sein – schließlich gibt es im Universum mehr als Haß, Liebe, Geld und Ehrgeiz.

Doch diese vier Elemente sind die Grundlage aller einfachen oder komplexen gesellschaftlichen Gruppen. Darum sind sie diejenigen Kräfte, die Sie unmittelbar beeinflussen, sei es, weil sie auf Sie abzielen, sei es, weil Sie damit auf andere zielen. Die Kleinen Arkanen befassen sich wie die Großen Arkanen vor allem mit dem Individuum. Wenn Sie Ihre persönlichen Ziele verfolgen, sagen die Kleinen Arkanen Ihnen, daß diese Faktoren in Ihrer gesellschaftlichen Umwelt Sie entweder unterstützen oder hemmen.

Die vier Reihen des Kleinen Arkanums entsprechen außerdem den vier Elementen. Hier reichen die historischen Zusammenhänge zurück bis zu den Riten der alten Druiden: Schwert des Feuers, Kelche des Wassers, Teller der Erde und Speere oder Stäbe der Luft. Teilweise liegt es an diesen uralten Assoziationen, daß manche Tarotgelehrte der Ansicht sind, die Kleinen Arkanen seien älter, als es scheint.

Innerhalb jeder Reihe sind die Beziehungen zwischen den Karten ähnlich. Die Zahlenkarten beschreiben Ereignisse oder Situationen, die logisch miteinander zusammenhängen: Jedes Ereignis ist die Folge des vorhergehenden und die Ursache des nächsten Ereignisses.

Auch die Hofkarten beschreiben manchmal Situationen. Aber sie können auch bestimmte Menschen symbolisieren, die eine Reihe von Ereignissen beeinflussen.

Wenn die Hofkarten auf Situationen anspielen, sind sie der «rote Faden» der Deutung; das heißt, sie erklären, in welcher Lage der Fragesteller sich befindet. Wenn zum Beispiel Hofkarten der Kelche beim Auslegen erscheinen, dann haben die emotionalen Reaktionen des Fragestellers auf Menschen oder Geschehnisse oder die Gefühle anderer Menschen für den Fragesteller den größten Einfluß auf die Entwicklung der Situation. Je höher der Rang der Hofkarte ist, desto stärker beeinflußt dieser Aspekt das Urteilsvermögen und/oder die Fähigkeit des Fragenden, das Problem zu lösen.

Wenn die Hofkarten Menschen symbolisieren, dann besitzen diese einige oder alle Merkmale der Farbe, aber auch eine gestaltende Intelligenz, die diese Merkmale bewußt ins Spiel bringt. Darum haben Karten, die Menschen symbolisieren, in allen Fällen eine viel stärkere Bedeutung als Karten, die Situationen oder Ereignisse symbolisieren.

Der Grund dafür ist leicht zu verstehen. Wenn eine bestimmte Situation nur auf Zufall beruht, kann ein anderer Zufall sie beseitigen. Wenn aber ein intelligentes Individuum eine Situation bewußt geplant oder verursacht hat, ist ein mindestens ebenso intelligentes Individuum erforderlich, um die Lage zu ändern. Wenn die Karten also das aktive Interesse anderer Menschen in Ihrem Leben andeuten, muß der Deuter ihre guten oder bösen Pläne sorgfältig analysieren.

Die Hofkarten

Die Hofkarten heißen König, Königin, Ritter und Bube (Knappe). Diese Bezeichnungen sind eine wörtliche Beschreibung der Autorität, die jede dieser Figuren in ihrem Einflußbereich (in ihrer Reihe) ausübt.

Ein König ist ein mächtiger Mann, ein absoluter Herrscher über sein Land. Selbst wenn es dort noch andere mächtige Leute gibt – der König übertrifft sie alle. Er hat mehr Autorität als alle anderen Leute im selben Land; er hat den höchsten Rang; er wird selbst von seinen Rivalen als Herrscher anerkannt. In den Kleinen Arkanen ist der König der Herrscher seiner Reihe, ein mächtiger Mann, der alles Wissen, alle Fähigkeiten und alle Merkmale seiner Reihe besitzt, und zwar in höchstem Ausmaß. Außerdem verfügt er über die erforderliche Autorität, um seinen Willen durchzusetzen.

Die Königin ist das weibliche Gegenstück des Königs. Auch sie personifiziert die Merkmale ihrer Reihe und herrscht als absolute Monarchin über ihre Untertanen. Wenn der König derselben Farbe anwesend ist, ist sie seine Gefährtin; das heißt, sie übernimmt die Rolle der Ehefrau und unterstützt den König in seinen Entscheidungen und Handlungen. Wenn der König unter den ausgelegten Karten fehlt, ist sie die Herrscherin.

In den meisten älteren Deutungen des Tarots werden Eigenschaften, die beim König als Stärken oder Tugenden gelten, bei der Königin zu Lastern oder Schwächen. Diese Neigung, Stärken einer Frau zu verachten, obwohl man sie an Männern bewundert, besteht heute noch. Es handelt sich aber um eine falsche Deutung.

Die Königin jeder Farbe hat genau die gleichen Stärken und Schwächen wie der König. Zwar sieht sie die Dinge aus einem weiblichen Blickwinkel, der sich vom männlichen Standpunkt des Königs abhebt und ihn ergänzt; aber an Macht und Autorität ist sie ihrem Gefährten gleich. Wir sollten sie als Frau ansehen, die alle Eigenschaften einer geborenen Herrscherin in sich verkörpert.

Ein Ritter ist ein Mann, den der Monarch zum Lohn für seine Dienste in diesen Stand erhoben hat. Wer zum Ritter geschlagen wurde, steht für immer im Dienst der Krone. Im Tarot ist der Ritter nicht nur ein treuer Untertan des Monarchen, sondern auch der allegorische Sohn des Königs und der Königin. Darum ist auf dieser Karte ein junger Mann dargestellt, dessen Eigenschaften und Merkmale denen seiner königlichen Eltern ähneln, obwohl er sie in geringerem Maße besitzt.

Selbstverständlich verfügt der Ritter nicht über die absolute Macht des Königs und der Königin, und in mancher Hinsicht fehlt es ihm auch an der Reife der beiden. Da der Ritter weniger fähig und erfahren ist, kann er mitunter gefährlicher oder weniger nützlich sein als seine königlichen Eltern. Das hängt aber auch von der Reihe ab.

Dennoch sollte man den Ritter nicht unterschätzen. Er hat das Potential zu werden, was der König und die Königin bereits sind, und er hat gute Gründe, für die Vorrechte und die Stellung seines Hauses zu kämpfen und daran zu glauben. Schließlich ist er der offensichtliche Erbe, und alles, was die Ziele seiner allegorischen Eltern fördert, kommt ihm ebenfalls zugute.

Da der Ritter meist mit Rüstung und hoch zu Roß abgebildet wird, läßt diese Karte auch mehrere Deutungen zu, die sich entweder auf den Charakter des Ritters beziehen oder (wenn die

Karte keine Person symbolisiert) eine gegenwärtige oder bevorstehende Situation beschreiben. Der Ritter kann ein Krieger sein (vor allem einer, der bereit ist, für sein Haus zu kämpfen), oder die Karte weist auf vorhandenen oder bevorstehenden Konflikt hin. Der Ritter kann auch ein Bote oder Vermittler sein, oder die Karte spielt auf abgesandte oder empfangene Botschaften an. Mitunter bezieht die Karte sich auf Reisen, einen Szenenwechsel oder eine Bewegung von einem Ort zum anderen oder von einer Situation zur anderen. Welche dieser Deutungsmöglichkeiten zutrifft, geht gewöhnlich aus den anderen Karten des Spreads hervor.

In einigen modernen Decks ist auf der Ritterkarte eine junge Frau abgebildet. Sie hat genau die gleichen Merkmale wie die traditionelle Figur.

Ein Knappe (Bube) ist der persönliche Diener der königlichen Familie. In der mittelalterlichen Monarchie war dieser junge Diener mehr als ein bloßer Knecht. In der Regel handelte es sich um junge Söhne oder Töchter, die eine Lehre absolvierten. Dadurch, daß sie den Eltern oder anderen Angehörigen aufwarteten, lernten sie zugleich gutes Benehmen und wurden mit dem Geschäftsleben vertraut.

Darum geht es auch im Tarot. Der Bube ist ein Kind des Königs und der Königin und hat dieselben Eigenschaften wie die anderen Familienmitglieder, jedoch wiederum in geringerem Maße. Auf der Karte kann ein Knabe oder ein Mädchen abgebildet sein. Sie oder er ist etwas jünger und weniger erfahren als der Ritter und oft ein wenig kindlich im Verhalten. Er oder sie ist sehr stolz darauf, zur königlichen Familie zu gehören, und die Folge dieses Stolzes sind je nach Reihe entweder sympathische Züge oder das unausstehliche Benehmen einer verwöhnten Göre. Auf jeden Fall setzt der Bube sich für das Wohl des Hauses ein.

Zusammengenommen bilden die Hofkarten eine königliche Familie. Für den Fragesteller symbolisieren sie Familienangehörige oder Leute, die in seinem Leben einen ähnlichen Status haben. Das verleiht ihnen zusätzliche Autorität, die über ihre Fähigkeit, Ereignisse zu steuern, hinausgeht; denn sie haben zumindest in der gegebenen Situation einen sehr starken Einfluß auf den Fragenden.

Der König und die Königin sind beispielsweise Elternfiguren. Sie symbolisieren entweder Ihre wirklichen Eltern oder jemanden, der «Elternstelle vertritt», etwa ein Arbeitgeber, eine Lehrerin, ein Berater oder sogar ein Polizist, also eine Person, die Sie respektieren oder fürchten und der Sie wahrscheinlich gehorchen, vor allem in der Situation, auf die das Auslegen der Karten sich bezieht. Angesichts der gesellschaftlichen Stellung des Königspaares hat die Person, deren Symbol die Karten sind, möglicherweise eine noch größere Autorität als die Eltern, zumindest unter den gegebenen Umständen.

Einerlei, auf wen die Karten anspielen – es handelt sich immer um reife Menschen. Sie müssen alt genug sein, um eine gefestigte Autorität zu besitzen und erwachsene Kinder zu haben, das heißt, sie sind wenigstens in den Vierzigern oder Anfang fünfzig, vielleicht noch älter.

Auch der Ritter ist erwachsen, jedoch eine Generation jünger als der König und die Königin. Sein Alter liegt irgendwo zwischen den späten zwanziger Jahren und Mitte dreißig. Was seine gesellschaftliche Stellung betrifft, so stellt die Karte einen jungen Mann dar, der sich zu Recht oder Unrecht für den Kronprinzen hält. Vielleicht ist er auch der Sohn eines mächtigen Menschen oder aus anderen Gründen der offensichtliche Erbe des Throns. Wenn es beim Kartenlegen beispielsweise um finanzielle Dinge geht, könnte der Ritter ein aufstrebender junger Manager sein, mit dem der Fragesteller derzeit beruflich zu tun hat.

Gleichgültig, ob der Ritter mit dem König und der Königin verwandt ist oder nicht – sie hören auf ihn, weil sie darauf vertrauen können, daß er ihre Pläne versteht und ihnen hilft, sie zu verwirklichen. Das bedeutet, daß er, abgesehen von seinen eigenen Fähigkeiten und Einflußmöglichkeiten, auch ein Fürsprecher des Fragestellers sein und ihm die Aufmerksamkeit oder die Gunst des Herrschers verschaffen kann. Wenn die Karten ihn als Widersacher des Fragestellers zeigen, kann er ein Mensch sein, der bewußt gegen Sie arbeitet.

Der Bube hat ebenfalls einen gewissen Einfluß, aber meist viel weniger, als er glaubt. Er kann hilfreich oder boshaft und kleinlich sein; doch er hat bei weitem nicht die Autorität des Ritters. Wenn wir im Ritter einen ehrgeizigen jungen Manager sehen, wäre der Bube ein Anfänger im selben Betrieb. Er kann ein Mensch sein, dessen Fähigkeiten und Loyalität anerkannt sind und dem man wichtige Aufgaben überträgt; aber es ist unwahrscheinlich, daß man ihn um Rat fragt, wenn es um wichtige Entscheidungen geht.

Der Hauptgrund dafür ist seine Jugend, seine Unerfahrenheit. Der Bube kann ein Kind oder ein Jugendlicher sein, allerhöchstens Anfang zwanzig. Darum nehmen die anderen Mitglieder der Königsfamilie seine Meinung und seinen Rat nicht immer ernst, selbst wenn sie ihn verwöhnen.

Der Fragende sollte den Pagen dennoch ernst nehmen. Er ist zwar kein hohes Tier, aber seine Freundschaft kann nützlich und seine Feindschaft schmerzhaft sein.

Die Beziehung dieser Personen zum Fragesteller hängt also davon ab, wie alt dieser ist und welche gesellschaftliche Position er einnimmt. Ist der Fragesteller ziemlich jung (unter dreißig), könnten König und Königin seine Eltern sein. Wenn er alt genug ist, um erwachsene Kinder zu haben, können der Ritter oder der Bube sein Kind symbolisieren oder einen Menschen, der dafür noch zu jung ist. Ist der Fragende etwa im gleichen Alter wie eine Person, den eine Hofkarte symbolisiert, dann gehört dieser Mensch offensichtlich seiner Generation an – oder die Karte steht für den Fragesteller selbst.

Denken Sie aber daran, daß die Hofkarten nicht unbedingt wirkliche Angehörige symbolisieren. Daher ist das Alter im Vergleich zum Fragesteller nicht immer ein entscheidendes Kriterium, um die Beziehung zwischen den beiden genau zu bestimmen. Der König ist beispielsweise eine Vaterfigur; aber wenn der Fragesteller erwachsen ist, ist der Mensch, den der König symbolisiert, vielleicht nicht alt genug, um der Vater des Fragestellers zu sein. Dann ist er ein Mensch, der die Autorität eines Vaters oder einen ensprechenden Einfluß besitzt.

Manche Tarotbücher geben außerdem allgemeine körperliche Beschreibungen der Mitglieder der vier Königsfamilien, um deren Identifizierung zu erleichtern. Gewiß, es macht Eindruck, wenn man jemandem erzählt, er werde bald einen großen, dunklen Fremden treffen; aber es hat sich gezeigt, daß genaue Beschreibungen manchmal mehr irreführend als hilfreich sind, wenn man herauszufinden versucht, wen die Karten symbolisieren.

Wenn die Hofkarten beim Auslegen erscheinen, bestimmen Sie zuerst, ob sie sich auf Menschen oder Situationen beziehen. Im ersteren Fall müssen Sie herausfinden, wen sie symbolisieren. Wie schwierig das ist, hängt von den Umständen ab. Wenn die Karte einen Menschen meint, den der Fragende kennt (wenn es also um einen vergangenen oder gegenwärtigen Einfluß geht), dann ist er meist in der Lage, ihn zu identifizieren, nachdem Sie seinen Charakter und seinen Einfluß beschrieben haben. Sollten alle möglichen Beschreibungen auf keine Person passen, die der Fragesteller kennt, beschreibt die Karte eine Situation.

Sollte die Karte einen künftigen Einfluß aufdecken, müssen Sie warten, um herauszufinden, um wen oder was es sich handelt. Wenn es ein Mensch ist, wird der Fragende ihn erkennen, sobald er ihm begegnet. Ist es eine Situation, dann weiß der Fragesteller wenigstens, was auf ihn zukommt.

So benutzen Sie diesen Leitfaden

Da die Kleinen Arkanen hauptsächlich dem Wahrsagen dienen, befassen wir uns im folgenden Abschnitt hauptsächlich damit, was diese Karten beim Auslegen bedeuten.

Dieser Teil des Buches enthält fünf Kapitel. Das erste ist ein allgemeiner Leitfaden zum Verständnis und Lesen der Karten. Es erklärt auch kurz, wie die einzelnen Deutungen ausgewählt wurden und wie man sie beim Kartenlesen anwendet. Außerdem beschreibe ich in allen Einzelheiten eine alternative Auslegungsmethode. Und schließlich gebe ich einen Überblick über die Vorteile und Nachteile der verschiedenen Tarotsysteme.

Die nächsten vier Kapitel behandeln die Reihen der Kleinen Arkanen im Detail. Wie im Abschnitt über die Großen Arkanen beschreibe ich alle vier Reihen nach demselben System. Zunächst erläutere ich die kulturellen und persönlichen Erfahrungen, welche die Reihe symbolisiert, vom historischen Hintergrund bis zur Anwendung in unserer Zeit.

Dann folgt eine kurze Beschreibung der Farbensymbole und ihrer Bedeutung, und anschließend stelle ich Ihnen alle Karten jeder Reihe vor, zuerst die Hofkarten, angeführt vom König, dann die Zahlenkarten, angeführt vom As. Bei jeder Karte finden Sie zwei separate, aber einander entsprechende Deutungen, Die erste Bedeutung vermittelt Ihnen die grundlegenden Informationen über die Karte, unabhängig von der Interpretation. Dazu gehört bei den Hofkarten auch eine kurze Beschreibung der abgebildeten Figur, bei Hof- und Zahlenkarten der allgemeinen Situation, welche die Karte enthüllt.

Der zweite Abschnitt («Beim Kartenlegen») zählt die verschiedenen Bedeutungen auf, die jede Karte in einem Spread hat.

Da es keine «Standardbilder» für die Kleinen Arkanen gibt, habe ich nicht versucht, jede Karte genau zu beschreiben. Hofkarten beschreibe ich jedoch in ihren Grundzügen, damit Sie die Karten jeder Farbe voneinander und von den Karten des Großen Arkanums unterscheiden können (zum Beispiel ähneln der König und die Königin oft dem Herrscher und der Herrscherin). Wie bereits erwähnt, hat die Darstellung der Königsfamilie allerdings meist keine symbolische Bedeutung.

Von den Zahlenkarten beschreibe ich nur das As. Die Anordnung der Symbole auf den übrigen Karten und alle zusätzlichen Ausschmückungen sind gewöhnlich ein Phantasieprodukt des Künstlers, der die Karten gezeichnet hat, und auch sie haben keine mystische Bedeutung.

Wenn Sie die folgenden Kapitel lesen, sollten Sie die Karten Ihres Decks genau studieren, damit Sie mit ihnen vertraut werden. Versuchen Sie nicht, alle Deutungen auf einmal auswendig zu lernen. Sie lernen den Umgang mit den Karten durch Erfahrung und im Laufe der Zeit. Solange Sie Anfänger sind, können Sie dieses Buch auch zum Nachschlagen benutzen.

Kleine Arkanen

Deutung

Wenn Sie die Kleinen Arkanen selbst zu erforschen beginnen, werden Sie auf ein kurioses Gemisch aus Einigkeit und Uneinigkeit über die Bedeutung dieser Karten stoßen. Manche Experten haben ihre eigene Interpretation, andere wiederholen nur, was alle sagen. Mitunter stimmen zwei Quellen teilweise überein, teilweise nicht. Doch selbst wenn Sie nur eine einzige Quelle benutzen, ist die Schwierigkeit nicht gelöst; denn meist bekommen Sie lediglich eine lange Liste unzusammenhängender Wörter und Sätze für jede Karte, ohne daß Sie erfahren, wie Sie sie praktisch anwenden sollen.

Zeit und Erfahrung werden Sie lehren, wie Sie eine bestimmte Karte am besten deuten. Wenn Sie mit dem Tarot arbeiten, lernen Sie auch, welche Deutungsmöglichkeit aus einer vorhandenen Liste auf einen bestimmten Spread und auf die Situation des Fragenden anwendbar ist. Das alles nutzt Ihnen allerdings nichts, wenn Sie sich noch nie mit dem Kartenlesen befaßt haben. Sie benötigen erst einige Informationen, damit Sie nach und nach verstehen lernen, was die Karten Ihnen sagen wollen.

So fangen Sie an

Da dies ein Buch für Anfänger ist, wäre es sinnlos, Ihnen noch eine Liste von Deutungen in die Hand zu geben, ohne auf andere Quellen einzugehen. Darum gebe ich Ihnen im folgenden einen Überblick über die Tarotquellen – sowohl Texte wie auch erfahrene Deuter –, damit Sie sehen, worin sie übereinstimmen und worin nicht. Nach einigen Konsultationen (und mancher Auseinandersetzung) habe ich diejenigen Deutungen ausgewählt, über die sich die meisten meiner Quellen einig sind, und auf jene verzichtet, die davon erheblich abweichen (obwohl auch sie in bestimmten Fällen zutreffen können).

Selbstverständlich habe ich nicht alle Quellen des Tarots berücksichtigt. Ich gebe Ihnen jedoch einen Überblick über jene Deutungen, die sich in der praktischen Arbeit vieler Tarotforscher und Kartenleser bewährt haben. Sie finden eine Liste dieser Deutungen im Abschnitt «Beim Kartenlegen».

Aber was fangen Sie mit einer langen Liste von Worten und Sätzen an? Wie entscheiden Sie, welche Deutung auf eine bestimmte Situation zutrifft? Und woher wissen Sie überhaupt, was mit diesen Deutungen gemeint ist?

Was die Großen Arkanen betrifft, so verfügen Sie über solidere Grundlagen. Sie wissen von vorneherein, was die Karten grundsätzlich aussagen, und können die hellseherischen Bedeutungen an die jeweilige Situation anpassen.

Für die Kleinen Arkanen haben Sie nur eine allgemeine Beschreibung jeder Reihe. Wenn Sie wüßten, welches Ereignis oder welche Situation jede Karte beschreibt, könnten Sie leichter entscheiden, welche möglichen Deutungen für den jeweiligen Spread in Betracht kommen.

Darum finden Sie vor der Liste der Deutungen auch eine allgemeine Auslegung der Karte unter der Überschrift «Beschreibung». Dort können Sie nachlesen, auf welche Situationen eine bestimmte Karte hinweist. Bei den Hofkarten finden Sie außerdem eine Beschreibung der Personen, mit denen Sie es zu tun haben. Wenn Sie mit dem Kartenlegen beginnen, können Sie entweder die Liste der Deutungen oder diese allgemeine Auslegung – natürlich auch beide – benutzen, um eine Vorstellung davon zu bekommen, was die einzelnen Karten enthüllen wollen.

Selbst mit all diesen Erläuterungen ist es nicht leicht, die Kleinen Arkanen lesen zu lernen. Da die Karten nur wenige Hinweise für das Auge enthalten, fällt es Anfängern (und sogar manchen Kennern) oft schwer, sich an ihre Bedeutungen zu erinnern.

Es gibt jedoch eine Möglichkeit, die verschiedenen Deutungen im Kopf zu behalten und zu verstehen, und Sie können sie auch praktisch anwenden, ohne über jahrelange Erfahrung und den Instinkt eines Experten zu verfügen.

Wie bei den Großen Arkanen gibt es nämlich eine Entsprechung zwischen den Kleinen Arkanen und den allgemeinen Grundsätzen der Numerologie. Mehr noch als bei den Großen Arkanen stimmen die Deutungen der Zahlen mit den weitgehend anerkannten Deutungen der Karten überein und erhellen sie.

Sie können numerologische Entsprechungen benutzen, um ranggleiche Karten unabhängig von ihrer Reihe zu interpretieren. Da sie für jede Reihe gleich sind, sind sie eine nützliche Gedächtnisstütze für die Grundbedeutung der Karten. Außerdem helfen sie, die Deutungen der Situation anzupassen, um die es beim Auslegen geht. Diese Methode, die Kleinen Arkanen zu interpretieren, hat sich im Laufe der Zeit als brauchbar und zutreffend erwiesen.

Was sagen die Zahlen?

Sie müssen nicht viel über Numerologie wissen, um sie als Leitfaden beim Deuten der Zahlenkarten zu nutzen. Sie brauchen nur die zyklischen Bedeutungen der Zahlen zu kennen. Dann können Sie sich anhand jeder Karte ein Bild der Ereignisse oder der Situation machen. Die Zahlen sagen Ihnen auch, in welchem Stadium Sie sich befinden, wie weit die Kette der Ereignisse bereits fortgeschritten ist und wie tief der Fragesteller somit darin verwickelt ist.

Die Farbe der Karte sagt Ihnen mehr über die Situation, also über die Kräfte, Einstellungen oder Bedürfnisse, die Einfluß auf die Ereignisse haben. Verbinden Sie beides, und Sie haben eine brauchbare Deutung der Karte.

EINS ist die Zahl des Anfangs, des Ursprungs, der Kreativität. Wenn das As aufrecht im Spread liegt oder der Spread im allgemeinen günstig ist, dann ist auch der Anfang, um den es geht, vielversprechend. Steht die Karte auf dem Kopf oder ist der Gesamteindruck des Spreads eher ungünstig, dann haben die jetzt beginnenden Ereignisse – sofern der Betroffene nichts dagegen unternimmt – negative Folgen.

ZWEI ist die Zahl der Einheit, der Phantasie und der Empfängnis. Beim Kartenlegen deutet sie darauf hin, daß ein neuer Faktor ins Spiel kommt – eine andere Person, ein Ereignis, ein Umstand –, der den Verlauf der Dinge beeinflussen wird. Wenn der Gesamteindruck günstig ist, bringt dieser neue Faktor Ihnen Vorteile – er hilft Ihnen, das gewünschte Resultat zu erreichen oder ein unerwünschtes zu vermeiden. Wenn der Spread ungünstig aussieht, arbeitet der neue Faktor gegen Sie – er verzögert oder verhindert die Erfüllung eines Wunsches oder macht ein unerwünschtes Ergebnis wahrscheinlicher.

DREI ist die Zahl des Ausdrucks oder Selbstausdrucks. Außerdem ist sie die Reaktion auf Ereignisse in EINS und ZWEI oder deren Folge: Neubeginn plus Vereinigung oder Empfängnis. Eine Situation, die Sie kürzlich herbeigeführt haben oder in die Sie geraten sind, nimmt allmählich eine eigene Form und Richtung an. Bei ungünstigem Spread beginnt jetzt alles schiefzugehen, selbst wenn die Lage ursprünglich gut war. Sieht der Spread günstig aus, haben Sie einen Blitzstart erwischt. Selbst wenn die Lage zunächst nicht rosig war, sind positive Ergebnisse jetzt wahrscheinlicher.

VIER ist die Zahl der harten Arbeit und der sorgfältigen Planung. Sie können jetzt die Situation, in der Sie sich befinden, im großen und ganzen verstehen. Sie müssen aber hart arbeiten, damit alles so ausgeht, wie Sie es wünschen. Wenn Ihnen die derzeitige Situation gefällt, müssen Sie arbeiten und planen, damit sie sich weiterentwickelt; wenn nicht, müssen Sie arbeiten und planen, um sie zu beenden. Aber VIER ist auch die Zahl des unkonventionellen Verhaltens und der plötzlichen, unerwarteten Ereignisse. Sie müssen auch mit einem neuen Faktor rechnen, der alles zum Besseren oder Schlechteren wendet, einerlei, wie hart Sie arbeiten und planen. Die Position der Karte im Spread und die benachbarten Karten sagen Ihnen, auf welches Ergebnis Sie sich einstellen müssen.

FÜNF ist die Zahl der Bewegung, der Aufregung und des Abenteuers. Abenteuer können etwas Erfreuliches sein; aber es gibt auch einen alten Fluch, der lautet: «Mögest du in interessanten Zeiten leben.» Auch Menschen, die während eines Krieges zum Militär eingezogen werden, haben Aufregung und Abenteuer – aber sie würden bestimmt gerne darauf verzichten. Wenn eine FÜNFER-Karte einen Spread günstiger aussehen läßt, bewegen Ihre Pläne sich auf ein besonders aufregendes Ergebnis zu und/oder Sie dürfen damit rechnen, daß Sie die Ihnen bevorstehenden Situationen und Ereignisse wirklich genießen werden. Ist der allgemeine Eindruck ungünstig, müssen Sie mit Umwälzungen und Unordnung rechnen, sogar mit dem Scheitern aller Pläne, für die Sie gearbeitet haben.

SECHS ist die Zahl der Harmonie, der Ausgewogenheit und der Anpassung, der ruhigen Verhältnisse und Aktivitäten. Außerdem ist es die Zahl der Liebe und der Romantik. In einem günstigen Spread verheißt sie ein wenig Frieden nach all der Aktivität und Aufregung. Mißverständnisse – entweder zwischen Personen oder in Ihrem Kopf – können und werden sich aufklären. Sie haben die Möglichkeit, innezuhalten und tief Luft zu holen. Sie haben Pläne geschmiedet und Ihre Chance genutzt; jetzt können Sie alles zu einem sinnvollen Ganzen zusammenfügen. Wenn die Karte oder der Spread jedoch ungünstig ist, haben Sie noch einen steinigen Weg vor sich. Zum Glück ist die SECHS nie so negativ wie andere Karten; aber die Umstände, mit denen Sie es zu tun haben, können doch sehr unangenehm sein.

SIEBEN ist die Zahl der Einsamkeit und der Seelenerforschung – nicht unbedingt auf der spirituellen Ebene, da Sie Ihre Seele auch mit Hilfe der Psychoanalyse erforschen können. Die SIEBEN weist jedoch auf eine Phase hin, in der Sie darüber nachdenken möchten, wie und warum bestimmte Ereignisse eingetreten sind. Wenn der Spread günstig ist, kann der Verlauf der Ereignisse beinahe wundersam sein, und vielleicht sind Sie erstaunt darüber, daß sich plötzlich alles so gut entwickelt. Ist der Spread ungünstig, machen Sie sich sehr wahrscheinlich Illusionen, treffen falsche Entscheidungen und geraten in tieferes Wasser. Auf jeden Fall wird Ihr Vertrauen auf eine harte Probe gestellt. Vergewissern Sie sich, daß Ihr Glaube – an andere, an Ereignisse oder auch an sich selbst – gerechtfertigt ist.

ACHT ist die Zahl der Energie und der Leistungsfähigkeit, der Weisheit, die auf Erfahrung beruht. Es ist außerdem die Zahl der Vorsicht, der Selbstdisziplin und der finanziellen oder sonstigen Sicherheit. Wenn der Spread günstig aussieht, sollten Sie schnurstracks auf Ihr Ziel zusteuern; denn jetzt haben Sie die Chance, in der Welt voranzukommen, und Sie sollten sie mit beiden Händen ergreifen. Ist der Spread oder die Karte ungünstig, sind die gleichen Verantwortlichkeiten und Herausforderungen eine Last, die Sie unglücklich oder gar verzweifelt macht.

NEUN ist die Zahl der Vollendung. Die Ereigniskette erreicht ihr unvermeidliches gutes oder böses Ende. Bald wird Klarheit herrschen. NEUN ist auch die Zahl der Originalität und der Initiative, aber auch der Verwundbarkeit und der Naivität. Wenn der Spread günstig ist, haben Sie, wenn es notwendig ist, immer noch Zeit, etwas zu unternehmen, auch nachdem die Dinge zum Abschluß gekommen sind. Dadurch können sie selbst in einer schlimmen Situation noch einiges retten. Ist der Spread ungünstig, besteht die Möglichkeit, daß Sie etwas übersehen haben und/oder daß in letzter Minute etwas geschieht, was alle Ihre Pläne zerstört, obwohl Sie Ihre Aufgabe erfüllt und alles getan haben, was Sie tun konnten oder sollten.

ZEHN ist Anfang und Ende zugleich. Die gute oder schlechte Situation, in der Sie sich befinden, geht jetzt zu Ende. Es ist Zeit, weiterzumachen. Das ist besonders dann ein guter Rat, wenn Sie mit Ihren derzeitigen Verhältnissen völlig zufrieden sind – der Mensch neigt eben dazu, sich auf seinen Lorbeeren auszuruhen. Dieser Rat kann Ihnen auch dann helfen, wenn die bisherigen Ereignisse für Sie persönlich eine Katastrophe waren. Jetzt ist wenigstens alles vorbei.

ZEHN ist ein Anfang, weil das Leben selbst zyklisch ist, eine unendliche Geschichte. Alles, was wir unterwegs erleben, verändert uns mehr oder weniger. Wer in die nächste Ereigniskette verwickelt ist oder sie in Gang setzt, ist nicht der Mensch, der die vorige Kette vollendet hat.

Als zusammengesetzte Zahl hat ZEHN einen größeren Einfluß als EINS. Es ist die Zahl des Aufstiegs und des Falls, des Guten und des Bösen, der extremen Reaktionen wie Liebe und Haß, Stolz und Furcht. Diese Zahl erlaubt keinen Kompromiß. Wenn der Spread einen günstigen Eindruck macht, dann wissen Sie, daß Sie von diesem Punkt an sicher und ehrenhaft weitermachen können. Wenn der Eindruck ungünstig ist, sind alle Gewinne eine Illusion, und die nächste Reihe von Ereignissen wird ebenfalls negativ beeinflußt.

Wenn die Hofkarten Menschen symbolisieren, dann beurteilen Sie ihre Bedeutung auf der Grundlage des Charakters der Betreffenden. Wenn sie Situationen oder Ereignisse symbolisieren, können Sie sie auch anhand der Zahlen auslegen. Sie werden auch hier wieder feststellen, daß die numerologische Deutung mit den typischen Eigenschaften der Menschen oder Ereignisse übereinstimmt, die die Karten in der Regel beschreiben. Als zusammengesetzte Zahlen haben sie wie die ZEHN einen doppelten Einfluß.

ELF (Der Bube) ist aus ZWEI Einsen zusammengefügt. Es ist eine Zahl des Konflikts und der Opposition, sogar des Betrugs. Die ELF kann auf zwei Menschen mit gegensätzlichen Zielen oder auf zwei unterschiedliche Situationen hinweisen. Wenn der Spread günstig ist, können Sie den Konflikt lösen, entweder allein oder mit Hilfe eines Freundes oder Angehörigen. Ist der Spread ungünstig, kommen viele Sorgen und Komplikationen auf Sie zu. Rechnen Sie mit schlechten Nachrichten.

ZWÖLF (Der Ritter): Dies ist eine Zahl der Opferung. Entweder wird man Sie bitten, etwas aufzugeben, was Ihnen viel bedeutet, oder ein Freund oder Verwandter wird sich Ihnen zuliebe selbstlos verhalten. Aber im Hintergrund sind Pläne und Intrigen im Gange, von denen Sie vielleicht nichts wissen und in die Sie bald verwickelt werden, einerlei, ob es Ihnen gefällt oder nicht. Wenn der Spread günstig ist, werden Sie etwas Positives erfahren oder auf andere Weise von der Situation profitieren. Ist er ungünstig, arbeiten die Beteiligten für ihren eigenen Vorteil, und Sie werden möglicherweise benutzt. Auf jeden Fall müssen

Sie die reale Situation aufmerksam beobachten. Menschen, die auf Ihrer Seite stehen, mögen Ihnen als Feinde erscheinen, und Leute, die Ihre Feinde sind, täuschen vielleicht vor, Ihre Interessen zu vertreten. Seien Sie vorsichtig, und hüten Sie sich vor den Schmeicheleien jener Leute, die ihr eigenes Süppchen kochen wollen.

DREIZEHN (Die Königin): Diese Zahl ist nicht von Natur aus negativ. Sie ist zwar die Zahl der Umwälzung, aber die Folge der Umwälzung ist fruchtbarer Boden. DREIZEHN ist die Zahl der Regeneration und des Wandels und zugleich eine sehr mächtige Zahl. Sie sind gut beraten, wenn Sie behutsam vorgehen. Sollten Sie Ihre Macht für egoistische Zwecke mißbrauchen, können Sie sie verlieren. Wenn der Spread günstig ist, wird das Böse weggefegt, und das Gute setzt sich durch; wenn er ungünstig ist, arbeiten heimtückische Kräfte gegen Sie und Zerstörung ist die Folge. Selbst eine Umwälzung mit gutem Ausgang ist unbequem; aber wenn Sie wenigstens erkennen, wohin sie führt, können Sie damit leben. Wenn Ihre Welt allerdings aus reiner Bosheit auf den Kopf gestellt wird, müssen Sie sich mit aller Kraft dagegen wehren.

VIERZEHN: (Der König): Dies ist eine Zahl der Herausforderungen und des Wandels, aber auch eine Glückszahl. Sowohl Gewinne wie auch Verluste können vorübergehender Art sein, weil alles sich ständig verändert. Sie werden bis an die Grenze Ihrer Belastbarkeit herausgefordert. Seien Sie vorsichtig im Umgang mit Menschen, die Autorität besitzen; einerlei, ob sie für oder gegen Sie sind – sie kümmern sich zuerst um ihre eigenen Interessen. Verlassen Sie sich auf sich selbst, nicht auf das Wort oder die Hilfe anderer. Das Glück, das die VIERZEHN bringt, schließt auch Geldangelegenheiten, Spekulationen und Wetten ein; aber es besteht immer die Gefahr, daß Sie verlieren, weil Sie auf falschen Rat hören oder zu selbstsicher sind. Wenn diese

Karte in einem günstigen Spread auftaucht, sind Sie den Herausforderungen gewachsen, die auf Sie zukommen, und Sie werden siegen und dabei stärker und selbständiger werden. Ist der Spread ungünstig, lassen Sie sich benutzen, oder Ihre Pläne scheitern. In beiden Fällen ist die Niederlage so gut wie gewiß.

Wenn Sie lernen, die Kleinen Arkanen numerologisch zu deuten, verfügen Sie über ein zusätzliches Werkzeug zum Wahrsagen. Wenn Sie Ihre Tarotkarten nicht dabei haben, können Sie ein gewöhnliches Kartenspiel nehmen, um in die Zukunft zu sehen. Ihre Vorhersagen werden nicht so detailliert sein, weil Ihnen die Großen Arkanen und vier Karten des Kleinen Arkanums (die vier Ritter) fehlen; aber sie werden zutreffen.

Wenn Sie ein gewöhnliches Kartenspiel benutzen, brauchen Sie lediglich auf die letzte zusammengesetzte Zahl zu verzichten. Der Bube ist elf, die Königin zwölf, der König dreizehn. Was die Farben betrifft, so ersetzten Sie Schwerter durch Pik, Kelche durch Herzen, Münzen durch Karo und Stäbe durch Kreuz.

Ich rate Ihnen aber, es nicht zu oft zu tun. Es macht großen Spaß, und es kann sehr eindrucksvoll sein, mit Hilfe gewöhnlicher Karten die Zukunft zu lesen. Aber es gibt auch Nachteile. Wenn Sie lernen, die Botschaften gewöhnlicher Spielkarten «automatisch» zu erkennen, können Sie sich dadurch ein nettes Spiel verderben!

So finden Sie die richtigen Karten

Sie müssen selbst entscheiden, ob sie die üblichen Karten benutzen oder ein Deck, in dem die Zahlenkarten illustriert sind. Beide haben Vor- und Nachteile.

Manche Tarotdeuter sind der Meinung, daß Bilder auf den Zahlenkarten helfen, die Aussage der Karte zu verstehen und daß sie eine nützliche Gedächtnisstütze sind. Sie können aber auch verwirren, weil die Deutung der Karte mitunter dem Bild zu widersprechen scheint.

Andererseits geben die Standardkarten überhaupt keine Hinweise für die Interpretation. Meist ist oben und unten nur bei Hofkarten klar zu unterscheiden. Die Zahlenkarten sind in der Regel numeriert; aber es gibt Decks, in denen die Zahlen ebenfalls fehlen. Manchmal hat man den Eindruck, als seien die Kleinen Arkanen rätselhafter als die Großen.

Doch der Mangel an sichtbaren Hinweisen kann sogar ein Vorteil sein. Wenn Sie Standardkarten mit immer gleichen Symbolen benutzen, können Sie bei jedem Auslegen neue innere Bilder wachrufen, um die jeweilige Situation zu erhellen. Menschen reagieren sehr stark auf Bilder. (Das werden Sie bald merken, wenn Sie mit dem Kartenlegen beginnen. Die Bilder auf den Karten des Großen Arkanums lenken jene Fragesteller ab, die ihre Symbolik nicht verstehen.) Manche Tarotleser empfinden auch Bilder auf Zahlenkarten als störend.

Wenn Sie Standardkarten bevorzugen, besteht die Hauptschwierigkeit darin, daß Sie bei den meisten Karten nicht wissen, wo oben und unten ist. Wenn Sie mit der Deutung aufrechter und umgedrehter Karten vertraut sind, können Sie das Problem lösen. Benutzen Sie ein Deck, dessen Zahlenkarten nicht symmetrisch bedruckt sind, damit Sie die obere und untere Seite auseinanderhalten können. Sie können auch eine Hälfte markieren und dadurch oben und unten festlegen.

Wenn Sie ein Deck finden, dessen Kleine Arkanen bebildert sind, und wenn die Symbolik Ihnen gefällt, sollten Sie dieses Deck benutzen. Denken Sie aber daran, daß Sie den Bildern nicht einfach glauben dürfen. Achten Sie darauf, daß die Bilder *Ihre* Deutung der Karten widerspiegeln oder ihr zumindest nicht widersprechen.

Und vergessen Sie nie, daß die Kleinen Arkanen sich nicht zum Meditieren eignen. Soweit wir wissen, stammen die Bilder auf ihren Karten nicht aus uralten Quellen, und die Symbolik ist gewöhnlich ein Werk des Zeichners. Lassen Sie sich also nicht von den Bildern beim Deuten und Wahrsagen stören.

So lesen Sie die Karten

Gleichgültig, welche Karten Sie verwenden oder welcher Interpretation Sie folgen – Sie müssen die Bedeutung der Karten lernen, um sie lesen zu können.

Die Kleinen Arkanen beschreiben gesellschaftliche Situationen und Ereignisse. Sie benötigen keine wissenschaftliche Ausbildung und kein mystisches Wissen, um diese Situationen zu verstehen. Schließlich geht es den Karten um *Ihre* Kultur, um die Welt, in der Sie aufgewachsen sind und in der Sie jeden Tag leben. Und da Sie die Situation des Fragenden verstehen können, sind Sie auch ohne weiteres imstande, die Aussage der Karten zu visualisieren.

Die Reaktion und die Persönlichkeit des Fragestellers sind die einzigen Elemente beim Kartenlesen, die kein Teil Ihrer eigenen Erfahrung sind. Wenn Sie darüber Bescheid wissen müssen, um eine bestimmte Situation zu verstehen, verraten die Karten des Großen Arkanums Ihnen, mit wem Sie es zu tun haben. (Selbst wenn Sie die Karten für sich selbst legen – eine der schwersten Aufgaben! –, sollten Sie beachten, was die Großen Arkanen Ihnen über den «Fragenden» sagen.)

Ansonsten besitzen Sie das Wissen, das Sie brauchen, um die Karten zu deuten. Scheuen Sie sich nicht, eigene Ideen zu entwickeln, sobald Sie mehr über den Tarot gelernt haben! Ihre Gedanken sind das wichtigste Hilfsmittel bei der Deutung.

Schwerter

Die Reihe der Schwerter

Die Schwerter sind die mächtigste und die gefährlichste Reihe. Sie symbolisieren die Macht der realen Welt, die häufig mißbraucht und für egoistische Zwecke eingesetzt wird. Beim Kartenlesen warnen die Schwerter vor Feinden, Gefahren, Unglück, Gewalt und Tod.

Ursprünglich waren die Schwerter die Reihe des Adels und der Krieger; sie symbolisieren die schlechtesten Eigenschaften dieser Oberschicht. Die mittelalterliche Aristokratie regierte ihre Welt buchstäblich mit eiserner Faust. Wer nicht zu ihr gehörte, war völlig unwichtig. Die unteren Schichten waren dazu da, benutzt und ausgebeutet zu werden. Sie hatten keine Rechte und keine Regreßansprüche (es sei denn, ihr Oberherr war so gnädig, sie ihnen zu gewähren), und oft galten sie gar nicht als Menschen. Die Krieger fochten ihre Kämpfe hauptsächlich unter sich aus – aber das nützte den Bauern wenig, die zwischen die Fronten gerieten; denn die Krieger zerstörten alles, was ihnen im Weg war.

In der modernen Gesellschaft gibt es Entsprechungen. Schwerter können mächtige Politiker, Diktatoren, Extremisten, Terroristen (oder deren Hintermänner) und das organisierte Verbrechen symbolisieren, kurz gesagt, jede Gruppe, die glaubt, ihre Ziele gingen allen anderen vor – besonders wenn sie Macht besitzen oder Gewalt und jedes andere Mittel anwenden, um

Macht zu erlangen und zu behalten. Auf der persönlichen Ebene symbolisieren die Schwerter falsche Freunde, betrügerische Geschäftspartner und andere Personen, die für den Fragenden eine Gefahr darstellen. Die Reihe beschreibt Menschen, die immer das tun, was ihnen selbst am meisten nützt, nicht das, was fair und gerecht ist, und die sich kaum jemals darum kümmern, wer dabei Schaden erleidet. Solche Menschen sind egozentrisch und entweder fahrlässig oder bewußt grausam. Man kann ihnen gewiß nicht trauen, und sie können zudem gewalttätig sein. Sie verfolgen ihre eigenen Interessen, und es ist ihnen gleichgültig, was mit Ihnen geschieht, solange sie bekommen, was sie wollen. Sie schaden Ihnen, weil es ihnen Spaß macht, und helfen Ihnen nur, wenn sie dadurch einen noch größeren Vorteil haben.

Wenn die Schwerter Situationen oder Ereignisse symbolisieren, so handelt es sich nicht um bloße Hindernisse auf Ihrem Weg, sondern um Gefahren, die sogar tödlich sein können. Im allgemeinen sind Schwerter ein Hinweis auf Krankheiten, Naturkatastrophen oder andere schwere, mit Gewalt oder Tod verbundene Schicksalsschläge. Selbst wenn das Problem nicht so ernst ist oder wenn andere Karten im Spread es mildern, deuten Schwerter zumindest auf Enttäuschungen, Sorgen, Streit oder Spannungen hin.

Wenn diese Farbe den Fragenden symbolisiert, sollte der Deuter sich vorsehen. Der Fragende ist kein netter Mensch – gewiß nicht in dieser Situation und vielleicht auch sonst nicht. Allerdings ist zu beachten, daß die Wut und die Rachsucht, auf die diese Farbe hinweist, eine Folge der Situation sein können. Andere Karten im Spread verraten Ihnen, ob der Fragesteller einen berechtigten Grund hat, so wütend zu sein (vielleicht hat ihm jemand übel mitgespielt, und er wehrt sich dagegen), oder ob er von Natur aus gefährlich und nicht vertrauenswürdig ist.

Im allgemeinen sind die Schwerter eine unheilverkündende Reihe, und wenn beim Auslegen Karten dieser Reihe auftauchen, wird etwas Unangenehmes geschehen. Besonders gefährlich sind die Schwerter, weil sie nicht nur Probleme und Unglück ankündigen, sondern auch Macht und Autorität symbolisieren. Schwert-Menschen sind nicht nur bereit, sondern auch fähig, großen Schaden zu verursachen.

Beschreibung des Reihensymbols

Abgesehen vom As werden Schwerter oft als Säbel mit doppelter Klinge oder Krummschwerter in der Scheide oder mit einer Kappe auf der Spitze dargestellt. Einzelne Schwerter, zum Beispiel das As, und Schwerter auf illustrierten Karten sind gewöhnlich Breitschwerter ohne Scheide.

Die Schwerter werden nie als Rapiere dargestellt (eine Waffe, die große Gewandtheit verlangt!), sondern als Kampfschwerter, Waffen zum Hacken und Töten, Kriegswaffen und so weiter. Damit wird angedeutet, daß eine Macht im Spiel ist, die auf Gewandtheit verzichten kann.

Die Hofkarten

Die Farbe der Schwerter symbolisiert absolute Macht, die auch absolut korrupt sein kann.

König der Schwerter

Der König der Schwerter symbolisiert einen Mann, der Macht und Autorität besitzt, oder eine Situation, die gefährlich werden kann.

Beschreibung

Der König der Schwerter ist ein Mann, der über Autorität und Macht verfügt, zumindest im Verhältnis zum Fragesteller, oft auch darüber hinaus. Er ist ans Befehlen gewöhnt und sorgt dafür, daß seine Anordnungen befolgt werden. Aus der Sicht des Fragenden sind die Motive dieses Menschen nicht immer eindeutig; manchmal scheint er ein mächtiger Verbündeter, ein andermal ein skrupelloser Feind zu sein. Seien Sie sich darüber im klaren, daß dieser Mann immer seine eigenen Interessen verfolgt, einerlei, was er sagt oder tut. Er walzt jeden nieder, der sich ihm in den Weg stellt, und er herrscht sowohl über Situationen wie auch über seine Untergebenen. Im Gegensatz zum Symbol der Gerechtigkeit des Großen Arkanums hält er jedoch keine Waage in der Hand. In seinen Augen ist alles gerecht, was ihm nützt.

Wenn diese Karte keine wirkliche Person symbolisiert, dann deutet sie darauf hin, daß Sie sich in einer äußerst prekären Lage befinden – vielleicht geht es um Leben oder Tod. Sie sollten sich gut in acht nehmen; denn Ihnen droht eine echte Gefahr.

Beim Kartenlegen

Aufrecht (positiv): Ein Mann, der Macht, Autorität und Intelligenz besitzt; ein Mann, der Urteile fällen und vollstrecken kann; vielleicht jemand mit richterlicher Autorität, politischen Verbindungen usw. Wenn der Fragende ein Mann ist, kann der König der Schwerter einen ehrgeizigen Mann symbolisieren, der ein gefährlicher Rivale ist und entweder dem Geschäft oder den persönlichen Beziehungen schadet. Eine Fragestellerin sollte sich nicht mit diesem Mann einlassen; er ist bestenfalls wertlos und unausstehlich; schlimmstenfalls droht ihr körperliche Gefahr von ihm. Die benachbarten Karten verraten mehr über die Art der Gefahr.

Die Karte kann auch eine gefährliche Situation symbolisieren. Rechnen Sie mit Sorgen, Kummer und sogar körperlicher Gefahr.

Verkehrt (negativ): ein böser Mensch oder ein Mensch mit bösen Absichten; Grausamkeit, Perversität, Barbarei; Macht und Autorität, die jedoch eindeutig benutzt werden, um Ihnen zu schaden.

Königin der Schwerter

Die Königin der Schwerter symbolisiert eine Frau, die Macht und Autorität besitzt. Außerdem ist sie ein Symbol für persönliche Verluste und Situationen, die verheerende emotionale Folgen haben.

Beschreibung

Eine reife Frau mit Krone und königlicher Kleidung. Sie steht oder sitzt auf einem Thron. Wie der König hält sie ein aufrechtes Schwert in der rechten Hand. Die linke Hand hat sie meist erhoben, als fälle sie ein Urteil. Ihr Gesichtsausdruck ist entschlossen, ernst und unnachgiebig oder zornig.

Bedeutung

Wie der König verfügt diese Frau über Macht und Autorität, und sie nutzt sie, um ihre eigenen Ziele zu erreichen. In den Augen des Fragestellers ist sie eine boshafte, autoritäre und egoistische Person. Die Karte kann auch Witwentum, persönliche Verluste und Situationen mit schlimmen emotionalen Folgen symbolisieren. Beachten Sie, daß der König auf körperliche, die Königin auf emotionale Gefahren hinweist.

Beim Kartenlegen

Aufrecht (positiv): eine heimtückische, bösartige Frau, die aufgrund ihrer Macht anderen sehr schaden kann. Sie ist rücksichtslos und grausam. Ist der Fragesteller ein Mann, sollte er sich auf keine persönliche Beziehung mit dieser Frau einlassen. Einer Frau verrät diese Karte, daß ein Mensch, den sie für einen Freund gehalten hat, sie betrügt.

Die Karte kann auch einen schmerzlichen Verlust und Trauer, Trennung und Not, Witwenschaft und Kummer ankündigen.

Verkehrt (negativ): eine böse Frau mit der Macht, anderen zu schaden, und mit üblen Absichten. Heimtücke, Scheinheiligkeit, Betrug. Eine Situation, die Sie sehr unglücklich machen oder zumindest in große Verlegenheit bringen wird.

Ritter der Schwerter

Der Ritter der Schwerter symbolisiert einen Menschen, der Ihnen schaden wird, oder er warnt Sie vor Feindschaft und Widerstand.

Beschreibung

Auf den meisten Karten ist ein voll gerüsteter Ritter auf einem dahinjagenden oder sich aufbäumenden Roß zu sehen. Er fordert einen Feind heraus oder greift ihn an. Sein Gesicht ist grimmig oder wütend, es zeigt, daß er entschlossen ist, diesen Kampf zu gewinnen. Das Schwert streckt er kampfbereit in die Höhe.

Bedeutung

Der Ritter der Schwerter ist ein junger Mann mit den gleichen Eigenschaften wie seine symbolischen Eltern – er ist egoistisch, heimtückisch, grausam. Da er jünger ist, scheint er allerdings nicht genügend Macht und Autorität zu besitzen, um anderen zu schaden. Innerhalb seines eigenen Bereichs hat er jedoch Einfluß, und wahrscheinlich unterstützen ihn andere, so daß er größeren Schaden anrichten oder sich den Folgen seines Tuns entziehen kann. Er stellt seine Fähigkeit, König zu werden auf die Probe, und darum ist er vermutlich gewalttätiger. Er kann ein Spion, ein Feind, ein Heuchler sein, eine Person, die dem Fragesteller schaden will. Die Karte kann auch eine Warnung vor Feindschaft und Widerstand sein. Wenn die Nachbarkarten im Spread negativ sind, warnt der Ritter der Schwerter vor Zerstörung und Tod.

Beim Kartenlegen

Aufrecht (positiv): ein heimtückischer junger Mann, ein falscher Freund, ein schlauer und tapferer Mensch, der sich sehr für seine Interessen einsetzt. Er ist bereit, jeden niederzureiten, der ihm im Weg steht. Er hat Führungsqualitäten und kann andere dazu bringen, ihm zu folgen (sofern er sie nicht dazu zwingt). Das macht ihn für seine Feinde noch gefährlicher. Beachten Sie, daß der Fragende diesen Menschen möglicherweise sogar bewundert. Es wäre jedoch besser, wenn er sich ihm widersetzen würde; denn seinen Anhängern geht es nicht anders als seinen Feinden. Die Karte kann auch Konflikte, Widerstand, Zerstörung und Tod ankündigen.

Verkehrt (negativ): verschwenderische Extravaganz, Unklugheit, Unfähigkeit, schlechte Führungsqualitäten; ein törichter oder eingebildeter Mensch oder eine Warnung vor Einbildung oder Torheit. Seien Sie auf der Hut – Sie haben einen einflußreichen und gefährlichen Feind, oder Sie befinden sich in einer explosiven Situation.

Bube der Schwerter

Der Bube der Schwerter symbolisiert schlechte Nachrichten oder einen Menschen, der vortäuscht, Ihr Freund zu sein.

Beschreibung

Auf den meisten Karten ist ein junger, selbstsicherer Mann abgebildet, der ein Schwert aufrecht in der rechten Hand hält. Manchmal hält er das Schwert in beiden Händen am Knauf. Meist trägt er keine Rüstung; aber er ist gut angezogen, und seine Kleider haben oft die gleichen Farben wie die des Ritters. Häufig wird diese Gestalt ein wenig wichtigtuerisch und weibisch dargestellt. Auf vielen Karten scheint er nach einem Feind Ausschau zu halten, oder er erwartet ihn jeden Augenblick.

Bedeutung

Ein junger Mann oder eine junge Frau, weniger reif, aber mit den gleichen Eigenschaften wie die anderen Hofkarten. Der

Bube ist nicht so mächtig wie die anderen Hofkarten; er kann aber ebenso unangenehm sein. Er ist ein neugieriger, heimtückischer Mensch. Wie seine symbolischen Eltern und der Ritter kann der Bube auf seine Art attraktiv sein: eifrig, selbstsicher, aktiv. Doch dieser junge Mensch ist ein Meister der versteckten Andeutungen und der Hinterhältigkeit. Er schließt sich gerne mächtigen Leuten an, weil er hofft, daß etwas von deren Macht auf ihn abfärbt; oder er täuscht nur vor, einflußreiche und mächtige Freunde zu haben. Er ist Ihr Freund, solange es ihm nützt. Als Partner in einem Unternehmen behindert er Sie entweder bewußt oder durch Nachlässigkeit und Faulheit.

Wenn die Karte keine Person symbolisiert, müssen Sie mit schlechten Nachrichten, gehässigem Klatsch, Betrug und Verrat rechnen.

Beim Kartenlegen

Aufrecht (positiv): ein heimtückischer, betrügerischer junger Mensch. Eine Person, die den Fragesteller aus Neid oder Bosheit verletzt oder zu verletzen versucht. Wenn Sie nicht sein Feind sind, können Sie es schnell werden, auch wenn Sie sich dessen nicht bewußt sind und es nicht verdient haben. Die Karte kann auch eine Warnung vor Spionage, böswilligen Gerüchten, schlechten Neuigkeiten und Krankheit sein.

Verkehrt (negativ): die gleichen bösen Absichten oder schlechten Nachrichten, jedoch noch schlimmer. Das Unglück kommt, wenn Sie am wenigsten darauf vorbereitet sind, und aus einer Richtung, mit der Sie am wenigsten rechnen.

Die Zahlenkarten

Die folgenden zehn Karten sind Zahlenkarten.

As der Schwerter

Das As der Schwerter symbolisiert Triumph durch Gewalt.

Beschreibung

Auf den meisten Karten sehen wir eine Hand, die ein Schwert am Knauf packt. Oben auf dem Bild, an der Spitze des Schwertes, schwebt eine Krone. Das Schwert oder die Krone oder beide sind mit lebenden Reben oder Zweigen geschmückt, mitunter nur mit Blättern, manchmal zusätzlich mit Früchten oder Beeren.

Bedeutung

Eine Karte des fast übertriebenen Triumphs, und zwar des Triumphs durch Gewalt – körperliche Kraft, Willenskraft oder Macht, die der Position oder den Umständen zu verdanken ist. Sie beginnen diesen Zyklus als König: Sie haben einen gewaltigen Sieg errungen oder eine hohe Stellung erworben, und Sie empfinden Euphorie und genießen Ihre Macht nach der Eroberung. Dies ist auch eine Karte des Wohlstands und der Fruchtbarkeit. Der Triumph kann sich auf jeden Lebensbereich beziehen: Beruf, Liebe, Geld, Projekte aller Art. In dieser Farbe scheinen Sie zu starten, wo andere aufhören, und anscheinend haben Sie alle Ihre Ziele erreicht.

Beim Kartenlegen

Aufrecht (positiv): Triumph, Wohlstand, Eroberung, Fruchtbarkeit, eine Geburt (ein Kind, eine Idee oder ein neues Projekt). Eine enorme Macht steht Ihnen jetzt zur Verfügung, und zwar in jedem beliebigen Bereich von der Liebe bis zum Haß. Sie sind von extremen Gefühlen umgeben, die mit Exzessen aller Art einhergehen. Sie reiten hoch oben auf dem Kamm der Welle.

Verkehrt (negativ): das gleiche, jedoch mit katastrophalen Folgen. Sie haben zwar einen großen Sieg errungen; aber Sie werden sehr bald Grund haben, ihn zu verfluchen. Der Beginn gespannter Beziehungen und emotionaler Konflikte mit anderen und sogar mit sich selbst.

Zwei der Schwerter

Die Zwei der Schwerter ist im allgemeinen günstig. Sie verheißt Freundschaft und Einheit.

Bedeutung

In der Regel eine günstige Karte, die Freundschaft und Einheit verheißt. Ein Bund mit einem Waffengefährten, um ein gemeinsames Ziel zu erreichen; zumindest die Einsicht, daß es dieses gemeinsame Ziel gibt. Dennoch ist Vorsicht geboten, da Schwerter in der Regel kein gutes Zeichen sind, was menschliche Beziehungen betrifft. Hier handelt es sich um eine Freundschaft besonderer Art; es ist im Grunde ein Bund zum gegenseitigen Nutzen. Dieser Bund wird bestenfalls so lange bestehen, wie die Partner sich nicht gegenseitig stören; er kann auch darin bestehen, daß ein möglicher Widersacher stillhält oder daß eine Pattsituation durch die Vereinigung der Kräfte beendet wird. Wenn die Karte negativ ist, sollten Sie sich vor Betrug hüten, entweder in dieser Situation oder später.

Beim Kartenlegen

Aufrecht (positiv): Freundschaft, Einheit, Allianz; Mut, Harmonie, sogar Intimität; Unparteilichkeit eines möglichen Gegners anstelle von offenem Streit; eine Pattsituation, die Ihnen noch Spielraum läßt; Widerstand, der nicht von Dauer ist oder nicht stark genug ist, um Sie zu behindern.

Verkehrt (negativ): Täuschung, Untreue, Falschheit, Unordnung, Betrug oder Doppelspiel eines scheinbar Verbündeten, Lügen, Verrat, Unehre.

Drei der Schwerter

Die Drei der Schwerter symbolisiert den Zerfall von Bündnissen.

Bedeutung

Dies ist eine Karte der Teilung und der Trennung. Bündnisse lösen sich als Folge von Streitereien, gegensätzlichen Interessen oder Konflikten zwischen den Parteien auf. Das Bündnis war allerdings nie stabil; es stützte sich auf den Egoismus mindestens einer der Parteien. Jetzt zerbricht es. Schützen Sie Ihre Interessen; denn genau das wird Ihr ehemaliger Partner tun. Sie müssen die Initiative behalten. Es wird eine verwirrende Zeit sein, und als Folge dieses Bruchs können Sie große Nachteile erleiden, wenn Sie nicht aufpassen.

Beim Kartenlegen

Aufrecht (positiv): Trennung, Teilung, Entfernung, Scheidung; Verzögerungen und Störungen in persönlichen oder geschäftlichen Beziehungen; Besitz oder Macht löst sich auf; Streit, Untreue, Sorgen; ein «Liebesdreieck» (d.h. eine dritte Partei oder ein Ereignis kommt ins Spiel und kann die Ursache des Bruchs sein). Die Trennung erfolgt nicht freundschaftlich; rechnen Sie mit Streit, Wut und sogar Haß.

Verkehrt (negativ): Verwirrung, psychische Störungen, Fehler, Ablenkungen. Es kann sehr schwierig sein, klar zu sehen, was zu tun ist; in diesem Fall ist der Schaden noch größer. Eine Partnerschaft zerbricht. Behalten Sie dennoch klaren Kopf, damit Sie nicht mehr verlieren, als nötig.

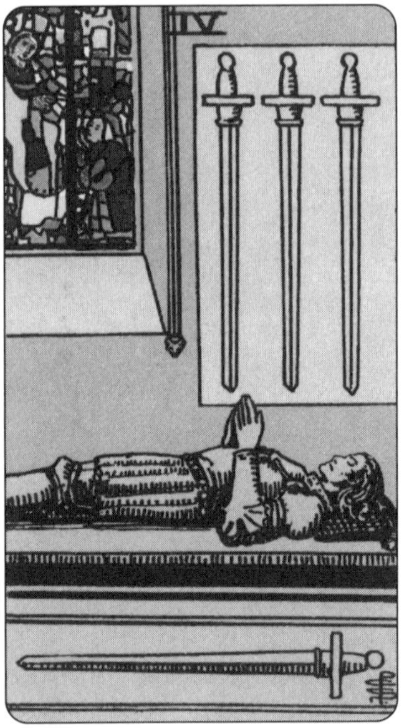

Vier der Schwerter

Die Vier der Schwerter sagt, daß Kontemplation und Wachsamkeit oder eine Ruhepause erforderlich sind.

Bedeutung

Von nun an müssen Sie Ihre Probleme allein lösen und Ihre künftigen Aktionen ohne Hilfe planen. Sie brauchen Einsamkeit und Ruhe; meiden Sie sie nicht. Dies ist eine Karte der Kontemplation und der Wachsamkeit, fast des einsiedlerischen Rückzugs. Sie ist außerdem ein Hinweis darauf, daß Sie sich von der Situation, die Sie gerade durchgemacht haben, erholen müssen. Nehmen Sie sich Zeit, über alles nachzudenken und klügere Pläne zu schmieden. Rechnen Sie nicht mehr mit den Erfolgen, die Sie bisher errungen haben – wie Sie gesehen haben, waren Sie nicht gut für Sie. Wenn Sie nach der gleichen Begeisterung streben, könnten Sie sich in der gleichen unangenehmen Situation wiederfinden.

Beim Kartenlegen

Aufrecht (positiv): Einsamkeit und Ruhe, Exil, Rückzug, das Bedürfnis, zu planen und nachzudenken. Durch sorgfältige Planung können Sie Ihren Feind besiegen. Genesung; Vorsicht und Umsicht; Sparsamkeit. Das alles ist jetzt notwendig.

Verkehrt (negativ): Gier, schlechte Träume, vielleicht eine kurze Krankheit oder vorübergehende finanzielle Probleme. Neid und gehässige Eifersucht können Ihre Pläne ungünstig beeinflussen; die Folge sind kleine Mißgeschicke.

Fünf der Schwerter

Die Fünf der Schwerter sagt das Scheitern Ihrer Pläne, einen großen Verlust, den Ruin oder Unglück voraus.

Bedeutung

Dies ist eine Karte des Ruins und des Unglücks. Sie sagt das Scheitern Ihrer Pläne, ein unglückliches oder tragisches Ereignis und/oder einen großen Verlust voraus. Benachbarte Karten (d.h. andere Ereignisse oder Menschen) können dieses Unglück mildern; dennoch kommt eine sehr schwere Zeit auf Sie zu, und Sie können kaum etwas anderes tun, als nach besten Kräften durchzuhalten.

Beim Kartenlegen

Aufrecht (positiv): Sorgen, Trauer, eine tragische Situation, Erniedrigung, Unehre und Verluste, verborgene und erkennbare Gefahren, Entmutigung und Niederlage.

Verkehrt (negativ): das gleiche. Sie hatten Ihren Feind zunächst besiegt; doch jetzt hat er gewonnen.

Sechs der Schwerter

Die Sechs der Schwerter kündigt eine Reise, Besuch oder eine Botschaft an.

Bedeutung

Hier beginnt die Situation sich zu ändern – zu Ihrem Vorteil oder zu Ihrem Nachteil. Vielleicht machen Sie eine Reise, oder es kommt Besuch oder eine Botschaft. Auf jeden Fall bessert sich die böse Lage allmählich, in der Sie sich seit kurzem befinden. Die Karte kann auch ein Hinweis auf eine Liebeserklärung oder auf Treue sein. Wenn Sie von einem Ort zum anderen reisen (also nicht von einem seelischen Zustand zu einem anderen), dann wahrscheinlich auf dem Wasser oder über dem Wasser.

Beim Kartenlegen

Aufrecht (positiv): eine Reise mit ungewissem Ziel, eine Veränderung mit ungewissen Folgen; eine Botschaft; Flucht, Begnadigung. Die Veränderung könnte Ihre Feinde harmlos machen. Manchmal bringt diese Karte trotz früherer Fehlschläge Glück.

Verkehrt (negativ): ein Geständnis, eine Erklärung, vielleicht eine Liebeserklärung; auf jeden Fall eine Überraschung.

Sieben der Schwerter

Die Sieben der Schwerter verspricht Hoffnung und neues Selbstvertrauen.

Bedeutung

Dies ist eine Karte der Hoffnung und des neuen Selbstvertrauens. Das Schlimmste ist offenbar vorüber. Wenn Sie die Situation verstehen und Ihr Selbstvertrauen und Ihre Pläne sich auf diese Erkenntnis stützen, können Sie immer noch Erfolg haben. Hüten Sie sich aber vor Selbstüberschätzung, und versuchen Sie nicht zu bluffen. Sie haben Ihre Lektion gelernt, und Sie können aus eigener Kraft durchhalten. Es lohnt sich also nicht, etwas mit Gewalt durchsetzen zu wollen. Reden Sie nicht zuviel über Ihre Bedürfnisse oder Pläne; das nützt nur Ihren Feinden.

Beim Kartenlegen

Aufrecht (positiv): Hoffnung und Selbstvertrauen; neue Versuche, vergangene Fehlschläge wettzumachen – diesmal ist der

Erfolg wahrscheinlich. Guter Rat, eine Anleitung, die Ihnen weiterhilft.
Verkehrt (negativ): Verleumdung; ein Plan, der möglicherweise scheitert; Ärger; Selbstüberschätzung führt zu Schwierigkeiten.

Acht der Schwerter

Die Acht der Schwerter warnt vor unerwartetem Unheil.

Bedeutung

Wieder eine negative und gefährliche Karte. Sie warnt vor allgemeinem und vielleicht unerwartetem Unheil wie Krankheiten oder Verletzungen. Es kann auch sein, daß Sie schlechte Nachrichten bekommen oder Verluste erleiden. Sie haben immer noch Feinde, die danach trachten, Ihnen zu schaden. Aus falschen Freunden können Feinde werden. Der Vorteil dieser Karte ist, daß die Probleme vorübergehender Natur sind und daß Sie sie möglicherweise ganz verhindern können, wenn Sie sich in acht nehmen. Diese Karte ist eine Warnung. Wenn Sie aufpassen, können Sie dafür sorgen, daß sie sich nicht erfüllt. Überprüfen Sie alle Ihre Angelegenheiten gründlich und unverzüglich.

Beim Kartenlegen

Aufrecht (positiv): Krankheit, Verletzung; schlechte Nachrichten; eine Krise, ein Konflikt, ein Verlust. Das alles geht jedoch vorüber, und vielleicht können Sie es verhindern. Seien Sie auf der Hut.

Verkehrt (negativ): Verrat und Widerstand, meist unerwartet; ein Unfall oder Todesfall; Ungewißheit.

Neun der Schwerter

Die Neun der Schwerter sagt Tod, Scheitern und größte Verzweiflung voraus.

Bedeutung

Die meisten Deuter halten die Neun der Schwerter für die schlimmste Karte im Deck. Sie kündigt Tod, Versagen und äußerste Verzweiflung an. Selbst in Begleitung der besten Karten kann sie Krankheit, Geldverlust und Leid bedeuten. Sie warnt vor einem unerbittlichen Feind, entweder in Gestalt eines Menschen oder in Form von Unglück. Projekte, die von dieser Karte beeinflußt werden, bringen Ihnen unweigerlich Unglück. Sie dürfen bestenfalls darauf hoffen, daß Ihre innere Kraft ausreicht, um den Sturm zu überstehen. Wenn Sie etwas Verbotenes getan haben oder es vorhaben, sagt diese Karte voraus, daß Sie überführt und bestraft werden. In diesem Fall muß der Bösewicht nicht unbedingt ein «unerbittlicher Feind» sein – vielleicht ist es der Fragende selbst.

Beim Kartenlegen

Aufrecht (positiv): Tod, Verzweiflung, ein totaler Fehlschlag, Verzögerungen und Täuschungen, ein unversöhnlicher Feind, ein böses Schicksal.

Verkehrt (negativ): Schande, Furcht, Zweifel, Mißtrauen. Ein unzuverlässiger Mensch beeinflußt die Situation.

Zehn der Schwerter

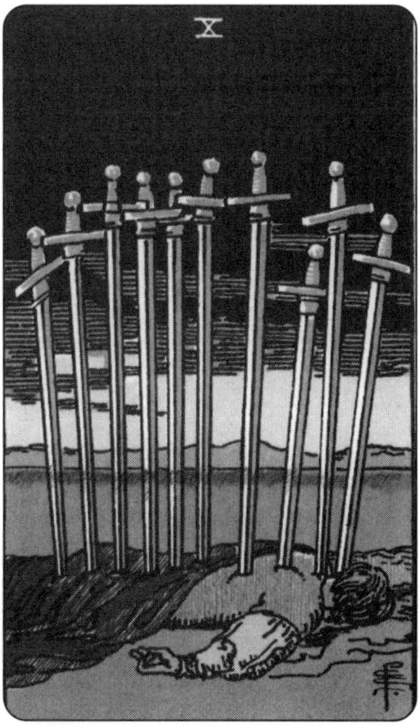

Die Zehn der Schwerter warnt vor Sorgen, Tränen und Not jetzt oder in naher Zukunft.

Bedeutung

Die Kette von Ereignissen, die triumphal begann, endet kläglich. Die Zehn der Schwerter warnt vor Sorgen, Tränen und Not jetzt oder in naher Zukunft. Sie ist nicht unbedingt eine Karte des Todes wie die Neun; aber sie kündigt Schmerzen, Fehlschläge und Kummer an. Bestenfalls macht diese Karte nur Glück zunichte; aber es kann auch sein, daß sie das Unglück verschlimmert, das andere ungünstige Karten vorhersagen. Selbst Freundschaften und andere enge Beziehungen sind nur von kurzer Dauer, oder sie können Ihnen nicht helfen, das unglückliche Ende Ihrer Pläne und Projekte zu verhindern. Alles, was Sie gewinnen, geht bald wieder verloren. Schlimmer noch: Das katastrophale Ergebnis kann Ihr Selbstvertrauen untergraben. Sie müssen hart arbeiten, um das zu verhindern.

Beim Kartenlegen

Aufrecht (positiv): Tränen, Schmerzen, Sorgen, Not, Verzweiflung, Ruin, Unglück, gefährdete Freundschaften. Rechnen Sie damit, daß Ihre Pläne scheitern. Alles ist verloren.

Verkehrt (negativ): Vielleicht ein Gewinn oder Erfolg, aber nur für kurze Zeit.

Kelche

Die Reihe der Kelche

Kelche (Pokale) sind die zweitstärkste Reihe des Kleinen Arkanums und das genaue Gegenteil der Schwerter. Man nennt die Kelche auch die Reihe des Glücks und der Liebe in allen ihren Formen, nicht nur der romantischen Liebe. Diese Karten sind auch ein Hinweis auf echtes Interesse an anderen, Güte, Heilung (seelisch und körperlich), Freundschaft und starke Anziehung.

Kelche symbolisierten ursprünglich den Klerus in der mittelalterlichen Gesellschaft – Kelche enthielten den heiligen Wein. Da die meisten Religionen in ihren Riten einen Kelch oder Pokal benutzen, kann «Klerus» sich auf jeden Glauben beziehen. Während Schwerter die schlimmsten Aspekte der Krieger symbolisieren, stehen Kelche für die besten Eigenschaften der Geistlichkeit. Sie verkünden selbstlose Hingabe, manchmal sogar göttlichen Schutz.

Im Mittelalter waren die einflußreichen Posten in der Kirche dem Adel vorbehalten, und die Kirchenfürsten konnten ebenso egoistisch und gefährlich sein wie die Aristokratie, aus der sie stammten. Diese Farbe symbolisiert jedoch nicht diese Leute. Sie meint den örtlichen Priester, der meist aus der Unterschicht kam. Der Priester kannte das Leben der Menschen aus eigener Erfahrung, und oft war er nicht nur Vermittler zwischen seinen Gemeindemitgliedern und Gott, sondern auch zwischen den Machtlosen und den Mächtigen. Selbstverständlich mußte er sich der kirchlichen und weltlichen Autorität fügen – darum ist dies die zweitstärkste Reihe, nicht die stärkste –; dennoch half er den ihm Anvertrauten, wann immer er konnte. Auch die Kirche war trotz aller Fehler eine wohltätige Organisation und diente oft Angehörigen aller Schichten als Zuflucht, wenn sie sich an niemanden sonst wenden konnten.

In unserer Zeit symbolisieren die Kelche Menschen oder Gruppen, die aus Liebe zu anderen handeln, also Menschenfreunde, karitative Organisationen und humanitäre Gruppen, denen es nicht um Profite geht, sondern darum, anderen zu helfen. Auf der persönlichen Ebene beschreiben Kelche nahe Angehörige, echte Freunde und Liebende – Menschen, denen der Fragende wirklich etwas bedeutet. Allgemein ausgedrückt: Kelche verraten selbstlose Hingabe an einen Menschen oder an ein Ideal.

Wenn ein Kelch einen Menschen symbolisiert, dann ist er großzügig und liebevoll. In einer Krise können Sie sich auf ihn verlassen; er bietet ihnen emotionale Unterstützung an und hilft Ihnen, wann immer er kann. Das bedeutet nicht, daß Sie es mit einem leichten Opfer zu tun haben – auch ein netter Mensch kann wütend werden. Allerdings gerät er meist deshalb in Zorn, weil er jemanden verteidigen oder schützen will. Denken Sie aber daran, daß auch der Rat eines Menschen, der Sie wirklich gern hat, nicht unbedingt gut für Sie ist. Die benachbarten Karten sagen Ihnen, ob die Liebe ebenso klug wie wahr ist.

Kelche beschreiben in der Regel glückliche Situationen oder Ereignisse, und die Farbe symbolisiert das Gute in Ihrem Leben: Liebe, Glück, Gesundheit, wahre Freunde, liebevolle und angenehme Verhältnisse. In einem Spread kündigen diese Karten entweder Glück für den Fragesteller an, oder sie mildern ungünstige Umstände.

Wenn eine Kelch-Karte den Fragesteller symbolisiert, ist dieser ein netter und wahrscheinlich auch zärtlicher Mensch (auf jeden Fall in dieser Situation und vielleicht auch sonst). Diese Farbe ist außerdem ein Indiz dafür, daß der Fragende zu starken Gefühlen für seine Mitmenschen fähig ist. Die benachbarten Karten verraten Ihnen, ob er auch klug ist, oder ob seine Gefühle ihn in die Irre führen.

Das Besondere an dieser Reihe ist, daß sie sehr von der Einstellung des Fragestellers beeinflußt wird. Kelche gehen auf alle Bereiche des Gefühlslebens ein; aber die meisten Menschen möchten etwas über ihre Chancen in der Liebe erfahren. Oft sagen die Karten jedoch, daß die Menschen sich davor fürchten. Kelche wiederholen immer wieder, daß der Fragende glücklich sein könnte, wenn er die Liebe anderer sehen und akzeptieren würde.

Im allgemeinen sind diese Karten positiv. Im besten Fall sind sie ein Hinweis auf starke Verbindungen und auf Menschen oder Umstände, die dem Fragesteller wohlgesonnen sind. Sie können auch das Negative mildern, das andere Karten ankündigen. Schlimmstenfalls ist die Liebe ein Irrtum, oder die angebotene Hilfe genügt nicht, um eine wirklich schlimme Situation zu überwinden. Aber diese Karten sind kein Anzeichen für bösen Willen, und sie machen sehr unangenehme Situationen oft viel erträglicher.

Beschreibung des Reihensymbols

Auf den meisten Karten sind die Kelche große und oft kunstvolle Pokale, reich verziert und gewöhnlich aus Gold. Es sind stehende Kelche mit großen Öffnungen, einem Stiel, den man leicht in der Hand halten kann, und einer stabilen Unterseite. Sie sehen kostbar und schön aus, und ihre Botschaft lautet: Liebe ist der wahre Reichtum.

In dieser Reihe fällt es nicht schwer, die obere von der unteren Kartenseite zu unterscheiden, da die Kelche meist auf allen Karten in die gleiche Richtung zeigen. Wasser (das dieser Reihe zugeordnete Element) ist auch auf anderen Reihen abgebildet, entweder physisch oder symbolisch, manchmal nur auf den Hofkarten, manchmal auch auf Zahlenkarten.

Die Hofkarten

Die Farbe der Kelche symbolisiert wahre Liebe und oft selbstlose Hingabe.

König der Kelche

Der König der Kelche symbolisiert einen gerechten und guten Mann oder eine Situation, bei der es um Gerechtigkeit, Intelligenz oder Ehre geht.

Beschreibung

Auf den meisten Karten sehen wir einen reifen Mann auf einem Thron. Manchmal steht der Thron am Meeresufer oder treibt sogar im Wasser. Mitunter trägt der Mann eine Krone und auf den meisten Karten einen kunstvollen Kopfschmuck. In der Regel trägt dieser König keine Rüstung; wenn doch, handelt es sich gewöhnlich nur um ein symbolisches Stück, zum Beispiel einen Brustpanzer. Auf den meisten Karten trägt er ein königliches Gewand.

Er hält den Kelch in der rechten Hand und hebt ihn hoch, als wolle er ihn dem Betrachter entgegenstrecken; oder er stellt ihn aufs Knie. Oft hält er in der linken Hand ein Szepter; der linke Arm ruht auf der Lehne des Thrones. Er ist entspannt und gelassen, offensichtlich im Frieden mit sich selbst. Sein Gesicht strahlt meist Milde aus. Diese Figur wirkt nie bedrohlich, in der Regel sogar freundlich.

Bedeutung

Der König der Kelche erinnert an einen väterlichen Mann, der gerecht und dem Fragesteller gewogen ist. Wenn er nicht Ihr Vater ist, paßt ihm dennoch die Rolle eines gerechten und liebevollen Vaters, oder er ist es früher gewesen. Sie fühlen sich aufrichtig zu ihm hingezogen, und er ist freundlich zu Ihnen. Sie können diesem Mann völlig vertrauen. Er bevorzugt den Fragesteller und ist auch sonst gütig und großzügig. Die meisten Deuter bezeichnen den König der Kelche auch als kultiviert; er ist an Kunst und Wissenschaft interessiert und besitzt eine schöpferische Intelligenz. Diese Karte kann auch ein Hinweis darauf sein, daß die Aussichten für alle Ihre Pläne und Projekte sehr günstig sind.

Beim Kartenlegen

Aufrecht (positiv): ein gerechter und ehrlicher Mann, der dem Fragesteller freundlich gesonnen ist. Er ist verantwortungsbewußt und reif und hegt für den Fragesteller väterliche Gefühle. Er ist intelligent, kultiviert und gebildet; darum verfügt er über Kenntnisse und Verbindungen, die Sie zur Zeit brauchen. Er ist bereit, Ihnen zu helfen, wenn Sie ihn darum bitten. Die Karte kann auch eine Situation beschreiben, in der es um Gerechtigkeit, Ehre, Wissen und Verständnis, Intelligenz und kluges Handeln geht, kurz gesagt, um gerecht eingesetzte Autorität.

Verkehrt (negativ): ein Betrüger; ein Mann, dem man nicht trauen kann; ein unehrlicher Mann, der Sie hintergehen möchte oder der Ihren persönlichen Beziehungen oder Ihrer beruflichen Laufbahn schadet. Ungerechtigkeit, Laster, ein Skandal.

Beachten Sie, daß auch «negative» Hofkarten dieser Farbe in gewisser Weise positiv sind: Sie warnen vor einem Menschen, den Sie lieben oder dem Sie vertrauen, obwohl er es nicht verdient hat.

Königin der Kelche

Die Königin der Kelche ist eine intelligente und kultivierte Mutterfigur, oder sie symbolisiert eine Umwelt, in der Sie sich wohlfühlen oder wohlfühlen sollten.

Beschreibung

Auf den meisten Karten ist eine reife Frau zu sehen, die steht oder auf einem Thron sitzt. Sie trägt kostbare Kleider und fast immer eine Krone. In der rechten Hand hält sie den Kelch. Wenn sie steht, streckt sie ihn dem Betrachter entgegen. Wenn sie sitzt, steht der Kelch manchmal auf einem Knie, oder sie hält ihn in beiden Händen. Mitunter wird der Kelch der Königin mit rundem Deckel dargestellt. Wenn die Königin das Gefäß nur in einer Hand hält, hat sie in der anderen ein Szepter oder ein anderes Zeichen ihres Ranges. Auf fast allen Karten betrachtet sie den Kelch, als meditiere sie oder erblicke Bilder darin. Ihr Gesichtsausdruck ist mild wie der des Königs, und sie wird oft mit einem freundlichen, sogar liebevollen Lächeln gezeichnet.

Bedeutung

Die Königin der Kelche erinnert an eine gütige, großzügige Frau, die mütterliche Gefühle für den Fragesteller empfindet. Wenn sie nicht Ihre Mutter ist, ist sie bereit, Ihnen zu helfen und Sie zu beraten und zu bemuttern. Sie ist eine Frau, für die Sie Zuneigung und sogar Liebe empfinden und bei der Sie sich akzeptiert, beschützt und emotional sicher fühlen. Die Königin der Kelche ist eine liebende Frau, eine gute Mutter und eine treue Freundin. Sie ist intelligent und kultiviert, und sie weiß, wie man klug liebt. Wenn der Fragende sie darum bittet, wird sie ihm in Angelegenheiten des Herzens guten Rat geben. Ihre Eigenschaften sind Intelligenz, Weisheit und Tugend. Sie kann auch visionär sein; doch ihr reifes Urteilsvermögen bildet ein Gegengewicht zu ihren meist zutreffenden Visionen.

Wenn der Fragesteller ein Mann ist, symbolisiert diese Karte eine treue und verläßliche Ehefrau oder seine wahre Liebe. Für eine Frau kann die Königin entweder eine Vertraute oder eine Rivalin in der Liebe sein (die benachbarten Karten verraten es Ihnen). Doch selbst als Rivalin ist sie gütig und fair.

Die Karte kann auch eine Situation symbolisieren, in welcher der Fragende sich emotional sicher und beschützt fühlt oder fühlen sollte. Diese Karte sagt Ihnen, daß sie keine versteckten Fallen oder unerwarteten Feinde fürchten müssen – Sie befinden sich unter Menschen, denen Sie trauen können, und in einer Situation, in der Sie sich wohlfühlen können.

Beim Kartenlegen

Aufrecht (positiv): eine mütterliche Frau, die Gefühle der Zuneigung oder Liebe weckt; eine ehrliche, treue Freundin oder Angehörige, die dem Fragesteller gerne einen Dienst erweist; eine gute Mutter; eine perfekte Ehefrau. Eine Situation, in der Sie sich emotional sicher fühlen; Erfolg, Glück, Vergnügen; kluge Entscheidungen, vor allem in persönlichen Beziehungen.

Verkehrt (negativ): eine perverse oder nicht vertrauenswürdige Frau; Laster, Unehre, Verderbtheit, Einmischung.

Ritter der Kelche

Der Ritter der Kelche symbolisiert meist einen Liebenden oder einen Boten der wahren Liebe.

Beschreibung

Auf den meisten Karten sehen wir einen jungen Mann auf einem Pferd, das für eine Parade zurechtgemacht ist. Manchmal trägt der junge Mann eine Rüstung; auf jeden Fall ist er gut gekleidet. Mitunter hat er ein Jagdhorn über die Schulter gehängt; wenn nicht, hat er manchmal eine Flügelmütze auf dem Kopf. Er ist das Symbol eines Boten. In der rechten Hand hält er den Kelch, entweder seitlich oder vorne über dem Kopf des Pferdes, und betrachtet ihn oder schaut in ihn hinein. Meist wird der Ritter in einer ländlichen Umgebung dargestellt.

Bedeutung

Ein junger Mann mit den gleichen Eigenschaften wie seine symbolischen Eltern. Wenn die Karte auf einen Menschen anspielt, hat dieser ein väterliches Interesse am Fragenden. Er ist ehrlich, intelligent, bereit, Ihnen nach besten Kräften zu helfen, ein treuer und verläßlicher Freund oder gar ein Geliebter. Im letzteren Fall können Sie ihn ohne Bedenken lieben. Selbst wenn die Beziehung irgendwann zerbrechen sollte, würde dieser Mensch Sie auf keinen Fall verletzen. Wenn es sich nicht um einen geliebten Menschen handelt, dann kann er Ihnen etwas über den wahren Charakter der Person sagen, an der Sie interessiert sind. Wie die Königin kann auch er ein wenig verträumt sein; dann ist er kein Visionär, sondern ein phantasievoller Mensch, und das ermöglicht es ihm, die Gefühle anderer ebensogut wie seine eigenen zu verstehen.

Wenn die Karte keinen Menschen symbolisiert, dürfen Sie eine Nachricht oder Einladung erwarten. Beides wird positiv sein, und Sie können sich sicher fühlen. Der Ritter der Kelche ist für beide Geschlechter auch ein Bote der wahren Liebe.

Beim Kartenlegen

Aufrecht (positiv): ein ehrlicher und intelligenter junger Mann, der dem Fragesteller freundlich gesonnen ist. Ein Bruder, Freund oder Geliebter. Guter Rat, eine Nachricht, ein Besuch oder eine Einladung. Wahre Liebe, gegenseitige Liebe.

Verkehrt (negativ): ein heimtückischer junger Mann. Schwindel, Betrug, Lügen, mißbrauchtes Vertrauen; ein gebrochenes Herz, Kummer.

Bube der Kelche

Der Bube der Kelche tut Ihnen einen wichtigen Gefallen, oder er sagt eine Nachricht oder Ankunft voraus.

Beschreibung

Ein gut angezogener junger Mann steht entspannt da und hält den Kelch in einer Hand. Auf manchen Karten streckt er den Kelch aus, als wolle er ihn jemandem überreichen; auf anderen Karten hält er das Gefäß in die Höhe und bewundert es. Oft lächelt er, und fast immer betrachtet er den Kelch.

Bedeutung

Ein junger Mann oder eine junge Frau, vielleicht Ihr Sohn oder Ihre Tochter (oder ein Mensch, der so auf Sie reagiert), vielleicht ein Bruder oder eine Schwester (meist jünger als Sie). Ein sensibler junger Mensch, der im wesentlichen die gleichen Eigenschaften hat wie seine älteren Angehörigen, wenn auch weniger ausgeprägt. Diese Karte deutet auf einen Menschen hin, mit dem Sie zur Zeit verbunden sind und der Ihnen einen wichtigen Gefallen tun wird. Die Karte kann auch eine Nachricht, eine Ankunft oder eine Geburt ankündigen.

Beim Kartenlegen

Aufrecht (positiv): ein sensibler junger Mensch, der Ihnen eng verbunden ist, zum Beispiel ein Sohn, eine Tochter, ein Bruder, eine Schwester, ein guter Freund, ein alter Schulkamerad oder ein Kinderschwarm. Er wird Ihnen einen wichtigen Dienst leisten. Ein Student, ein intelligenter junger Mensch. Neuigkeiten, eine Botschaft, die Ankunft von jemand oder etwas; die Geburt eines Kindes, einer Idee oder eines Projekts; ein vielversprechender Start.

Verkehrt (negativ): Betrug, Verführung, falsche Schmeichelei, Täuschung.

Die Zahlenkarten

Die folgenden zehn Karten sind Zahlenkarten.

As der Kelche

Das As der Kelche symbolisiert Fruchtbarkeit, eine Feier und den Höhepunkt einer achtbaren Beziehung.

Bedeutung

Auf den meisten Karten ist ein großer Kelch zu sehen. Wie der Kelch der Königin hat er häufig einen runden und oft verzierten Deckel. Auf manchen Karten ist nur ein Kelch abgebildet, auf anderen eine Hand, die ihn hält, entweder am Stiel oder auf dem Handteller. Die Hand greift gewöhnlich aus einer Wolke nach dem Kelch. Wenn das Bild einen Hintergrund hat, handelt es sich um Wasser unterhalb des Kelchs und/oder um Springbrunnen, die aus dem Kelch schießen.

Bedeutung

Das As der Kelche symbolisiert Fruchtbarkeit, Feiern, Fröhlichkeit und den Höhepunkt einer achtbaren Beziehung. Die Karte verkündet den Beginn einer glücklichen Ehe oder Partnerschaft, von der beide Beteiligten profitieren. Das As der Kelche sagt eine enge und dauerhafte Beziehung oder Liebe voraus.

Beim Kartenlegen

Aufrecht (positiv): Fruchtbarkeit, Fülle in allen Dingen, besonders in der Liebe, der Beginn einer Liebe oder der Höhepunkt einer Beziehung, die für alle Beteiligten nützlich und angemessen ist. Wahre Liebe, Freude, Zufriedenheit, Fröhlichkeit und Feiern.

Verkehrt (negativ): Instabilität, ein falsches Herz, Enttäuschungen und sehr wahrscheinlich deswegen ein Wandel in den Beziehungen. Die Karte kann auch Untreue und Verrat bedeuten.

Zwei der Kelche

Die Zwei der Kelche symbolisiert eine harmonische Partnerschaft, Ehe oder Gemeinschaft.

Bedeutung

Eines kommt zum anderen. Die Zwei der Kelche symbolisiert eine Partnerschaft, eine Ehe, eine Gemeinschaft. Einerlei, ob es sich um den Beginn einer neuen oder um die Stärkung einer alten Beziehung handelt – sie ist auf Harmonie gegründet.

Beim Kartenlegen

Aufrecht (positiv): Liebe, Freundschaft, Verbundenheit, Zuneigung, Partnerschaft, gegenseitige Sympathie, Eintracht, Harmonie. Die Karte meint meist eine Beziehung zwischen Mann und Frau, manchmal auch andere Partnerschaften, die Sie eingehen wollen oder bereits eingegangen sind.

Verkehrt (negativ): Die gleichen positiven Bedeutungen. Benachbarte negative Karten können diesen Einfluß verzögern oder den Beteiligten Hindernisse auf den Weg legen; aber sie können den positiven Einfluß nicht aufheben. Es handelt sich um eine vom Schicksal gewollte Verbindung, die gut für Sie und den anderen ist.

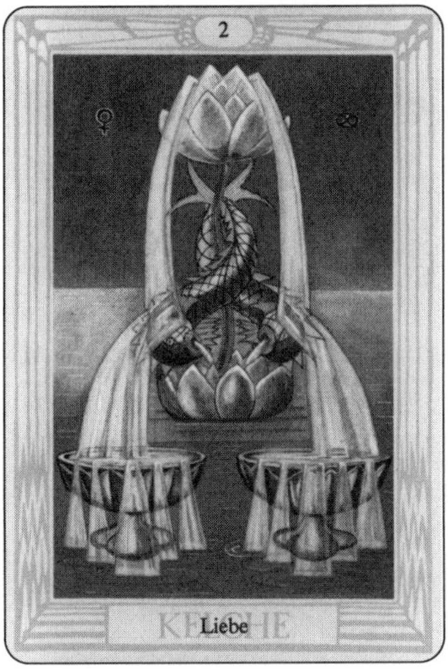

Drei der Kelche

Die Drei der Kelche ist eine Karte des Erfolges und Sieges im Beruf oder in einer Beziehung.

Bedeutung

Dies ist eine Karte des Erfolges und der Erfüllung. Eine Beziehung oder ein Projekt erreicht bald einen Höhepunkt, so daß alle Beteiligten hochzufrieden sind. Wenn Sie vor einiger Zeit eine romantische Beziehung eingegangen sind, merken Sie jetzt, daß beide Partner sich verliebt haben.

Beim Kartenlegen

Aufrecht (positiv): ein großer Erfolg, Vollendung, Fülle, Fröhlichkeit, ein glückliches Ergebnis, Erfüllung, Sieg.

Verkehrt (negativ): ebenfalls Erfolg, aber rein materieller Art; Exzeß, sinnliche Freuden; gute Leistungen in kleinen Dingen.

Vier der Kelche

Die Vier der Kelche ist eine freundliche Warnung: Ihre negative Einstellung verhindert, daß Sie erreichen oder genießen, was Sie brauchen oder sich erhoffen.

Bedeutung

Diese Karte ist eine freundliche Warnung. Sie sagt Ihnen, daß Sie erlangen können, was Sie brauchen und was Sie sich erhoffen – aber Ihre Unzufriedenheit oder Ihre negative Einstellung verhindert, daß Sie das Begehrte erkennen, schätzen oder nutzen. Sie gehen so sehr in Ihrem Mißvergnügen auf, daß Sie keine Erfüllung finden. Ein Deuter bezeichnet diese Karte als «Junggesellen- und Alte-Jungfer-Karte» und meint, die Heirat verzögere sich, weil der Fragesteller so «pingelig» sei. Die Warnung ist immer die gleiche: Sie sind unzufrieden, weil Sie es sein wollen, nicht, weil Ihr Leben wirklich enttäuschend wäre.

Beim Kartenlegen

Aufrecht (positiv): Mißvergnügen, Unzufriedenheit, Lebensmüdigkeit, eingebildete Probleme, unberechtigtes Mißtrauen, Ekel. Das alles führt dazu, daß Sie nicht bereit sind, das Gute zu akzeptieren, das Ihnen angeboten wird.

Verkehrt (negativ): neue Beziehungen, neue Bekanntschaften, neue Instruktionen, eine Neuheit, ein unvorhergesehenes Ereignis.

Fünf der Kelche

Die Fünf der Kelche sagt, daß Sie nur das Negative, nicht das Positive sehen.

Bedeutung

Wieder einmal ist Ihre Einstellung angesprochen. Die Fünf der Kelche ist eine Karte des Negativen *und* des Positiven; aber Sie sehen wahrscheinlich nur das Negative. Sie könnten glücklich sein, wenn Sie erkennen würden, was Sie bereits haben. Die Karte sagt auch eine Beziehung voraus, vielleicht eine Ehe, und macht Sie darauf aufmerksam, daß es an Ihnen liegt, ob sie glücklich wird. Im Gefolge der Vier weist die Fünf darauf hin, daß Sie unglücklich sind, weil Sie sich bewußt oder unbewußt für das Negative entschieden haben, um zu beweisen, daß Ihre Unzufriedenheit berechtigt ist. Sie haben die schlechtere Alternative gewählt, oder Sie haben das Positive weggeworfen – Sie haben sich die Nase abgeschnitten, um Ihr Gesicht zu ärgern. Sie können immer noch glücklich sein, es liegt nur an Ihnen. Dies ist auch eine Karte der Unentschlossenheit. Sie können sich in wichtigen Fragen nicht entscheiden. Manchmal kündigt die Fünf eine Veränderung in der Umwelt an, deren Ursache Ihr Wunsch ist, den Problemen zu entfliehen. Statt sich der Situation zu stellen, laufen Sie weg.

Beim Kartenlegen

Aufrecht (positiv): eine bevorstehende Verbindung, vielleicht eine Ehe oder Partnerschaft. Es hat Verluste gegeben, aber auch Gewinne. Die Verluste sind nur Teilverluste, und die Traurigkeit geht vorüber. Die Karte kann auch eine Erbschaft ankündigen, die aber nicht so groß ist, wie der Fragesteller es gehofft oder erwartet hat. Pläne, die Umwelt oder die Situation ändern sich.

Verkehrt (negativ): Bitterkeit, Enttäuschung, eine unglückliche Ehe als Folge falscher Entscheidungen oder unrealistischer Erwartungen. Überraschungen, falsche Versprechungen, falsche Projekte.

Sechs der Kelche

Die Sechs der Kelche ist eine Karte der Erinnerungen an eine Zeit, als Sie glücklich waren. Sie zeigt, daß Sie wieder glücklich sein können.

Bedeutung

Ihre Unzufriedenheit mit der jetzigen Situation führte Sie ganz zwanglos zu dieser Karte. Die Sechs erinnert an eine vergangene Liebe und an vergangenes Glück. Sie ist eine Karte der Rückschau in eine Zeit, als Sie glücklich wie ein Kind waren. Es liegt an Ihnen, wie Sie auf diese Erinnerungen reagieren. Brüten Sie nicht darüber, was Sie «verloren» haben. Wenn Sie wieder unschuldig werden und wenn Sie daran denken, daß Sie einmal glücklich waren, dann können Sie es wieder sein. In einem besonders günstigen Spread kann diese Karte voraussagen, daß jemand oder etwas Sie zwingen wird, das Gute in Ihrem Leben zu erkennen.

Beim Kartenlegen

Aufrecht (positiv): Erinnerungen, Rückschau (vor allem in die Kindheit), Gedanken an eine frühere Liebe; Glück, das aus der Vergangenheit kommt, aus der Erinnerung an das Entschwundene. Erneuerung, Glück und Liebe in der Zukunft.

Verkehrt (negativ): neue Freunde, neues Wissen, eine neue Umgebung, andere Einstellungen und Beziehungen; etwas Wichtiges wird bald geschehen.

Sieben der Kelche

Die Sieben der Kelche symbolisiert skurrile oder nachdenkliche Phantasien und Visionen.

Bedeutung

Dies ist eine Karte der Phantasien und Visionen. Einige der Visionen können recht skurril sein: märchenhafte Träumereien und Luftschlösser. Andere sind vielleicht besser durchdacht und werden fast, aber nie ganz zu Plänen. Im Grunde sind Sie nur ein Tagträumer. Sie träumen nicht von etwas Bestimmtem, sondern lassen einfach Ihre Phantasie schweifen. Die meisten Deuter sind der Meinung, dies sei ein notwendiger Prozeß, vor allem jetzt: Sie reinigen Ihren Geist von alten Ideen oder falschen Ansichten und prüfen verschiedene Möglichkeiten, wenn auch fernliegende. Das kann zu neuen und besseren Zielen führen.

Beim Kartenlegen

Aufrecht (positiv): eine Fülle neuer, aber unbestimmter Ideen oder Bilder im Kopf, jedoch nichts Dauerhaftes oder Substantielles; Tagträumereien, Luftschlösser, unkonzentrierte Meditation; Kontemplation, Phantasien.

Verkehrt (negativ): Entschlossenheit, starke Wünsche und Pläne, Planung und Projekte.

Acht der Kelche

Die Acht der Kelche sagt voraus, daß Sie bekommen, was Sie sich gewünscht haben – aber vielleicht sind Sie zu vorsichtig.

Bedeutung

Die Aussage dieser Karte ist zweideutig. Sie bezieht sich auf eine Situation, Ereignisse oder Projekte, an denen Sie arbeiten oder die Sie planen. Die Karte sagt voraus, daß alles gut geht, daß Sie bekommen, was Sie sich gewünscht haben. Aber sie deutet auch an, daß Sie übervorsichtig sind und daß Sie dadurch verlieren können, was Sie zu erlangen hoffen. Sie sind sich durchaus dessen bewußt, daß Sie bereits manches besitzen; aber Sie sind zu schüchtern, zu zaghaft, zu unsicher, um aktiv zu werden. Und wenn Sie nicht aktiv werden, können Sie verlieren, was Sie sich erarbeitet und worauf Sie so lange gehofft haben.

Eine Deutung, die sich in der Praxis bewährt hat, besagt, daß die Angelegenheit, um die es geht, nicht so wichtig ist, wie es scheint – weder im positiven noch im negativen Sinne – und daß ihre wahre Bedeutung sich herausstellt, wenn Sie aktiv werden. Dann können Sie sich um andere Dinge kümmern. Tun Sie etwas, und Sie werden sehen, daß die Situation nicht so bedrohlich ist, wie sie aus der Ferne ausgesehen hat. Der Erfolg wartet auf Sie. Es liegt an Ihnen, ob Sie bekommen, was Sie haben wollen.

Beim Kartenlegen

Aufrecht (positiv): Erfüllung eines Wunsches, Milde, Zaghaftigkeit, Bescheidenheit. Die Karte rät dem Fragesteller, eine Gelegenheit beim Schopfe zu packen, anstatt vor ihr zurückzuweichen. Was er für ein großes Problem hält, stellt sich als recht harmlos heraus, sobald er sich darum kümmert. Wenn er passiv bleibt, droht ihm eine Enttäuschung.

Verkehrt (negativ): große Freude, ein Fest, Vergnügen. Die Karte spiel meist auf ein Ereignis an, das der Fragesteller kennt und das er entweder erwartet oder geplant hat. Die benachbarten Karten zeigen, ob andere Ereignisse oder Menschen ihm den Spaß verderben.

Neun der Kelche

Die Neun der Kelche verspricht, daß alles, was Sie sich erhofft haben, sich bald erfüllen wird.

Bedeutung

Diese Karte hat überhaupt keine negative Bedeutung. Sie ist eine Karte des Triumphs, des vollständigen Erfolges, fast der Sättigung. Alles, was Sie sich erhofft und was Sie geplant haben, wird sehr bald eintreffen, und es wird so schön oder noch schöner sein, als Sie es sich erträumt haben. Diese Karte wird manchmal «Wunschkarte» genannt. Sie verspricht Erfüllung, Harmonie und Erfolg in den Projekten, die andere Karten beschreiben. Wenn der Spread auch ungünstige Karten enthält, kann sich dieser große Erfolg zwar verzögern; aber die Hindernisse werden Ihnen nur vorübergehend lästig. Sie haben bisher alles richtig gemacht, und Menschen und/oder Ereignisse greifen ebenfalls zu Ihren Gunsten ein. Das ist Ihre Stunde!

Beim Kartenlegen

Aufrecht (positiv): Triumph, Sieg, Zufriedenheit, sogar Sattheit, Erfolg, Vorteile, völlige Zufriedenheit, was die Ereignisse und/oder die Erfüllung Ihrer Pläne angeht. Die Karte meint meist materielle Erfolge; sie kann sich aber auch auf Situationen anderer Art beziehen. Allgemeines Wohlbefinden ist die Folge. Sie überwinden alle Schwierigkeiten.

Verkehrt (negativ): Die Bedeutung ist unterschiedlich: Wahrheit, Freiheit, Treue; Enttäuschung als Folge von Fehlern; manchmal beides. Letztlich geht alles gut; aber Sie können es noch vermasseln, wenn Sie sich Mühe geben.

Zehn der Kelche

Die Zehn der Kelche beschreibt die wahre Liebe: Zufriedenheit, häusliches Glück, gute Leistungen.

Bedeutung

Diese Karte beschreibt, was die Liebe wirklich ist und was sie mit sich bringen sollte: Zufriedenheit, häuslichen Segen, befriedigende Leistungen und Beziehungen. Sie sind von Menschen umgeben, die Sie lieben. Was Ihnen wichtig ist, ist auch diesen Menschen wichtig, und umgekehrt. Die Zehn der Kelche zeichnet ein Bild des Friedens und der Harmonie, das unter Menschen herrscht, die ihr Leben miteinander teilen und sich um einander kümmern. Vielleicht verraten die Hofkarten im Spread, welche Menschen an diesem Segen teilhaben, oder sie nennen eine Person, die sich für Sie einsetzt. Die Zehn ist nicht nur eine günstige, sondern auch eine einflußreiche Karte. Sie stärkt gute Karten und macht negative wirkungslos.

Beim Kartenlegen

Aufrecht (positiv): vollkommene Liebe und Freundschaft, wahre Kameradschaft, erfüllte Beziehungen, ein glückliches Familienleben, Ehrungen, Wertschätzung. Sie lieben Ihr Heim und sind mit Ihren Leistungen zufrieden. Die Karte verheißt auch Erfolg, der nicht unbedingt materieller Art sein muß.

Verkehrt (negativ): Sorgen, Streit, Entrüstung, vielleicht emotionale Gewalt, ein falsches Herz.

Münzen

Die Reihe der Münzen

Die dritte Reihe des Kleinen Arkanums symbolisiert Reichtum, Handel, geschäftliche Projekte und weltliches Ansehen.

Münzen symbolisierten ursprünglich die Kaufleute der mittelalterlichen Gesellschaft, die Waren herstellten und damit im In- und Ausland Handel trieben. Insofern sorgten sie auch für Wandel in der Gesellschaft. Auch heute noch haben sie Einfluß auf das Denken und Tun der Menschen. Die Kaufleute initiierten und förderten zum Beispiel den internationalen Handel und entwickelten unsere auf Geld basierende Wirtschaft. Vorher bezahlten die Menschen mit Gütern und Dienstleistungen; doch die Kaufleute führten das Geldsystem ein, eine bequemere und wirksamere Methode, Geschäfte zu machen. Kaufleute gründeten Banken und führten die Buchhaltung und die Handelsgesetze ein.

Ursprünglich waren die Kaufleute eine Art Mittelschicht in der mittelalterlichen Gesellschaft. Sie waren nicht ortsgebunden wie die Leibeigenen und weder adelig noch Schützlinge der Kirche. Mit der Zeit schufen die Kaufleute sich ihren eigenen Status. Sie schlossen sich zu Gilden zusammen, die zunächst dem Selbstschutz und dem gemeinsamen Wohl dienten, die ihnen jedoch später eine gewaltige Macht verliehen. Dank der Gilden besaßen die Kaufleute ein Handelsmonopol, das ihnen zusammen mit ihrem Reichtum eine gewichtige Stimme im Staat sicherte.

Heute symbolisieren die Münzen Unternehmen, Großbanken und den nationalen und internationalen Handel. Das sind mächtige Interessengruppen, deren Einfluß auf die Weltpolitik zuweilen den der Regierungen übertrifft. Auf der persönlichen Ebene sind Münzen das Symbol der Reichen und Einflußreichen, also jener Leute, die nicht nur Geld haben, sondern seine Macht verstehen und nutzen.

Wenn eine Karte dieser Reihe einen Menschen symbolisiert, ist er Unternehmer, sehr erfolgreich in der Geschäfts- oder Finanzwelt und/oder gerissen im Umgang mit Geld. Meist spielen die Münzen auf eine reiche Person an, und sie sind immer ein Hinweis auf einen Menschen, der mit großen Geldbeträgen umgeht (Bankier, Makler, Finanzier usw.). Beim Kartenlegen kann es sich um jemanden handeln, der dem Fragesteller Geld geben kann oder will und den der Fragesteller bewundert und respektiert, vor allem wegen seiner gesellschaftlichen Position und seines Reichtums.

Münzen symbolisieren auch Wohlstand, Geld, den gesellschaftlichen Status (besonders wenn er auf Reichtum beruht), materiellen Besitz und ererbten Reichtum und Einfluß. Wenn eine dieser Karten beim Legen erscheint, sind Wohlstand und Macht in gewissem Umfang in der Umgebung des Fragenden vorhanden. Bestenfalls gelangt ein Teil dieses Reichtums in die Hände des Fragenden, mindestens aber wird er von Schulden oder anderen Problemen befreit, deren Ursache Geldsorgen sind. Manchmal wollen die Karten sagen, daß Ihre derzeitigen Schwierigkeiten durch eine ordentliche Geldspritze gelöst werden können. Ob das positiv oder negativ ist, hängt davon ab, ob Sie sich tatsächlich Geld beschaffen können.

Wenn diese Reihe den Fragesteller symbolisiert, ist oder wird er entweder sehr reich oder große Geldbeträge gehen durch seine Hände (das ist auch bei einem Kassierer der Fall, der nicht unbedingt reich sein muß). Wenn der Fragesteller derzeit noch nicht reich ist, kann er zumindest gut mit Geld umgehen; er weiß, wie man Geld verdient und seine Macht nutzt.

Die Münzen sind eine sehr weltliche Farbe, die kaum etwas mit Herzensangelegenheiten oder der spirituellen Entwicklung zu tun haben. Sie symbolisieren geschäftliche oder finanzielle Klugheit und meist auch Einfluß, und sie deuten darauf hin, daß das Geld oder die Dinge dieser Welt für die im Spread beschriebenen Personen ein wichtiges Anliegen sind.

Beschreibung des Reihensymbols

Auf den meisten Karten ist eine goldene Scheibe mit einem blütenartigen Muster dargestellt. Manchmal sind es Pentagramme oder ein anderes Muster mit fünf Spitzen in einem Kreis. Sie symbolisieren nicht nur goldene Münzen, sondern auch magische Macht und Schutz. Denken Sie an die Bedeutung der Zahl fünf: Abenteuer, Aufregung, der Einfluß weltlicher Dinge und Wandel.

Die Hofkarten

Die Reihe der Münzen symbolisiert Reichtum, weltliche Angelegenheiten und oft politische Macht.

König der Münzen

Der König der Münzen symbolisiert Macht und Einfluß. Er ist ein Mann, der die Künste und die Wissenschaft fördert, wenn auch um des Profits willen.

Beschreibung

Der König der Münzen trägt meist eine Krone. Wenn nicht, ist er ein gutgekleideter, wohlhabender Kaufmann. Manchmal trägt er Schmuck (z.B. eine goldene Halskette) fast wie eine Dienstmarke. Er sitzt auf einem Thron oder stattlichen Stuhl, der häufig mit Tierfiguren geschmückt ist, zum Beispiel mit Löwen, Greifen, Stieren oder Adlern (Symbolen des Königtums und der weltlichen oder magischen Macht).

Seine Haltung ist königlich und lässig zugleich. Er fühlt sich wohl in seiner mächtigen Position und ist davon überzeugt, daß sie ihm zusteht. Meist hält er die Münze aufrecht in der rechten Hand, als wolle er sich dem Betrachter zeigen. Auf manchen Karten hält er in der linken Hand ein Szepter. Auf vielen Karten, selbst auf jenen, die diese Gestalt mit Krone und Rüstung zeigen, liegt ein Geldsack neben dem Thron.

Bedeutung

Der König der Münzen erinnert an einen reifen Mann, der ebenso reich wie mutig ist. Wie der König der Schwerter symbolisiert er Macht, aber in einem positiveren Sinne. Er ist ein fähiger Mann, der die Zügel der Regierung fest in der Hand hält, und er ist an anderen begabten Menschen interessiert. Seinen Einfluß nutzt er, um die Künste und Wissenschaften zu fördern, wobei er zweifellos oft seinen Profit im Sinn hat. Dieser selbstsichere Mann kann ein Mäzen der Künste sein; insofern ist er auch das Symbol einer Gesellschaft, die so stabil ist, daß Kunst und Wissenschaft blühen können. Wenn diese Karte einen Menschen symbolisiert, dann ist er die Personifizierung des «erleuchteten Monarchen», weise und mächtig zugleich. Der Fragesteller bewundert ihn, weil er erfolgreich und vornehm ist. Die Karte sagt auch finanzielle Sicherheit und eine stabile Situation voraus, in der die Kultur gedeihen kann.

Beim Kartenlegen

Aufrecht (positiv): ein reicher, mächtiger und kultivierter Mann, der klugen Rat, Hilfe und Inspiration geben kann. Ein vornehmer Mann, der mit Geld umgehen kann, ein echter Förderer der Kunst und der Wissenschaft. Er steht dem Fragesteller gleichgültig gegenüber oder ist ihm wohlgesonnen; aber es ist sehr unwahrscheinlich, daß er sein Gegner ist. Die anderen Karten verraten, welche Einstellung er derzeit hat, und vielleicht sagen sie Ihnen auch, was Sie tun sollen, um diesen Mann zu Ihrem Gönner zu machen, wenn Sie ihn brauchen. Die Karte kann auch Unternehmungslust und weltlichen Ruhm, Intelligenz und

Geschäftssinn symbolisieren, außerdem Begabung oder Talente, vor allem im Bereich der Mathematik, und finanziellen oder gesellschaftlichen Erfolg, auch durch Erbschaft oder Glück im Spiel.
Verkehrt (negativ): ein gefährlicher Mann, dem der Fragende aus dem Weg gehen sollte; ein völlig skrupelloser Konkurrent im Geschäft; Zweifel, Schwäche, Furcht, Verzweiflung, eine Gefahr für den Fragesteller, Laster und Perversität, Korruption, böse Absichten; Einbildung.

Königin der Münzen

Die Königin der Münzen symbolisiert eine königliche und geachtete Frau oder Sicherheit, Weisheit, Klugheit und Reichtum.

Beschreibung

Meist sehen wir eine reife, gut gekleidete, manchmal gekrönte Frau. Wenn sie steht, verlagert sie ihr Gewicht auf ein Bein oder sie lehnt an einem kunstvollen Thron oder Stuhl. Wie der König hält sie eine Münze mit der rechten Hand hoch und zeigt sie dem Betrachter. Gewöhnlich betrachtet sie die Münze und läßt sich von nichts ablenken. Wenn sie sitzt, hält sie die Münze in beiden Händen und schaut sie nachdenklich an, als sehe sie Bilder darin. Mitunter trägt sie in der linken Hand ein Szepter.

Oft lächelt die Königin. Sie ist sich ihrer Bedeutung bewußt und zeigt einen freundlichen Gesichtsausdruck. Beachten Sie aber, daß sie sich auf den meisten Karten nur für das Geld interessiert.

Bedeutung

Eine königliche und angesehene Frau, die für ihre Großzügigkeit bekannt ist. Sie läßt sich jedoch nicht zum Narren halten oder ausnutzen. Sie respektiert das Geld, läßt sich aber nicht davon beherrschen. Als kluge Verwalterin kann sie mit Reichtum umgehen und ihn verteilen; darin ist sie ein Vorbild für andere. Wie der König ist sie intelligent, und sie hat eine große Seele, die bei Menschen ihres Standes wie bei Untertanen Respekt und Bewunderung hervorruft. Die Karte kann auch eine gut geordnete, bequeme Situation symbolisieren, die nicht nur die Folge einer finanziellen Sicherheit ist, sondern auch des klugen Umgangs mit Geld. Die Karte bestätigt, daß Sie die Fähigkeit haben, Hindernisse geschickt zu überwinden.

Beim Kartenlegen

Aufrecht (positiv): eine gütige, großzügige Frau, eine hervorragende und behutsame Managerin, die über Intelligenz und Intuition verfügt. Wie der König hat sie den Fragesteller gern oder steht ihm gleichgültig gegenüber. Sie ist attraktiv und sehr überzeugend. Sie weiß, wie sie ihren Willen durchsetzt – nicht «mit den Waffen einer Frau», sondern mit der Kraft ihrer Persönlichkeit. Die Karte kann auch Sicherheit, Weisheit, Klugheit, Reichtum und sogar Üppigkeit symbolisieren.

Verkehrt (negativ): eine mißtrauische Frau, der niemand vertraut; eine Frau, die sich in alles einmischt und die unter allen Umständen das Heft in der Hand behalten will; Mißtrauen, Furcht, etwas Böses, eine gespannte Situation, in welcher der Fragende nicht sicher sein kann, wem er trauen soll.

Ritter der Münzen

Der Ritter der Münzen symbolisiert einen jungen, hervorragend begabten Mann oder unerfüllte Erwartungen und Streit.

Beschreibung

Auf den meisten Karten ist ein junger Reiter zu sehen, der gewöhnlich eine Rüstung trägt. Wenn der König und die Königin als Kaufleute dargestellt sind, ist der Ritter ebenfalls ein Kaufmann. Auf vielen Karten hält er die Münze nicht in der Hand, sondern sie schwebt vor oder hinter ihm in der Luft. In jedem Fall betrachtet er sie, selbst wenn er sich dabei im Sattel umdrehen muß. Wenn er die Münze in der Hand hat, hält er sie hoch, als wolle er sie jemandem zeigen; aber er kontempliert nicht ernsthaft über sie. Das Pferd geht oder steht, aber es rennt nicht. Dies ist kein junger Mann, der für seine Familie oder seine Ideale kämpft. Das Bild stellt einen Reisenden dar.

Bedeutung

Der Ritter der Münzen verfügt über die gleichen Eigenschaften wie seine Eltern, schließt aber auch Elemente der Bewegung, der Ankunft, der Abreise oder der Reise mit ein. Diese Figur ist weniger reif als der König oder die Königin. Er hat ihr Potential, jedoch nicht ihre Erfahrung. Er kann ein netter Mensch sein; aber er ist nicht so verläßlich, und manchmal ist er eine Enttäuschung für sich selbst und für jene, die ihm nahestehen. Mitunter ist er ungeduldig und nur ungern bereit, Verantwortung zu übernehmen. Die anderen Karten im Spread verraten, ob es sich dabei um einen dauerhaften Charakterzug handelt oder um ein vorübergehendes Phänomen. Die Karte weist auch darauf hin, daß Sie mehr sein könnten, als Sie sind, wenn Sie an sich arbeiten würden.

Beim Kartenlegen

Aufrecht (positiv): ein junger, abenteuerlustiger Mann mit großer Begabung, die er jedoch nicht oder noch nicht nutzt. Ein materialistisch gesinnter Mensch, der meist nur die Oberfläche sieht; ein Abenteurer, ein Spieler. Wenn man ihm eine Aufgabe überträgt, ist er mutig und kann verantwortungsbewußt handeln; doch er ist noch nicht imstande, sich eigene Ziel zu setzen und dafür zu arbeiten. Wenn keine Person gemeint ist: eine Ankunft oder Abreise; Streit, bei dem es in der Regel um unerfüllte Erwartungen geht.

Verkehrt (negativ): ein fauler oder nachlässiger, verantwortungsloser junger Mann; Sorglosigkeit, Mutlosigkeit, Stillstand, Apathie, Arbeitslosigkeit, Mangel an Konzentration, die Unfähigkeit, sich Ziele zu setzen und sie umsichtig zu verwirklichen.

Bube der Münzen

Der Bube der Münzen ist ein gelehrter junger Mann, künstlerisch veranlagt und kultiviert. Er kündigt gute Nachrichten und Freude an.

Beschreibung

Die meisten Karten zeigen einen jungen Mann, der auf einem Feld steht. Er ist gut angezogen und allem Anschein nach sehr von sich angetan. Manchmal hält er die Münze in einer Hand, als wolle er sie vorzeigen, und er bewundert sie. Seine linke Hand deutet entweder zum Boden oder steckt im Gürtel. Die Haltung gleicht der des Magiers. Auf anderen Karten hält er die Münze in beiden Händen oder balanciert sie auf den Fingerspitzen. Stets ist er offensichtlich zufrieden mit sich selbst und freut sich über die Münze, die er besitzt.

Bedeutung

Ein junger Mann oder eine junge Frau, vielleicht auch ein Kind, wiederum mit den gleichen Anlagen wie seine oder ihre symbolischen Eltern. Der Bube ist offensichtlich ein kultivierter Mensch. Wie seine Eltern schätzt er die Künste; aber er ist sensibler, er fühlt, welche Bedürfnisse andere haben, und er ist verwundbarer. Die verzückte Bewunderung für die Münze symbolisiert den Gelehrten, einen Menschen, der so ins Studium vertieft ist, daß er gelegentlich die Realität vergißt und etwas unpraktisch ist. Die Karte sagt auch voraus, daß Sie eine Nachricht oder Botschaft erhalten werden. Wenn sie den Fragesteller symbolisiert, deutet sie auf Ehrgeiz und Streben nach materiellem Erfolg hin.

Beim Kartenlegen

Aufrecht (positiv): ein gelehrter, nachdenklicher junger Mensch, ein Träumer. Er ist intelligent, künstlerisch veranlagt, kultiviert und sensibel. Gute Nachrichten, weltliche Freude oder Befriedigung, Luxus.

Verkehrt (negativ): eine banale oder grobe Person; Egoismus, Selbstgefälligkeit; Verschwendung, Großzügigkeit; schlechte Nachrichten; Enttäuschung, Schmerz oder Unbehagen; vergeudetes Material oder Potential.

Die Zahlenkarten

Die folgenden zehn Karten sind Zahlenkarten.

As der Münzen

Das As der Münzen ist die Karte des Erfolges. Neue Projekte werden gelingen.

Beschreibung

Die meisten Karten zeigen nur eine große Münze in der Mitte, gewöhnlich mit einem schmückenden Muster oben und unten. Mitunter wiederholt das Bild das Thema der göttlichen Offenbarung: eine riesige Hand ragt aus einer Wolke und balanciert die Münze auf dem Handteller.

Bedeutung

Das As der Münzen ist die Karte des Erfolges. Ihr neues Projekt wird erfolgreich sein. Der Erfolg läßt sich sehr wahrscheinlich in materiellem Gewinn messen (Geld, Status, Ruhm). Die Karte verheißt Erfolg ohne Rücksicht darauf, was die Nachbarkarten dazu meinen, jedoch mit einer Einschränkung: Wenn benachbarte Karten negativ sind, wird der Erfolg Sie unglücklich und eifersüchtig machen. Das ist die dunkle Seite des Reichtums. Wohlstand und materieller Gewinn sind Ihnen allerdings sicher.

Beim Kartenlegen

Aufrecht (positiv): der Beginn eines neue Projekts, dessen Erfolg sicher ist; Zufriedenheit, Erfolg, Reichtum, großes Glück, Triumph.

Verkehrt (negativ): ebenfalls Erfolg und Wohlstand, jedoch mit Schmerzen oder zumindest ohne Seelenfrieden.

Zwei der Münzen

Die Zwei der Münzen symbolisiert Glück, Freude und Spaß, vielleicht gute Neuigkeiten. Sie warnt vor finanziellen Schwindeleien.

Bedeutung

Die Zwei kündigt Glück, Fröhlichkeit und Spaß an. Der Fragesteller kann mit Neuigkeiten rechnen, sehr wahrscheinlich mit einer schriftlichen Botschaft. In einem negativen Spread warnt die Karte vor finanziellen Schwindeleien und vor dem Übervorteilen einer Person zugunsten einer anderen – die Folgen sind ungewiß. Selbst in einem günstigen Spread deutet die Zwei jedoch auf gewisse Probleme hin.

Beim Kartenlegen

Aufrecht (positiv): Glück, Fröhlichkeit und Spaß; Neuigkeiten, Sie bekommen oder schicken eine Botschaft (wahrscheinlich schriftlich); Hindernisse und Schwierigkeiten (die anderen Karten verraten, um welche es sich handelt und wie ernst sie sind);

eine peinliche Situation; Probleme mit der finanziellen Sicherheit.

Verkehrt (negativ): ein unangenehmes Erlebnis, erzwungene Fröhlichkeit, vorgetäuschte Freude; Sie tauschen Briefe aus; Schwindelei in finanziellen Angelegenheiten; Zweifel, Sorgen, Ungewißheit.

Drei der Münzen

Die Drei der Münzen symbolisiert handwerkliche, kaufmännische oder berufliche Tüchtigkeit. Diese Fertigkeiten können sich als profitabel erweisen.

Bedeutung

Auch dies ist eine Karte des Erfolges. Sie symbolisiert handwerkliche, kaufmännische oder berufliche Tüchtigkeit und beschreibt den möglichen Lohn dieser Fertigkeiten. Wenn die Karte sich auf den Fragenden bezieht, ist er in der Lage (oder er wird es bald sein; das hängt von der Position der Karte ab), seinen Lebensunterhalt mühelos zu verdienen. Seine Berufswahl war richtig. Wenn die Karte auf eine Situation oder ein künftiges Ereignis anspielt, können Sie erfolgreich sein, wenn Sie Ihr Verkaufstalent entwickeln – Sie sind dazu in der Lage. Das ist in vielen Fällen eine gute Nachricht.

Beim Kartenlegen

Aufrecht (positiv): ein Unternehmen, ein Gewerbe; gute Arbeit, der Erwerb von Fertigkeiten, Tüchtigkeit, handwerkliches Können, Erfolg im Handel oder im Geschäft; Vornehmheit, größeres Ansehen, Berühmtheit.

Verkehrt (negativ): Mittelmaß in der Arbeit und in anderen Bereichen, Kleinlichkeit, Schwäche.

Vier der Münzen

Die Vier der Münzen zeigt, daß Sie es für notwendig halten, Ihren Besitz zu schützen.

Bedeutung

Die Vier symbolisiert Ihren Besitz. Sie haben ein Recht darauf; denn Sie haben verdient oder geerbt, was Ihnen gehört. (Beachten Sie, daß man auch Fertigkeiten und Talente «erben» kann.) Die Karte zeigt, daß der Fragesteller das Gefühl hat, seine Habe schützen zu müssen. Andere Karten sagen Ihnen, ob dieses Gefühl berechtigt ist. Die Karte ist auch eine Warnung: Es mag bequem sein, sich auf seinen Lorbeeren auszuruhen; aber das ist nicht die richtige Methode, sich für die Zukunft zu rüsten.

Beim Kartenlegen

Aufrecht (positiv): Besitz, Geschenke; Sie halten fest, was Sie haben; Vermächtnis oder Erbschaft; Zufriedenheit mit der gesellschaftlichen Stellung; die derzeitige Situation macht Ihnen Freude. Sicherheit im Beruf oder in persönlichen Angelegenheiten; wenig Sorgen, ein gutes Gefühl, was die Zukunft betrifft.

Verkehrt (negativ): Widerstand, Spannungen, Verzögerungen, Hindernisse, vielleicht Verluste und Streit (z.B. über Besitz oder Erbschaft), wahrscheinlich mit Leuten, die dem Fragesteller nahestehen.

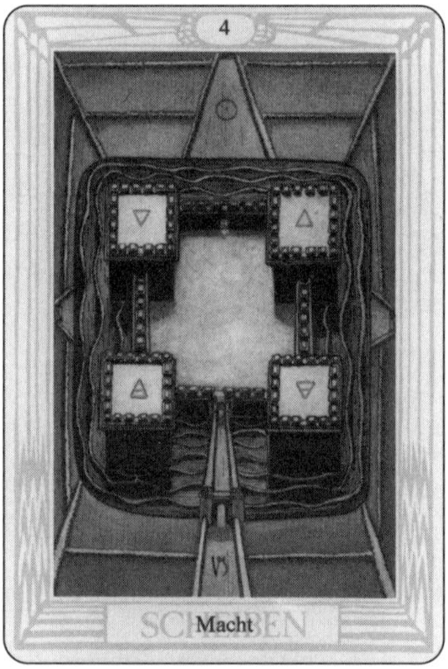

Fünf der Münzen

Die Fünf der Münzen warnt vor geschäftlichen Katastrophen, materiellen Problemen, Verlusten und Armut.

Bedeutung

Diese Karte ist eine Warnung. Es bestehen gewisse Aussichten für geschäftliche Erfolge; aber die Wahrscheinlichkeit einer Katastrophe ist viel größer. Selbst in einem positiven Spread kündigt die Fünf materielle Schwierigkeiten, Verluste oder Armut an. Für den Fragenden ist das Geld knapp, und/oder materielle Gewinne oder Besitztümer, mit denen er gerechnet hat, bleiben ihm versagt. In manchen Fällen haben diese Probleme Ursachen, die Sie nicht beeinflussen können; in anderen Fällen sind Sie daran schuld. Auf jeden Fall müssen Sie sich in acht nehmen, um den Ruin zu vermeiden.

Beim Kartenlegen

Aufrecht (positiv): vielleicht ein vorübergehender geschäftlicher Erfolg, der jedoch zu Verlusten führt, wenn Sie nicht sehr vorsichtig sind. Finanzielle Probleme, Not, Armut, Mangel, Einsamkeit, plötzliche Verluste.

Verkehrt (negativ): Unordnung, Streit, Chaos, Ruin; Verschwendung, Unklugheit, Schande.

Sechs der Münzen

Die Sechs der Münzen sagt, daß die bisherigen Probleme gelöst sind. Sie bestätigt, daß Sie sich um andere kümmern und Ihren Wohlstand nutzen, um ihnen zu helfen.

Bedeutung

Auf dieser Karte sind die bisherigen Probleme des Fragestellers gelöst. Die Karte deutet an, daß er bald mit einem lobenswerten Projekt beginnen wird (z.B. mit einem Akt der Nächstenliebe), und sie bestätigt, daß er dazu fähig ist. Die Sechs beschreibt oder verheißt materielle Fülle – es bleibt genug für Sie übrig! Sie bestätigt, daß der Fragende sich um andere kümmert und seinen Wohlstand nutzt, um ihnen zu helfen.

Beim Kartenlegen

Aufrecht (positiv): eine günstige Zeit für lobenswerte Taten, erfüllte Hoffnungen, Herzensgüte, Geschenke, Belohnung, Fülle, Wohlstand, materieller Reichtum, von dem genug übrig bleibt.

Verkehrt (negativ): Verlangen, Eifersucht, Neid, Illusion, vielleicht Verluste, Unglück, Unruhe.

Sieben der Münzen

Die Sieben der Münzen ist eine Karte des Gewinns. Sie ernten die Früchte Ihrer Arbeit.

Bedeutung

Dies ist eine Karte des Gewinns. Sie ernten jetzt die Früchte Ihrer Arbeit. Meist ist der Gewinn materieller Art (das verrät schon die Farbe!); er stellt sich in einem Bereich ein, in dem der Fragesteller lang und gut gearbeitet hat. Die Karte sagt anhaltendes, allmähliches Wachstum in den persönlichen Beziehungen und im Beruf voraus. Sie sind mit Ihrer Arbeit und mit Ihrem Lohn zufrieden. Die Karte deutet außerdem an, daß Ihr Erfolg wenigstens teilweise darauf zurückzuführen ist, daß Sie früher Gutes getan haben – Sie erhalten es jetzt in Form von gutem Willen zurück.

Beim Kartenlegen

Aufrecht (positiv): Erfolg, meist finanzieller Art, ein profitables Unternehmen oder Geschäft, Lohn für getane Arbeit und Zufriedenheit, allmähliches Wachstum des Unternehmens, Glück, guter Wille des Fragestellers und seiner Mitmenschen.

Verkehrt (negativ): Geldsorgen, vor allem wegen einer unklugen Ausgabe oder eines Kredits, den der Fragesteller jemandem gegeben hat und der möglicherweise nicht zurückgezahlt wird. Ihre Sorgen sind begründet; seien Sie jetzt auf der Hut. Schwere Verluste im Spiel, Pech.

Acht der Münzen

Die Acht der Münzen sagt, daß Sie wissen, wohin Sie jetzt gehen und wie Sie dort hingelangen, auch wenn Sie sich dessen nicht bewußt sind.

Bedeutung

Wieder einmal sind Kunstfertigkeit und Wissen der Schlüssel zum Erfolg; aber hier liegt der Erfolg näher. Die Acht sagt, daß Sie wissen, wohin Sie jetzt gehen und wie Sie dort hingelangen. Ob Sie sich dessen bewußt sind oder nicht: Sie verfügen über die Fertigkeiten, die Sie brauchen – wenden Sie sie an! Der Erfolg beruht hier auf Ihrer Ausbildung und Erfahrung. Sie haben sich die Position, die Sie einnehmen oder bald einnehmen werden, durch Fairneß und Klugheit verdient.

Beim Kartenlegen

Aufrecht (positiv): Sie gewinnen Einsicht durch Erfahrung, und Sie sind sich Ihres Zieles sicher. Eine Stellung, ein Auftrag, ein neues Geschäft. Ihre Fertigkeiten zahlen sich aus, und Sie lernen Neues dazu. Ihre Arbeit wird gut entlohnt.

Verkehrt (negativ): Der Fragesteller weiß nicht, in welche Richtung er gehen soll, oder er hat noch kein Ziel; vielleicht mangelt es ihm an Ehrgeiz. Er ist schlauer, als es gut für ihn ist, und neigt zu Verschlagenheit und Intrigen. Eitelkeit, Gier, falsche Schmeicheleien, Heuchelei.

Neun der Münzen

Die Neun der Münzen bedeutet Ordnung, Sicherheit und die Weisheit und Erfahrung, die Sie brauchen, um Ihre Probleme zu lösen.

Bedeutung

Die Neun der Münzen bedeutet Erfolg, Ordnung, materielle Sicherheit und stabile Beziehungen. Im Gegensatz zur Drei der Münzen, die Ihnen riet, sich jetzt nicht auszuruhen, zeigt die Neun Ihnen die Früchte des Erfolgs. Sie haben die Weisheit und Erfahrung, die Sie brauchen, um Ihre Angelegenheiten zu ordnen und alle künftigen Probleme zu lösen. Sie haben Ihre Ziele erreicht, oder Sie werden sie bald erreichen.

Beim Kartenlegen

Aufrecht (positiv): Ordnung und Disziplin, Fülle, materieller Wohlstand; die Fähigkeit zu planen; Sicherheit, Klugheit, Erfolg, Weisheit; manchmal Erholung oder ein wohlverdienter Urlaub.

Verkehrt (negativ): falscher Glaube, Täuschung, Betrug; wertlose oder schlechte Pläne.

Zehn der Münzen

Die Zehn der Münzen bestätigt, daß Sie familiär und beruflich in gesicherten Verhältnissen leben und daß Ihre Zuversicht berechtigt ist.

Bedeutung

Diese Karte geht noch einen Schritt weiter als die Neun. Sie leben familiär und beruflich in gesicherten Verhältnissen und halten die Früchte Ihrer Arbeit in den Händen. Ihre Zuversicht ist berechtigt, und das Ansehen, das Sie genießen, ist wohlverdient. Die Karte ist auch ein Hinweis auf eine Erbschaft oder ein Vermächtnis.

Beim Kartenlegen

Aufrecht (positiv): Familie und Beruf sind gesichert; Zuversicht, Gewinne, Ehre; Sie legen Wert auf das Familienleben, und Sie haben auch Zeit für persönliche Angelegenheiten. Eine Erbschaft, Geschenke, Rente, Wohlstand.

Verkehrt (negativ): Zufall, Ungewißheit, Verluste, vielleicht der Tod; Raub, Spiel, Gefahr. Verlassen Sie sich nicht auf Ihr Glück – es ändert sich wie das Wetter.

Stäbe

Die Reihe der Stäbe

Die vierte und letzte Reihe des Kleinen Arkanums sind die Stäbe. Sie verheißen den größten Ruhm.

Diese Reihe bezieht sich meist auf das Geschäft oder die finanziellen Angelegenheiten des Fragestellers, aber in anderer Hinsicht als die Münzen. Stäbe symbolisieren das Potential, den Ehrgeiz und den persönlichen Einsatz, die zum Erfolg führen.

Ursprünglich waren die Stäbe das Symbol der Bauern und Leibeigenen, die in der mittelalterlichen Gesellschaft den geringsten Einfluß hatten. Ein Bauer hatte wenig persönliche Freiheit, und jedes Mitglied einer höheren Schicht konnte sein Leben durcheinanderbringen. Hoffnung auf ein besseres Leben gab es nicht. Zwischen den Schichten lag ein Abgrund, der von der Oberschicht erzwungen und von der Unterschicht akzeptiert wurde.

Leibeigene waren Sklaven. Sie waren an das Land gefesselt, auf dem sie geboren waren. Kein Leibeigener durfte dieses Land ohne ausdrückliche Genehmigung seines Herrn verlassen. Ein Leibeigener mußte jederzeit und ohne Lohn Dienste leisten und mußte einen Teil dessen, was er verdiente und erzeugte, an seinen Herrn abgeben. Selbst sein – oder ihr – Körper gehörte dem Gutsherrn, der ihn nach Belieben benutzen oder wegwerfen durfte.

Andererseits hatte der Leibeigene auch gewisse Rechte. Sein Herr war gesetzlich verpflichtet, ihn zu schützen und medizinisch zu versorgen, wenn es notwendig war. Meist hatte der Leibeigene auch ein Recht auf das Land, das er bewirtschaftete, und der Herr durfte es ihm nicht willkürlich wegnehmen. Wenn ein Leibeigener nicht mehr arbeiten konnte, weil er alt oder gebrechlich war, sorgte der Gutsherr für ihn (manchmal sogar, wenn der Leibeigene faul war). Die Leibeigenen hatten zwar keine persönliche Freiheit, aber eine gewisse soziale Sicherheit, die keine andere Schicht, nicht einmal der Adel, besaß.

Daher war es doppelt riskant, vom Gut wegzulaufen. Man konnte eingefangen und bestraft werden, und ein Leben auf eigenen Füßen war unsicher. Ein Leibeigener, der streikte, um Freiheit zu erlangen, brauchte nicht nur Mut, sondern auch eine Initiative, die geborenen Sklaven normalerweise abgeht.

In der heutigen Zeit symbolisieren die Stäbe jene, die «benachteiligt» waren – Arme, Angehörige einer diskriminierten Gruppe oder Behinderte – und dennoch Erfolg hatten. Auf der persönlichen Ebene sind die Stäbe das Symbol des Selfmade-Mannes oder seines weiblichen Gegenstücks, also jener Menschen, die sich ohne fremde Hilfe, vielleicht sogar gegen aktiven Widerstand an den eigenen Haaren aus dem Sumpf gezogen haben. Diese Menschen haben gewöhnlich Sympathie für andere, die sich ebenfalls abrackern, um sich nach oben zu arbeiten. Sie verstehen, was Sie durchmachen, und sind bereit, Ihnen Rat und Hilfe zu geben. Im Gegensatz zu den Kelch-Menschen lohnt es sich, den Rat der Stäbe-Menschen zu beherzigen; er gründet nicht auf blinder Liebe, sondern auf eigener Erfahrung. Diese Menschen wissen, worüber sie reden, vor allem, wenn es darum geht, wie man erfolgreich ist.

Stäbe symbolisieren Menschen mit Initiative, vor allem jene, die «ganz unten» angefangen und sich wider alle Erwartung durchgesetzt und Reichtum und Ansehen erworben haben. Ein Stäbe-Mensch ist intelligent, begabt, ehrgeizig und fleißig. Man kann sich darauf verlassen, daß er genau das tut, was er ankündigt – entweder Gutes oder Schlechtes, entweder für oder gegen einen anderen.

Ein Stäbe-Mensch hat nicht nur den Willen, sondern auch das Know-How, um seine Ziele zu erreichen.

Oft (aber nicht immer!) verhalten Stäbe-Menschen sich wie typische Neureiche: Sie tragen extravagante Kleider, lieben den Luxus und neigen dazu, mit ihren Errungenschaften zu prahlen. Sie werden dafür vor allem von Leuten kritisiert, die ihre Position nicht erarbeitet, sondern geerbt haben.

Stäbe-Menschen, die sich so auffällig verhalten, genießen einfach, was sie erreicht haben. Sie haben für ihren Erfolg hart gearbeitet und sind jetzt großzügig zu anderen und zu sich selbst.

Wenn die Stäbe auf eine Situation anspielen, dann ist diese erfolgversprechend. Der Fragesteller hat die Fähigkeit oder die Gelegenheit, Hindernisse zu überwinden. Die Karten können auch Menschen oder Umstände beschreiben, die den Fragesteller begünstigen und ihm helfen. Sie versprechen zudem Glück in gewissem Umfang: Günstige Gelegenheiten bieten sich, sofern Sie sie wahrnehmen und dafür bereit sind. Die Stäbe beziehen sich zwar meist auf Geschäfte oder Finanzen; aber Ihr «Geschäft» kann jedes Projekt sein, das Sie erfolgreich durchziehen wollen, einerlei, ob es dabei um Geld geht oder nicht.

Wenn die Stäbe den Fragesteller symbolisieren, besitzt er die Qualitäten dieser Reihe und kann sich in der Situation, um die es geht, auf seine Erfahrung, sein Wissen und seinen Instinkt verlassen. Er hat bereits Erfolg, oder er kann aus eigener Kraft erfolgreich sein. Wenn der Fragende noch Anfänger ist, können Sie ihm zusichern, daß er letztlich seine gesetzten Ziele erreichen wird. Der Fragende ist ein netter Mensch, oder sein Erfolg wird ihn sympathischer machen.

Schwerter und Kelche sind ebenso Schwesterreihen (-farben) wie Münzen und Stäbe. Münzen sind die Reihe des Reichtums, Stäbe die Reihe des persönlichen Erfolges. Außerdem symbolisieren die Stäbe Unternehmungen und weltlichen Ruhm, in der Regel auch finanziellen Erfolg. Sie deuten aber auch an, daß Sie Ihr Potential voll ausschöpfen können. Ob Sie daraus auch finanzielle Gewinne schöpfen, hängt von den Umständen ab; doch der wahre Lohn, den diese Reihe verspricht, ist persönlicher Erfolg, gleichgültig, wie Sie ihn definieren.

Beschreibung des Reihensymbols

Die Stäbe werden sehr unterschiedlich dargestellt, und mehr als bei anderen Reihen variiert ihre Form sogar innerhalb desselben Decks. Manchmal handelt es sich um polierte und gedrechselte Gebilde mit kunstvollen oder gerundeten Enden. Mitunter sind es Stäbe aus lebendigem Holz mit Blättern und/oder Blüten wenigstens an einem Ende. Wieder andere sind schwere, grob geformte, an einem Ende verdickte Keulen. Dieser Typ ist oft eine Kombination der anderen zwei. Es kann zum Beispiel sein, daß auf dem As eine Keule abgebildet ist, auf den anderen Karten schlanke Stäbe.

Wenn auf der Karte ein dünner Stock zu sehen ist, symbolisiert er anhaltendes Wachstum. Polierte Stäbe sind das Symbol des Erfolges. Die schweren Keulen symbolisieren wahrscheinlich die groben Wurzeln eines Menschen und seine Bereitschaft, für seinen Aufstieg zu kämpfen. Alle drei Grundformen sind – auch als Kombination – das Symbol der guten Leistung und des verdienten Erfolges.

Die Hofkarten

Stäbe symbolisieren finanziellen oder persönlichen Erfolg, Initiative und manchmal einfach nur Glück.

König der Stäbe

Der König der Stäbe ist ein angesehener und reicher Mann. Er fordert Sie auf, geschäftlich aktiv zu werden.

Beschreibung

Auf den meisten Karten ist der König der Stäbe ein vornehmer, würdig aussehender Mann, der auf einem Thron sitzt. Manchmal trägt er eine Krone oder eine Rüstung. Auf einigen Karten ist er wie ein König angezogen, auf anderen sieht er wie ein wohlhabender Kaufmann aus. Er ist offensichtlich zufrieden mit sich selbst und seiner Stellung. Sein Stab ist ein langer Stock, der beinahe seine Höhe hat, und er hält ihn entweder in der Hand oder lehnt ihn an seine Schulter. Dies ist ein Mann, der stolz auf sich ist.

Bedeutung

Der König der Stäbe erinnert an einen angesehenen und wohlhabenden Mann, der beruflich und in finanziellen Angelegenheiten Hervorragendes leistet. Meist stammt er aus bescheidenen Verhältnissen und verdankt seinen Erfolg entweder einem glücklichen Zufall oder, häufiger, seiner Intelligenz und Entschlossenheit. Wahrscheinlich ist er ein Mann, den der Fragesteller wegen seiner Position und seines Erfolges bewundert. Er hat diese Bewunderung verdient; sein Wort gilt etwas, und man kann ihm vertrauen. Wenn der Fragende ein Mann ist, kann der König einen Rivalen symbolisieren, der jedoch großzügig und ehrlich ist. Wenn Sie eine Fragestellerin beraten, ist dieser Mann entweder ein Verwandter oder ein enger Freund der Familie und immer ein guter Ratgeber.

Diese Karte kann auch eine vielversprechende oder zumindest faire Situation symbolisieren. Die Zeit ist günstig, um geschäftlich aktiv zu werden.

Beim Kartenlegen

Aufrecht (positiv): ein angesehener und wohlhabender Mann, der dem Fragenden freundlich gesonnen und bereit ist, ihm mit Rat oder Geld zu helfen. Er ist ehrlich, gewissenhaft und intelligent. Wenn er ein Konkurrent ist, dann ist er fair und großzügig. Ist er ein Freund, sollten Sie auf seinen Rat hören. Die Karte kann auch eine «ehrliche Situation» beschreiben: Die Dinge sind so, wie sie scheinen. Vielleicht erhalten Sie bald gute Nachrichten (Erbschaft, berufliche Fortschritte, Erfolg in einem – meist finanziellen oder geschäftlichen – Unternehmen) und unerwartete Hilfe.

Verkehrt (negativ): ein wohlhabender, asketischer, aber toleranter Mann mit Autorität. Er wird nicht zögern, Ihnen zu helfen, und er behindert Sie auch nicht; aber er schätzt es, wenn Sie sich selbst ebenfalls Mühe geben. Sie müssen hart arbeiten, um erfolgreich zu sein; doch diesmal sind die Umstände günstig. Vielleicht bekommen Sie wenig Hilfe; aber nichts und niemand versucht, Sie aufzuhalten.

Königin der Stäbe

Die Königin der Stäbe symbolisiert eine ehrbare, intelligente, freundliche Frau, eine Vertraute oder wertvolle Hilfe.

Beschreibung

Auf vielen Karten steht die Königin. Mit der rechten Hand hält sie einen Stab, der bis zum Boden reicht. Manchmal sitzt sie auf einem Thron. In beiden Fällen wird sie vom Stab überragt. Ob sie eine Krone trägt, hängt davon ab, ob sie als Königin oder als gut gekleidete Frau dargestellt wird. Oft hält sie in der linken Hand ein anderes Symbol, mitunter ein kurzes Szepter, eine Schriftrolle oder eine große Blume (häufig eine Sonnenblume). Wie der König ist sie entspannt und mit sich und ihrer Stellung zufrieden.

Bedeutung

Die Königin der Stäbe erinnert an eine wohlhabende Frau. Sehr wahrscheinlich hat sie ihr Geld und ihren Besitz selbst verdient und war daher nicht auf ihren Ehemann angewiesen. Sie liebt den Luxus, zieht sich gut an und hat Freude am materiellen Besitz.

Sie kann großzügig und liebevoll sein. Ihre Persönlichkeit ist etwas anziehender als die des Königs, und sie kümmert sich besser um die Leute, denen sie helfen will oder die sie liebt. In persönlichen Beziehungen ist sie ebenso vernünftig und praktisch wie im Geschäft. Sie erwartet Gegenleistungen, wenn sie gibt: Liebe für Liebe, fast wie auf dem Markt. Sie ist jedoch aufrichtig, wenn sie Liebe gibt. Wenn der Fragende ein Mann ist, symbolisiert die Königin möglicherweise seine Ehefrau oder die Frau, die er heiraten sollte (vor allem, wenn er finanziell erfolgreich sein möchte und eine gute Partnerin braucht). Für eine Frau ist die Königin das Symbol einer langjährigen Vertrauten und Freundin.

Wenn diese Karte sich auf eine Situation bezieht, ist die Zeit günstig für ein neues Projekt, vor allem, wenn es mit Finanzen zu tun hat. Sie können dabei mit wertvollem Rat und Hilfe rechnen. Die Karte ist auch ein Hinweis darauf, daß Sie über die Eigenschaften verfügen, die Sie für den Erfolg Ihres Vorhabens benötigen.

Beim Kartenlegen

Aufrecht (positiv): eine ehrbare, freundliche, intelligente Frau, die den Luxus liebt; eine Geschäftsfrau oder eine Frau mit Vermögen; eine Frau, die mit Geld umgehen kann, zum eigenen Vorteil und zum Vorteil der Familie. Sie empfindet Sympathie für den Fragesteller und ist bereit, ihm mit Geld oder Rat zu helfen; sie ist sparsam, seriös und eine gute Beraterin. Die Zeit ist günstig für ein wichtiges Projekt, vor allem im geschäftlichen oder finanziellen Bereich.

Verkehrt (negativ): eine gefährliche Feindin, die nicht emotional, sondern intelligent handelt. Sie ist besonders gefährlich, wenn ihre Position, ihr Geschäft oder ihre Familie bedroht sind. Die Karte kann auch eine Warnung vor gefährdeten geschäftlichen oder persönlichen Beziehungen sein – treten Sie niemandem auf die Zehen, wenn es sich vermeiden läßt. Betrug, Untreue, Eifersucht; Gier, Geiz.

Ritter der Stäbe

Der Ritter der Stäbe symbolisiert einen vertrauenswürdigen, treuen jungen Mann und sagt eine Reise, einen Umzug, oder eine berufliche oder private Veränderung voraus.

Beschreibung

Auf den meisten Karten ist ein junger Mann auf einem galoppierenden oder sich aufbäumenden Pferd zu sehen. Manchmal trägt er den Stab wie eine Waffe (oft ist es ein Knüppel) und greift einen Feind an oder verjagt ihn. Auf anderen Karten scheint er eher zu prahlen oder den Stab oder Knüppel zu bewundern.

Bedeutung

Wenn diese Karte eine Person symbolisiert, dann handelt es sich um einen jungen Mann, der für den Fragesteller ein hilfreicher Verwandter oder Freund ist. Wiederum besitzt er die gleichen Eigenschaften wie seine symbolischen Eltern: Er ist vertrauenswürdig, selbstlos und treu, und er ist bereit, für Sie ein Opfer zu bringen. Die Karte kann auch eine Reise, einen Umzug oder eine Veränderung in den persönlichen Beziehungen ankündigen.

Beim Kartenlegen

Aufrecht (positiv): ein Freund oder Verwandter, der bereit ist, dem Fragesteller zu helfen. Er ist ein junger Mann mit reifem Verhalten und fast instinktivem Verständnis für geschäftliche und finanzielle Dinge. Ausbildung und Erfahrung befähigen ihn, seinen Besitz zu mehren. Sie können seinem Rat vertrauen und seine Hilfe annehmen. Die Karte sagt auch einen Ortswechsel voraus, zum Beispiel eine Reise.

Verkehrt (negativ): Streit, Uneinigkeit in persönlichen Beziehungen, Trennung, Flucht.

Bube der Stäbe

Der Bube der Stäbe sagt voraus, daß Sie eine Nachricht von einem jungen Freund oder eine Information erhalten, die Ihr derzeitiges Projekt beeinflußt.

Beschreibung

Die meisten Karten zeigen einen jungen Mann in einer Landschaft. Er stützt sich lässig auf einen Stab oder Stock, der ihn gewöhnlich überragt. Er hält den Stock mit einer Hand fest, auf manchen Karten mit beiden Händen, und fast immer betrachtet er seine Spitze (es sei denn, es handelt sich um einen kurzen Knüppel). Der Bube ist gut angezogen; seine Kleider ähneln denen des Königs und der Königin.

Bedeutung

Der Bube der Stäbe kann einen jungen Mann oder eine junge Frau mit den gleichen Eigenschaften wie der König und die Königin symbolisieren. Er oder sie ist wahrscheinlich sensibel und treu. Die Karte verspricht eine Nachricht oder Botschaft, die von einem jungen Freund oder Verwandten kommt. Es kann sich auch um eine Information oder ein Ereignis handeln, das ihr derzeitiges Projekt nachhaltig beeinflussen wird. Wenn die Karte auf dem Kopf steht oder der Spread ungünstig ist, kann der Bube der Stäbe ein Hinweis auf einen Rivalen sein.

Beim Kartenlegen

Aufrecht (positiv): Hilfe oder moralische Unterstützung durch einen jungen Freund oder Verwandten. Er steht Ihnen auch zur Verfügung, wenn Sie in einer geschäftlichen oder familiären Angelegenheit einen Zeugen brauchen. Ein treuer Freund, ein geliebter Mensch. Rechnen Sie mit einer Botschaft. Vielleicht schließen Sie einen günstigen Vertrag.

Verkehrt (negativ): Jemand will haben, was Sie haben, und darum können Sie dem oder der Betreffenden nicht trauen. Ein gefährlicher Rivale. Schlechte Nachrichten, Instabilität, Unentschlossenheit, Schmeicheleien, die Sie unvorsichtig machen.

Die Zahlenkarten

Die folgenden zehn Karten sind Zahlenkarten.

As der Stäbe

Das As der Stäbe symbolisiert einen Anfang, eine Erbschaft, Zufriedenheit und Triumph.

Beschreibung

Auf fast allen Karten ist eine Hand zu sehen, die den Stab am unteren Ende festhält (auch dann, wenn die Asse der anderen Reihen schmucklos sind). Manchmal ragt diese Hand aus einer Wolke, und auf fast allen Karten ist der Stab keulenförmig oder hat zumindest einen dicken Knoten an einem Ende – ein Symbol der Entschlossenheit und der Bereitschaft zu kämpfen, wenn es nötig ist. Meist wachsen Zweige und Blätter aus dem Stab, oder sie schweben neben ihm. Sie symbolisieren neues Wachstum, obwohl oder weil sie von ihren Wurzeln getrennt sind.

Bedeutung

Der Beginn eines Projekts, höchstwahrscheinlich im geschäftlichen oder finanziellen Bereich. Eine Schöpfung, Erfindung und/oder deren Quelle, eine Geburt, meist eines Geschäftes oder einer Idee; vielleicht eine Erbschaft (Geld oder Grundstück); die Fähigkeit, das begonnene Projekt erfolgreich zu beenden. Auch die seelische Verfassung des Fragestellers ist gut; er ist zufrieden oder er triumphiert. Die Karte hat eine ähnliche Bedeutung wie das As der Schwerter, aber positiver. Sie spielt nicht auf die Niederlage von Feinden an, sondern auf gebrochene Fesseln und überwundene Hindernisse, auf errungene Freiheit, die einen neuen Anfang ermöglicht.

Beim Kartenlegen

Aufrecht (positiv): der günstige Start eines neuen Geschäftes oder Unternehmens, auch eine geeignete Zeit dafür. Die Umstände sind ebensogut wie die Idee und die Planung. Das Gefühl der Zufriedenheit und des Triumphs.

Verkehrt (negativ): Ruin oder Niedergang. Das begonnene Projekt war entweder schlecht geplant, oder es fehlte Ihnen an Informationen oder an der Eignung, oder der Zeitpunkt war schlecht gewählt. Vielleicht waren Sie auch nicht in der richtigen seelischen Verfassung. Der Spread kann zum Beispiel zeigen, daß Sie zwar fähig sind, Ihre Pläne zu verwirklichen, daß Sie jedoch nicht genug Selbstvertrauen besitzen. Wenn Sie nichts dagegen tun, werden Sie scheitern.

Zwei der Stäbe

Die Zwei der Stäbe sagt ein unerwartetes Ereignis, Verluste oder ein Scheitern Ihres neuen Projektes voraus.

Bedeutung

Die Zwei der Stäbe ist keine günstige Karte. Etwas Unerwartetes wird geschehen. Dieses Ereignis stört Ihre Pläne, zumindest werden Sie davon überrascht. Es könnte Verluste oder ein Scheitern Ihres neuen Projektes bedeuten.

Allerdings sind einige Deuter ganz anderer Meinung. Sie behaupten, die Zwei der Stäbe verkünde Wohlstand, Besitz, Glück und Pracht. Aber die meisten stimmen darin überein, daß sie zugleich Unglück voraussagt.

Beim Kartenlegen

Aufrecht (positiv): unvorhergesehene Probleme mit Ihrem neuen Projekt, Hindernisse und Widerstand, vielleicht durch Leute, auf deren Unterstützung Sie gezählt hatten; möglicherweise

Geldverlust, eine gescheiterte Ehe oder Partnerschaft, Unzufriedenheit mit der Situation oder dem Projekt, Ärger, ein Erfolg, der zum Mißerfolg wird.

Verkehrt (negativ): eine Überraschung, starke Gefühle. Ob es sich um eine angenehme Überraschung handelt oder nicht, verraten die Nachbarkarten – sehr wahrscheinlich bringt sie Ihnen Verdruß.

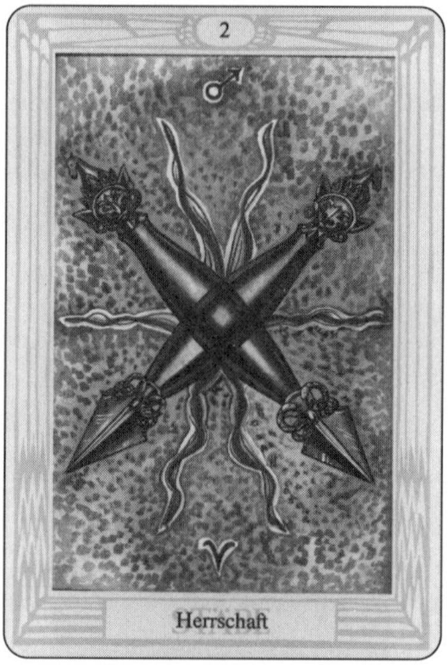

Drei der Stäbe

Die Drei der Stäbe weist darauf hin, daß Sie Ihre Probleme lösen können, wenn Sie intelligent handeln und gelassen bleiben.

Bedeutung

Die Drei der Stäbe weist darauf hin, daß Sie Ihre Probleme lösen können, wenn Sie intelligent handeln und gelassen bleiben. Gehen Sie nicht impulsiv vor – Sie wissen, was zu tun ist. Nutzen Sie Ihre Erfahrung und Ihre Vernunft.

Sie haben Ihre Probleme selbst verursacht; wenn Sie Ihre Minderwertigkeitsgefühle überwinden und verantwortungsbewußt handeln, können Sie alle Schwierigkeiten überwinden. Wenn andere Ihre Probleme verursacht haben, können Sie sie dennoch lösen, sofern Sie das Heft ab sofort fest in die Hand nehmen. Wahrscheinlich werden Ihnen dabei Leute helfen, die mit Ihren Problemen nichts zu tun haben.

Beim Kartenlegen

Aufrecht (positiv): wenn Sie sich würdevoll verhalten, wirft Ihr Geschäft oder Projekt Gewinne ab. Vielleicht hilft Ihnen ein Berater oder Geschäftspartner. Die Karte bezeichnet Zusammenarbeit und Reife als Schlüssel zum Erfolg. Sie können eine solide Grundlage schaffen.

Verkehrt (negativ): Ihre Probleme sind gelöst; Ärger und Streit sind vorbei, zumindest zeitweilig. Eine Weile geht alles glatt.

Vier der Stäbe

Die Vier der Stäbe verkündet, daß Ihre Probleme gelöst sind. Entspannen Sie sich, und genießen Sie das Leben eine Weile.

Bedeutung

Sie sind beinahe erleichtert. Sie haben eine schwere Zeit hinter sich; dann wurden Ihre Probleme plötzlich gelöst. Jetzt wollen Sie sich entspannen und eine Zeitlang das Leben genießen. Diese Karte sagt Freude, Harmonie im Beruf und im Privatleben sowie fröhliche Geselligkeit voraus.

Beim Kartenlegen

Aufrecht (positiv): Freude und Spaß, Vergnügen, das man für Geld kaufen kann; eine materielle Lebensauffassung; Sie geben Ihr Geld für Dinge aus, die Sie haben wollen; Harmonie mit den Mitmenschen; Wohlstand und Bequemlichkeit.

Verkehrt (negativ): fast die gleiche Bedeutung; aber Ihr Verhalten ist etwas weniger extravagant und weniger teuer. Sie sind mit Ihrer Arbeit zufrieden. Wohlstand; Ihr Besitz oder Ihr Geschäft wird größer.

Fünf der Stäbe

Die Fünf der Stäbe bedeutet Gier, das Streben nach Profit in Konkurrenz mit anderen und Elend.

Bedeutung

Nachdem Sie einige Zeit Geld mit vollen Händen ausgegeben und dabei wenig Reife bewiesen haben, versuchen Sie jetzt, mehr Geld oder materiellen Besitz zu erwerben. Es geht nicht einfach darum, daß Sie Ihr Geschäft erweitern wollen – Sie streben gierig nach Profit. Rechnen Sie für einige Zeit mit Entbehrungen als Folge dieses Kampfes. Vielleicht können Sie durch diese Kraftanstrengung Dampf ablassen. Wenn andere die Ursache Ihrer Schwierigkeiten sind, müssen Sie gegen sie kämpfen, um zu behalten, was Sie haben.

Manchmal kündigt diese Karte auch Gold, Gewinne oder Reichtum an, allerdings nur, wenn der Spread insgesamt günstig aussieht.

Beim Kartenlegen

Aufrecht (positiv): gieriges Streben nach Geld oder materiellen Gütern («Weil Müllers es auch haben»); unreife Entscheidungen oder Ziele, Not.

Verkehrt (negativ): der Wettbewerb ist weder fair noch ehrlich. Rechnen Sie mit Tricks, Streit und sogar Prozessen.

Sechs der Stäbe

Die Sechs der Stäbe bringt sehr gute Neuigkeiten: eine Botschaft der Hoffnung und des Sieges. Sie kann auch Geschenke ankündigen.

Bedeutung

Auch hier kann der Fragende mit Neuigkeiten rechnen; doch in diesem Fall sind sie gut. Rechnen Sie mit einer Botschaft der Hoffnung und des Sieges. Die Karte kann auch Geschenke ankündigen. In beiden Fällen wird sich etwas ereignen, worauf Sie gehofft haben.

Beim Kartenlegen

Aufrecht (positiv): gute Nachrichten, eine erfüllte Hoffnung, Geschenke. Sie erringen einen bedeutenden Sieg. Sie haben Ihre Angelegenheiten erfolgreich geregelt und werden bald den Lohn und die Anerkennung für Ihre Mühe ernten.

Verkehrt (negativ): Verzögerungen, deren Ursache sehr wahrscheinlich Verrat ist. Ihre Befürchtungen bewahrheiten sich. Bereiten Sie sich auf einen Kampf vor – der Feind steht vor den Toren. Untreue, Hindernisse, die Ihr Projekt zu Fall bringen können.

Sieben der Stäbe

Die Sieben der Stäbe sagt voraus, daß Mut und Entschlossenheit zum Erfolg führen.

Bedeutung

Die Sieben der Stäbe sagt voraus, daß Mut und Entschlossenheit zum Erfolg führen; sie verspricht Gewinne. Manche Deuter bezeichnen diese Karte als «Schatzkarte». Sie haben Ihre Konkurrenten geschlagen und sind Sieger. Wenn diese Karte die Antwort auf eine Frage ist, kann sie auch bedeuten, daß der Zeitpunkt für ein gewagtes Spiel günstig ist, besonders wenn es um Geld geht.

Beim Kartenlegen

Aufrecht (positiv): finanzieller Gewinn, Erfolg. Sie verwirklichen Ihr Projekt zumindest teilweise. Sie werden Konkurrenz haben; aber Sie können siegen, wenn Sie mutig und entschlossen sind. Selbst wenn es so aussieht, als seien Sie ins Hintertreffen geraten, sind Sie noch im Vorteil.

Verkehrt (negativ): Die Karte fordert Sie auf, nicht zu zögern. Entscheiden Sie sich jetzt, und werden Sie aktiv. Sie sind verwirrt; doch in dieser Situation ist selbst falsches Handeln, wenn es mit Entschlossenheit einhergeht, besser als Untätigkeit. Dies ist keine gute Zeit für Unschlüssigkeit oder Zaudern.

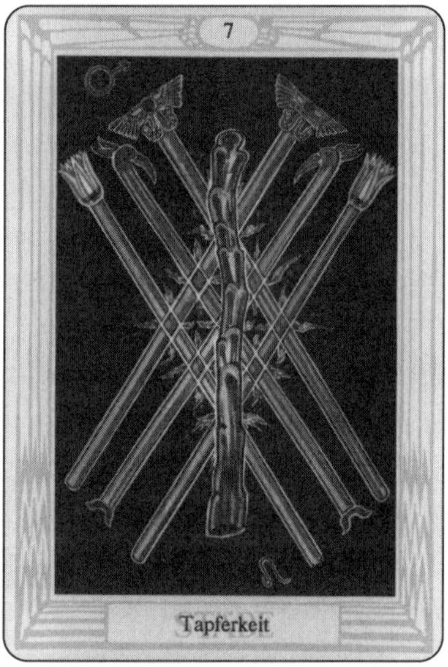

Acht der Stäbe

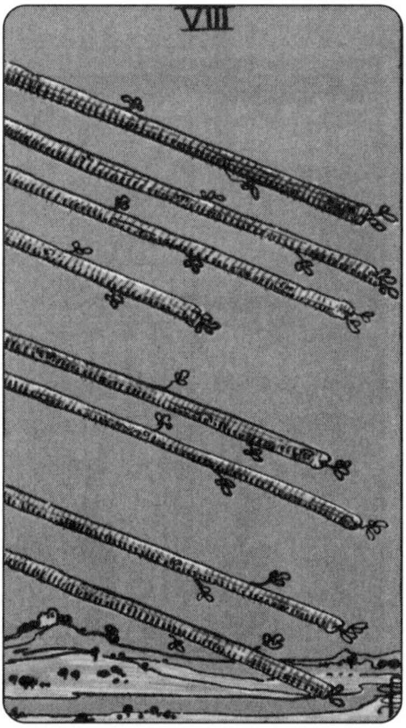

Die Acht der Stäbe sagt: Die Zeit ist günstig, um zu handeln, um hoffnungsvoll zu sein, um den nächsten Schritt zu planen.

Bedeutung

Streben Sie mit Macht auf Ihr Ziel zu – dies ist Ihr Augenblick. Der Erfolg ist Ihnen nahezu gewiß. Überstürzen Sie nichts; werden Sie einfach aktiv. Der Zeitpunkt ist günstig, um Ihren nächsten Schritt zu planen.

Seien Sie nicht nur auf die nächsten Ereignisse vorbereitet, sondern auch auf deren Folgen. Die Dinge geraten jetzt in Bewegung. Obwohl diese Reihe sich in der Regel auf Geschäft und Finanzen bezieht, kann die Acht der Stäbe auch auf eine beginnende Liebe hinweisen – Liebe zwischen Menschen, aber auch Liebe für Ihre Arbeit.

Beim Kartenlegen

Aufrecht (positiv): Es ist Zeit, aktiv zu werden und mit der nächsten Phase Ihres Projekts zu beginnen. Sie haben Grund, hoffnungsvoll zu sein und sich zu beeilen. Die Dinge sind in Bewegung – bewegen Sie sich mit ihnen. Die Karte kann auch Glück und eine beginnende Liebe bedeuten.

Verkehrt (negativ): Streit, Eifersucht, interne Auseinandersetzungen (zwischen Ehegatten, Geschäftspartnern usw.), Widerstand. Die Dinge sind noch in Bewegung; aber die Situation oder die Folgen können unangenehm sein. Seien Sie vorbereitet, und überlegen Sie jeden Schritt sorgfältig. Die Zeit ist nicht nur für Sie, sondern auch für andere reif, und das bedeutet, daß einer im Kampf verletzt wird.

Neun der Stäbe

Die Neun der Stäbe symbolisiert gute Arbeit, kluge Planung und Tapferkeit.

Bedeutung

Die Aufgabe ist bewältigt, die Arbeit ist getan. Sie haben Disziplin gelernt und zeichnen sich durch kluge Planung und Tapferkeit aus. Sie können mit Problemen umgehen (andere Karten sagen mehr darüber) und lassen sich von ihnen nicht entmutigen. Wenn Sie auf Widerstand stoßen, handeln Sie geschickt, kraftvoll und mutig.

Beim Kartenlegen

Aufrecht (positiv): die Fähigkeit, mit Problemen und Verzögerungen fertig zu werden, heftiger Widerstand gegen Unrecht, Selbstdisziplin, Ordnung, der erfolgreiche Abschluß Ihrer Projekte.

Verkehrt (negativ): Fehlschläge, Katastrophen. Vielleicht haben Sie aus Ihren Bemühungen nichts gelernt. Ihre Sturheit verhindert oder verzögert Ihren Erfolg. Geldverlust, Streit unter Freunden oder Partnern, Hindernisse und Verzögerungen. Rechnen Sie mit dem Schlimmsten.

Zehn der Stäbe

Die Zehn der Stäbe enthüllt, daß Sie sich alles zutrauen; aber sie warnt auch davor, den Erfolg für selbstverständlich zu halten.

Bedeutung

Sie glauben, Sie könnten alles erreichen und immer Sieger sein, und vielleicht gehen Sie deshalb große Risiken ein und erzielen hohe Gewinne. Sie gewinnen auch, wenn benachbarte Karten ungünstig sind; doch in diesem Fall sind Schwierigkeiten und Unheil die Folge.

Diese Karte warnt auch davor, den Erfolg für selbstverständlich zu halten. Ihr erstes Projekt ist gelungen, und Sie können noch mehr erreichen – aber es wird ebensoschwer werden wie beim erstenmal.

Beim Kartenlegen

Aufrecht (positiv): Glück, Gewinn, Erfolg, aber vielleicht mit unglücklichen Folgen. Bei Ihrem Projekt können Schwierigkeiten auftreten; doch Sie können sich durchsetzen. Ehre, Sicherheit, überwundener Widerstand.

Verkehrt (negativ): Intrigen und Probleme (zum Beispiel Prozesse oder Streitigkeiten). Verluste sind sehr wahrscheinlich, und wenn die Nachbarkarten ungünstig sind, können Sie alles verlieren, was Sie gewonnen haben. Verrat. Wenn diese Karte auf dem Kopf steht, die benachbarten Karten aber günstig sind, können Sie die negativen Einflüsse überwinden. In diesem Fall ist die Karte eine Warnung vor Problemen oder falschen Freunden.

Wahrsagen mit dem Tarot

Das Lesen der Karten

So deuten Sie das Schicksal

Es gibt viele verschiedene Möglichkeiten, die Tarotkarten zu lesen, und wir haben keinen Grund anzunehmen, daß ein System besser ist als das andere. Einige Tarotdeuter benutzen verschiedene Spreads für verschiedene Zwecke, andere bleiben bei einer Methode, weil sie der Meinung sind, daß sie damit am besten zurechtkommen.

Es liegt ganz bei Ihnen, für welches System Sie sich letztlich entscheiden. Solange Sie Antworten bekommen, ist Ihre Methode für Sie am besten geeignet.

Dieses Kapitel macht Sie mit den Grundlagen des Kartenlesens vertraut und erklärt dem Deuter und dem Fragesteller, wie sie möglichst viele Informationen aus den Karten herausholen. Im nächsten Kapitel beschreibe ich drei verschiedene Tarot-Spreads. Jedem Spread folgt eine Interpretation, die anhand eines Beispiels erläutern soll, wie man die Bedeutungen der einzelnen Karten findet und miteinander verknüpft. Beginnen wollen wir mit einigen grundlegenden Definitionen.

Zu jedem Kartenlegen gehören zwei Personen, selbst wenn Sie die Karten für sich selbst legen: einmal die Person, welche die Karten auslegt und deutet (Kartenleger, Seher oder Deuter genannt), und zum anderen derjenige, für den die Karten ausgelegt werden (der Fragende oder Fragesteller).

Beide wollen mehr über eine aktuelle oder bevorstehende Situation erfahren. Sie suchen nach Informationen, die sie auf normalem Wege nicht so leicht bekommen können. Die Tarotkarten können diese Informationen liefern, sofern Sie sie richtig lesen.

Noch bevor Sie die Karten auslegen, müssen Sie als Deuter dafür sorgen, daß der Fragesteller versteht, was vor sich geht. Wenn er mit dem Tarot vertraut ist, brauchen Sie ihm nicht viel zu erklären. Nur wenn Sie die Karten noch nie für ihn gelesen haben, müssen Sie ihm sagen, wie er mit den Karten umgehen und wie er seine Fragen formulieren soll. Während der Deutung können Sie ihm erklären, wie Ihr System arbeitet (d.h. was die einzelnen Karten bedeuten).

Wenn der Fragende sich nie zuvor die Karten hat legen lassen, müssen Sie ihm eine ganze Menge erklären. Sagen Sie ihm zunächst, welche Fragen der Tarot beantwortet und welche nicht. Sie können einfach sagen, daß der Tarot Informationen über die Vergangenheit, die Gegenwart und die Zukunft sowie über Situationen und Personen gibt. Aber er enthüllt keine Lottozahlen! Sorgen Sie dann dafür, daß der Fragende folgende wichtige Tatsachen über das Kartenlesen versteht:

1. Sie können ihm eine allgemeine Deutung geben; das heißt, Sie beschreiben lediglich, wie sein Leben derzeit aussieht, ohne daß er Fragen stellt. Wenn er jedoch ein Frage hat, muß er sie richtig formulieren. *Je präziser die Frage ist, desto präziser ist die Antwort.*

2. Die Karten sagen Ihnen, was Sie wissen müssen, gleichgültig, ob Sie eine Frage stellen oder nicht. Und sie sagen nicht unbedingt das, was Sie hören wollen.

3. Die Zukunft ist veränderlich. Sie erfahren also nicht Ihr bereits feststehendes Schicksal. Andernfalls wäre jedes Wahrsagen sinnlos und sogar deprimierend. Die Karten enthüllen, was

unter den gegebenen Umständen mit größter Wahrscheinlichkeit geschehen wird. Wenn die Frage richtig formuliert ist, verraten Sie Ihnen auch, warum diese Ereignisse wahrscheinlich eintreten werden, und sie raten Ihnen, was Sie tun sollen. Es bleibt dann dem Fragenden überlassen, die notwendigen Schritte zu unternehmen, damit die Voraussage eintrifft oder nicht eintrifft.

4. Es kommt vor, daß selbst eine sorgfältig formulierte Frage nicht beantwortet wird. Die Wahrscheinlichkeit dafür ist größer, wenn der Fragesteller sich noch nie die Karten hat legen lassen oder wenn er es zum letztenmal vor langer Zeit getan hat. Ich nenne das: «Wir unterbrechen das Programm für eine wichtige Durchsage.» In solchen Fällen ignorieren die Karten die gestellte Frage und befassen sich mit einer ganz anderen Situation. Immer, wenn ich das erlebt habe, war die Frage, die beantwortet wurde, sehr viel wichtiger als die nicht beantwortete. Es ist, als hätte etwas versucht, zum Fragesteller «durchzukommen» und ergreife nun die Gelegenheit beim Schopfe, den Tarot für die Kommunikation zu benutzen.
In diesem Fall sollten Sie das Kartenlesen dennoch abschließen und dem Fragenden möglichst viele Informationen geben. Wenn er dann noch auf seiner ersten Frage besteht (manchmal sind die Leute so erschüttert, daß sie gar nichts mehr fragen!), können Sie die Karten noch einmal legen, und meist erhalten Sie dann die Antwort auf die ursprüngliche Frage.

5. Mitunter erhalten Sie überhaupt keine Antwort auf eine Frage. Wenn wir einmal davon absehen, daß der Deuter einen schlechten Tag hat (niemand ist ununterbrochen hellsichtig!), gibt es in der Regel zwei Gründe dafür. Es kann sein, daß die Frage nicht präzise genug war. Die alte Regel «Wenn du eine Antwort willst, mußt du zuerst die Frage kennen» gilt auch für das Lesen der Tarotkarten. Formulieren Sie die Frage einfach

neu, und versuchen Sie es noch einmal. Mit der Zeit werden Sie lernen, wie man Fragen so formuliert, daß man eine optimale Auskunft bekommt.

Wenn die Karten nicht antworten wollen, kann es auch daran liegen, daß es für den Fragenden derzeit nicht gut ist, die Antwort zu kennen. Manchmal müssen wir uns einer Situation einfach anvertrauen, und manchmal ist es besser, wenn wir nicht im voraus wissen, wie sie ausgeht. Die Tarotkarten geben Ihnen alle Informationen, die zur Zeit verfügbar sind – und das heißt, alles, was der Fragesteller wissen darf.

Wenn die Karten eine Antwort verweigern, können Sie es später noch einmal versuchen, vielleicht in einigen Tagen oder Wochen. Möglicherweise hat die Lage sich dann so verändert, daß der Tarot bereit ist, Ihnen wenigstens einen Hinweis zu geben.

Es gibt noch einen dritten Grund für verwirrende oder (scheinbar) das Thema verfehlende Antworten. Er liegt meist dann vor, wenn Sie die Karten für sich selbst oder für einen Menschen legen, den Sie sehr gut kennen.

In diesem Fall bekommen Sie sehr wahrscheinlich eine genaue Antwort – aber Sie «hören nicht zu». Auch Tarotdeuter sind nur Menschen, und auch Sie neigen dazu, vorschnelle Urteile zu fällen oder Schlüsse zu ziehen, die sich weder auf Fakten noch auf Intuition stützen. Wenn Sie zuviel über den Fragesteller wissen oder davon überzeugt sind, viel zu wissen, neigen Sie zu Vermutungen, oder Sie lesen etwas in die Karten hinein, was gar nicht da ist. Dies ist der Hauptgrund dafür, daß es am schwersten ist, die Karten für sich selbst zu lesen – dennoch können Sie es lernen. Immerhin müssen Sie viel Zeit und Mühe in den Tarot investieren, und es wäre traurig, wenn Sie das Gelernte nicht zu Ihrem eigenen Nutzen anwenden könnten!

Wenn Sie für sich selbst oder für einen guten Freund Karten legen, müssen Sie den Deuter vom Fragenden trennen, also Ihr kritisches Bewußtsein «stillegen» und sich von den Karten führen lassen.

Denken Sie daran, daß Sie die Karten legen, weil Sie ein objektives Urteil über die Situation brauchen, nicht weil Sie selbst urteilen wollen. Legen Sie einfach die Karten so aus, wie Sie vor Ihnen liegen, und akzeptieren Sie, was sie Ihnen sagen, als seien es die Worte eines anderen Menschen.

Sehen wir uns nun einmal den Ablauf des Kartenlesens an. Einerlei, welches Tarotsystem Sie benutzen – in fast allen Fällen ist die erste Karte, die Sie auf den Tisch legen, die sogenannte *persönliche Karte* oder Personenkarte.

So finden Sie die persönliche Karte

Der Grundgedanke des Tarots ist, daß jeder Mensch das Zentrum seines eigenen Mikrokosmos ist. Darum legen Sie den Fragenden in die Mitte des Spreads, wenn Sie die Karten lesen wollen. Bevor Sie mischen, wählen Sie aus dem Deck eine Karte aus, die den Fragesteller symbolisiert oder, wenn dieser es wünscht, eine andere Person oder eine Situation beschreibt. Diese Karte ist die Personenkarte.

Es gibt verschiedene Möglichkeiten, diese Karte auszuwählen. Manche Deuter nehmen eine oder zwei Karten des Großen Arkanums, den Magier, wenn der Fragende ein Mann ist, und die Hohepriesterin, wenn sie die Karten für eine Frau lesen. Dadurch wird der Fragesteller oder die Fragestellerin zum zentralen oder bestimmenden Faktor der Situation, um die es geht.

Wenn Sie eine Personenkarte vorziehen, die den Fragesteller beschreibt, oder wenn die Frage sich auf einen anderen bezieht, können Sie eine der Hofkarten des Kleinen Arkanums verwenden.

Beginnen Sie mit der Wahl einer Karte, die zum Alter und Geschlecht der betreffenden Person paßt. Üblicherweise geht man dabei so vor: Für einen Fragenden ab vierzig Jahren nimmt man einen König, für einen jüngeren einen Ritter. Für eine Frau ab vierzig wählt man eine Königin, für eine jüngere einen Buben. Den Buben können Sie auch für Teenager und Kinder benutzen.

Was die Wahl der Reihe (Farbe) angeht, so haben Sie mehr Spielraum, aber auch mehr Entscheidungen zu treffen. Sie wollen ja diejenige Reihe auswählen, die der Persönlichkeit des Menschen, um den es geht, am besten entspricht.

Wenn Sie wissen oder spüren, was für eine Art Mensch Sie vor sich haben, wählen Sie die Reihe aus, die nach Ihrem Eindruck am besten zu seinem Charakter paßt. Die nächstbeste Lösung wäre, sich bei der Wahl nach seinem emotionalen Zustand zu richten. Sie können auch die Reihe nehmen, die sein Hauptanliegen symbolisiert. Und schließlich haben Sie noch die Möglichkeit, eine Reihe zu wählen, die der körperlichen Erscheinung des Fragestellers entspricht.

Wählen Sie die Reihe aber nur nach *einem* dieser Kriterien aus, und versuchen Sie nicht, sie alle in Einklang zu bringen. Eine energische Person sollte zum Beispiel von Schwertern repräsentiert werden, selbst wenn sie eine helle Hautfarbe hat. Wer geschäftliche oder berufliche Sorgen hat, bekommt am besten Stäbe als Personenkarte, auch wenn er schwarzhaarig und dunkelhäutig ist. Eine Wahl, die sich am Aussehen orientiert, ist nur eine Notlösung; es ist immer am besten, wenn Sie sich nach der Persönlichkeit richten.

Hier sind die traditionellen Richtlinien für die Auswahl der richtigen persönlichen Karte. Ich nenne die hellste Farbe zuerst, die dunkelste zuletzt, weil Sie sich die Beschreibungen dann leichter merken können.

Stäbe (Luft)

Körperliche Erscheinung: blondes oder helles, rotbraunes Haar, sehr helle Hautfarbe, blaue Augen.

Persönlichkeit oder emotionaler Zustand: ehrgeizig, ein Selfmade-Man, ein großzügiger Mensch, der sich für andere interessiert und ihnen helfen möchte, ein erfolgreicher, selbstsicherer Mensch, eine auffällig angezogene Person.

Hauptanliegen: berufliche Entscheidungen oder Fähigkeiten, Ehrgeiz; wie wahrscheinlich ist der Erfolg eines Projekts?

Kelche (Wasser)

Körperliche Erscheinung: etwas dunkler, blaue oder graue Augen und hellbraunes oder dunkelblondes Haar, helle, aber leicht gebräunte Haut.

Persönlichkeit oder emotionaler Zustand: liebevoll, zärtlich, meidet Streit, strebt immer nach Frieden; ein fauler oder gar lethargischer Mensch; freundlich, ausgeglichen, glücklich, angenehm, gütig.

Hauptanliegen: das Gefühlsleben oder der emotionale Zustand, eine Situation, in der Gefühle die Hauptrolle spielen, auch spirituelle Fragen.

Schwerter (Feuer)

Körperliche Erscheinung: dunkelbraunes Haar, haselnußbraune oder graue Augen, noch dunklere Haut.

Persönlichkeit oder emotionaler Zustand: ein dominanter oder herrschsüchtiger Mensch; stark, gesund und/oder energisch, tapfer; ungeduldig, wütend, rachsüchtig oder streitlustig (auch wenn diese Merkmale nur in der jetzigen Situation zutreffen); ein kalter, gefühlloser Mensch.

Hauptanliegen: der geistige oder intellektuelle Zustand, Entscheidungen, vor allem, wenn klares Denken ohne Rücksicht auf Gefühle erforderlich ist. Verwenden Sie diese Karte nur dann als Symbol für einen «Feind», wenn Sie eine Peronenkarte suchen, die nicht den Fragenden, sondern seinen Feind symbolisiert.

Münzen (Erde)

Körperliche Erscheinung: dunkelbraunes oder schwarzes Haar, dunkle Augen, fahle oder dunkle Haut.

Persönlichkeit oder emotionaler Zustand: derb, nicht spirituell, sehr materiell gesinnt, sehr reich; auch jemand mit Geldproblemen oder eine gutgekleidete Person.

Hauptanliegen: der körperliche Zustand, materielle Dinge, Geldprobleme, Besitz, Erbschaft.

Denken Sie daran, daß es sich nur um eine Anleitung handelt, die Sie benutzen können, bis Sie mit den Karten vertraut und im Deuten geschickter sind. Eines Tages werden Sie *wissen,* welche Karte den Fragesteller symbolisiert. Sie werden imstande sein, diesen Menschen richtig einzuschätzen und die Personenkarte «nach Gefühl» auszuwählen. Doch selbst als Anfänger sollten Sie diejenige Karte nehmen, die Ihrem Gefühl nach die richtige ist, selbst wenn die Wahl den obigen Empfehlungen widerspricht und wenn Sie nicht erklären können, warum Sie gerade diese Karte ausgesucht haben.

Manchmal ist es besser, eine Karte als Personenkarte zu wählen, welche die Situation oder die Frage beschreibt. In diesem Fall sollten Sie die Karte in dem Großen Arkanum suchen. Nehmen Sie diejenige Karte, die den Umständen am besten entspricht. Wenn es beispielsweise um Rechtsprobleme geht oder wenn der Fragende wissen will, ob ihm Gerechtigkeit widerfahren wird (was nicht unbedingt heißt, daß er gewinnt!), ist die Gerechtigkeit als persönliche Karte geeignet. Wenn der Fragesteller einen harten Kampf bestehen muß oder es mit Feinden oder Gegnern zu tun hat und wenn er wissen will, wie er sich verhalten soll, wählen Sie die Kraft. Beurteilen Sie nach bestem Wissen, ob die Grundbedeutung der Karte zur Situation paßt.

Mitunter steht die Personenkarte schon fest. Manche Spreads beantworten zwar die Frage, aber die abschließende Karte, die sagen sollte, «wie es ausgeht», ist unklar oder überraschend. Dann benutzen Sie diese Karte als Personenkarte, wenn Sie die Karten zum zweitenmal legen, um eine klare Antwort zu bekommen.

Das Austeilen der Karten

Sobald Sie die persönliche Karte ausgesucht haben, mischen Sie die Karten und heben ab. Das ist ziemlich einfach, wenn auch manche Deuter die Grundmethode abwandeln, sicherlich aus gutem Grund.

Ich kann hier nicht auf alle oder auch nur die meisten dieser Varianten eingehen; das würde Sie nur verwirren (ich weiß es, weil ich es probiert habe). Statt dessen möchte ich Ihnen nur die Grundmethode vorstellen, damit Sie anfangen können. Sollten Sie allerdings das Gefühl haben, diese Methode verbessern zu können, tun Sie es unter allen Umständen. Auch hier gilt: Die beste Methode ist diejenige, die immer wieder zutreffende Ergebnisse hervorbringt. Wenn Sie das im Kopf behalten, können Sie so vorgehen:

Legen Sie das Deck verdeckt auf den Tisch.

Nachdem Sie die Personenkarte entfernt haben, mischen Sie die Karten gründlich. Damit erreichen Sie zweierlei: Die Karten sind gut gemischt, und Sie «reinigen» das Deck von Einflüssen, die möglicherweise vom vorhergehenden Kartenlegen übriggeblieben sind. Versuchen Sie beim Mischen nicht, dafür zu sorgen, daß alle Karten in dieselbe Richtung zeigen. Denken Sie daran, daß eine Karte, die «auf dem Kopf steht» die Auslegung eines Spreads ändern kann.

Jetzt trägt der Fragesteller sein Anliegen vor. (Wenn es nur um ein allgemeines Bild geht, können Sie diesen Schritt auslassen.) Er sollte seine Frage so klar und präzise wie möglich formulieren und laut aussprechen.

Wenn es dem Fragenden schwerfällt, seine Frage zu formulieren, bitten Sie ihn, sein Problem zu erläutern, bis Sie genügend Einzelheiten kennen, um einen Formulierungsvorschlag zu machen. Entlocken Sie ihm nicht zu viele Informationen; denn Sie wollen die Antworten ja vom Tarot bekommen, nicht von Ihren Vorurteilen.

Mit der Frage im Kopf mischen Sie nun die Karten mindestens dreimal, wenn Sie es für notwendig halten (oder wenn Sie das Gefühl haben, daß das Deck noch nicht «richtig» ist), öfter. Diesmal kann auch der Fragesteller mischen. Wenn Sie selbst mischen, dann sollte es jedoch nicht daran liegen, daß der Fragesteller mit dem Kartendeck nicht umgehen kann. *Die Reihenfolge der Karten beim Auslegen ist nicht zufällig.* Selbst wenn die Karten ungeschickt gemischt werden, sind die ausgelegten Karten die richtigen.

Nach dem Mischen hebt der Fragende ab, einerlei, ob er gemischt hat oder nicht. Gewöhnlich hebt man zweimal ab, so daß man drei Päckchen erhält. Es ist gleichgültig, ob die Päckchen gleich groß sind.

Viele Tarotbücher empfehlen, die Karten mit der linken Hand abzuheben, weil die rechte oder dominierende Hand mehr mit bewußten Tätigkeiten befaßt ist, während die linke Hand besser auf die unbewußte oder übersinnliche Ebene eingestimmt ist.

Ich habe nichts darüber gelesen, ob ein Linkshänder mit der rechten Hand abheben soll. Selbst Deuter, die sich an diese Regel halten, räumen ein, daß sie keine Voraussetzung für genaues Wahrsagen ist. Probieren Sie es, und finden Sie selbst heraus, ob es Ihnen nützt.

Nachdem der Fragende die Karten abgehoben hat, nimmt der Deuter die drei Päckchen und legt sie in beliebiger Reihenfolge wieder aufeinander. Dann teilt er die Karten von oben nach unten aus, bis der Spread vollendet ist. Den Rest des Decks legt er beiseite; er spielt für die Deutung keine Rolle.

Sie können die Karten nacheinander aufdecken, während Sie sie deuten, oder Sie können sie alle auf einmal aufdecken, bevor Sie mit der Interpretation anfangen, um einen allgemeinen Eindruck von den wichtigsten Einflüssen zu erhalten. Drehen Sie die Karten von links nach rechts um, damit sie in die ursprüngliche Richtung zeigen. Das ist besonders wichtig, wenn Sie beim Deuten darauf achten, ob die Karten richtig oder verkehrt liegen.

Es ist unerheblich, ob der Fragende Ihnen gegenüber oder neben Ihnen sitzt. Beim Lesen hängt die relative Position der Karten davon ab, wo Sie sitzen; das heißt, Sie lesen so, wie *Sie* die Karten sehen.

Das Kartenlesen

Nun liegen also Ihre Karten zum Lesen bereit, und Sie müssen herausfinden, was sie Ihnen sagen wollen.

Dazu betrachten Sie zunächst jede Karte einzeln, anschließend berücksichtigen Sie die Nachbarkarten; denn sie beeinflussen die Bedeutung der einzelnen Karte – sie «stärken» oder «schwächen» sie, oder sie helfen, ihre Aussage zu verstehen.

Beachten Sie bitte beim folgenden Beispiel, daß es sich um eine Verallgemeinerung handelt. In der Praxis kommt es natürlich darauf an, welche Karten in welcher Position vor Ihnen liegen.

Der König jeder Reihe hat einen starken Einfluß auf den Ausgang einer Situation. Ein anderer König der Stärke kann diesen Einfluß jedoch vergrößern oder abschwächen. Ein König der Stäbe, vor allem in einem Spread mit vielen Stäben oder Münzen, deutet darauf hin, daß eine einflußreiche Person bereit ist, Ihnen beruflich zu helfen. Erscheint auch der König der Kelche, ist es noch wahrscheinlicher, daß jemand Sie unterstützt oder Ihnen zumindest wohlgesonnen ist. Wenn jedoch der König der Schwerter auftaucht, haben Sie einen mächtigen Feind. Dieser Feind kann der König der Stäbe sein, aber auch eine andere Person, die dafür sorgt, daß er gegen Sie ist.

Die Bedeutung einer bestimmten Karte hängt auch von der Situation ab, um die es geht. Die Sechs der Stäbe sagt beispielsweise ein Geschenk oder eine erfüllte Hoffnung voraus. Um was für ein Geschenk handelt es sich? Wenn die Nachbarkarten Münzen sind, können Sie mit Geld oder Grundbesitz rechnen; wenn es Stäbe sind, dürfen Sie eine Beförderung oder einen anderen beruflichen Erfolg erwarten. Sind die benachbarten Karten jedoch Kelche, hat das Geschenk eher etwas mit Liebe als mit Geld zu tun. Vielleicht erhalten Sie dann Blumen oder Süßigkeiten – oder einen Verlobungsring.

Auch die gestellte Frage wirkt sich auf die Deutung der Karten aus. Wenn sie sich zum Beispiel auf Liebe bezieht, dann ist mit einem «materiellen Gewinn» – selbst wenn Münzen ihn ankündigen – eine Verbesserung der Beziehung gemeint. Geht es dagegen um die Gesundheit, sagt dieselbe Karte eine Heilung voraus. In beiden Fällen kann Geld eine Rolle spielen; aber Sie sollten sich vor allem mit den Umständen befassen, mit denen die Frage zu tun hat.

Vergessen Sie nicht, daß der Fragende der wichtigste Faktor ist, der Ihre Deutung beeinflußt. Wenn die Karten beispielsweise voraussagen, daß der Fragende Geld erhalten wird, hängt es von seinen Verhältnissen ab, woher das Geld kommt. Wenn er Arbeit sucht, findet er vielleicht eine Stellung; wenn er Angestellter ist, kann er mit einer Beförderung, Gehaltserhöhung oder Prämie rechnen. Bei einem Geschäftsmann steigt möglicherweise der Umsatz; ein Student bekommt vielleicht ein Stipendium. Bringen Sie die allgemeine Aussage der Karten immer in Zusammenhang mit der Frage oder der Person, für die Sie lesen.

Nachdem Sie alle Karten des Spreads aufgedeckt haben, prüfen Sie, ob eine Reihe (Farbe) vorherrscht. Wenn ja, haben Sie eine *dominierende Reihe.* In diesem Fall sind die Umstände, welche diese Reihe beschreibt, für die derzeitige Situation des Fragenden so bedeutsam, daß sie alles beeinflussen, was er tut oder worin er verwickelt ist. Wenn zum Beispiel vier oder fünf von zehn Karten Kelche sind und der Rest unter den anderen Reihen und den Karten des Großen Arkanums gleichmäßig verteilt ist, sind Kelche die dominierende Reihe. Das bedeutet, daß emotionale Faktoren der Schlüssel zur Situation des Fragenden sind – selbst wenn es in seiner Frage um den Beruf oder ums Geld geht.

Wird eine Karte von Karten derselben Reihe flankiert oder gar umgeben, dann wird Ihre Deutung von den Nachbarkarten beeinflußt – sie wird von dieser Reihe dominiert. Bei der Interpretation einer einzelnen Karte oder des gesamten Spreads müssen Sie sich von den dominierenden Karten leiten lassen.

Wenn die Reihen dominieren, haben Sie folgenden Einfluß auf die Deutung:

Wenn im Spread die Großen Arkanen vorherrschen, bestimmt die seelische oder geistige Verfassung des Fragenden darüber, wie die Situation sich entwickelt. Die Großen Arkanen geben Auskunft über Veränderungen der Persönlichkeit und über das geistige Wachstum (oder über dessen Fehlen) und über die Folgen. Im Grunde hat der Fragende alles in der Hand, was geschieht oder geschehen wird – vorausgesetzt, er hat sich selbst in der Hand.

Wenn die dominierende Reihe zum Kleinen Arkanum gehört, besonders wenn sie hauptsächlich aus Hofkarten besteht, kommt der wichtigste Einfluß von außen, und es kann sich um Faktoren handeln, auf die der Fragesteller nicht einwirken kann.

Wenn die Schwerter die dominierende Reihe sind, sind Feinde, Pech und andere ungünstige Einflüsse am Werk, und positive Einflüsse haben es viel schwerer. Das ist eine sehr unangenehme und vielleicht gefährliche Situation. Die Karten warnen Sie vor Menschen und/oder Umständen, die gegen Sie arbeiten. Seien Sie auf der Hut.

Sind Kelche die dominierende Reihe, beeinflussen Liebe, Freundschaft und andere starke, meist positive Gefühle die Deutung. In der Regel deutet das Überwiegen der Kelche auch darauf hin, daß guter Wille die Verhältnisse ändern, positive Einflüsse stärken und negative mildern kann.

Münzen als dominierende Reihe enthüllen, daß praktische Dinge – einschließlich Geld und Besitz – die Entwicklung der Situation bestimmen. Das bedeutet nicht unbedingt, daß der Fragende sehr reich werden wird; es ist eher ein Hinweis darauf, daß er nur dann Erfolg haben oder seine Probleme lösen wird, wenn er Geld besitzt oder es sich beschaffen kann.

Manchmal enthüllen diese Karten geschäftliche oder private Spannungen, bei denen es um Geld oder Besitz geht. Auf jeden Fall geht es hier um materielle Angelegenheiten und um den Einfluß oder den Aufbau von Reichtum.

Stäbe als dominierende Reihe können ebenfalls ein Zeichen dafür sein, daß geschäftliche Dinge, besonders jene, bei denen es um die Ausbildung oder den beruflichen Fortschritt geht, die

Situation beherrschen. Meist deuten die Stäbe jedoch an, daß Freundschaften den größten Einfluß auf den Ausgang der Situation haben. Wenn die Karten günstig sind, können Stäbe bedeuten, daß Freunde Ihnen zum Erfolg verhelfen; bei einem ungünstigen Spread besteht die Möglichkeit, daß Freunde Ihnen helfen, Probleme zu lösen. Auf jeden Fall raten die Karten Ihnen, nicht allein vorzugehen – es ist nicht notwendig. Verlassen Sie sich auf Ihre Freunde, und halten Sie sie bei Laune!

Halten Sie auch nach «Schwesterreihen» Ausschau, die einen *dominierenden Einfluß* auf die Deutung haben. Kelche und Schwerter weisen als Kombination darauf hin, daß starke, gegensätzliche Gefühle der Schlüssel zum Problem sind: Liebe und Haß, Freundschaft und Feindschaft und so weiter. Wenn Münzen und Stäbe zusammen einen Spread dominieren, sind Geld und Geschäft das wichtigste Problem, das gelöst werden muß, bevor Sie sich anderen Dingen zuwenden können.

Vertrauen Sie Ihrer Intuition, wenn Sie die Karten deuten. Die intuitiven oder hellseherischen Eindrücke, die Sie beim Kartenlegen bekommen, sollten Ihre Deutung beeinflussen. Der Tarot befreit Ihre unbewußten übersinnlichen Fähigkeiten. Die Genauigkeit Ihrer Antwort hängt mehr von Ihren Fähigkeiten und Ihrer Intuition ab als von den Karten selbst.

Manche Menschen sind von Natur aus hellseherisch begabt und können den Tarot benutzen, um mit höheren Bewußtseinsebenen in Verbindung zu treten. Doch selbst wenn Ihre intuitiven Fähigkeiten begrenzt oder – Ihrer Meinung nach – gar nicht vorhanden sind, helfen die Karten Ihnen, einen Blick in die Zukunft zu werfen. Stützen Sie sich zu Beginn auf die Vernunft; ziehen Sie Schlußfolgerungen aus den Karten eines Spreads und ihren Kombinationen, und stützen Sie sich auf Ihre Erfahrung mit ähnlichen Lebenssituationen. Vielleicht haben Sie anfangs das Gefühl zu raten, und damit könnten Sie recht haben. Mit der Zeit erwerben Sie jedoch den Instinkt, den Sie benötigen, um klar zu sehen. Meiner Erfahrung nach hätten Sie kein Interesse am Tarot, wenn Sie überhaupt keine übersinnlichen Fähigkeiten besäßen. Allein die Tatsache, daß Sie dieses Buch lesen und sich mit den Karten beschäftigen, beweist, daß Sie hellseherisch begabt sind und diese Fähigkeit nur zu entwickeln brauchen.

Wenn Sie einmal über die Karten verblüfft sind, kann Ihnen der Fragende sehr oft helfen, die Bedeutung bestimmter Karten oder des ganzen Spreads zu finden. Es geht schließlich um sein Leben, und darum kommen ihm Gedanken, die Ihnen nicht gekommen sind. Ist die Aussage einer Karte unklar, überlassen Sie die Deutung dem Fragenden. Sie haben nicht die Aufgabe, den Fragenden in Erstaunen zu versetzen (das hoffe ich wenigstens!), sondern ihm zur Wahrheit zu verhelfen.

Sprechen Sie die Wahrheit aus, die Sie in den Karten finden. Gewiß, Sie sollten dabei möglichst behutsam vorgehen, um dem Fragenden keine Angst einzujagen. Wenn Sie also das Positive hervorheben können, tun Sie es. Dennoch müssen Sie dem Fragenden helfen, die Tatsachen zu finden. Wenn ein Spread auf unangenehme Umstände hinweist, müssen Sie den Fragenden aufklären.

Mitunter ist es verführerisch, die Karten einfach zu ignorieren und etwas Nettes vorherzusagen, vor allem dann, wenn der Spread vor einer bevorstehenden Katastrophe warnt. Doch damit tun Sie dem Fragesteller keinen Gefallen. Wenn die Aussage der Karten Sie wirklich verstört, können Sie sie noch einmal mischen – es ist möglich, daß Sie irgendwo einen Fehler gemacht haben. Sollte das negative Bild sich jedoch wiederholen, müssen Sie dem Fragenden sagen, was Sie sehen. Wer bereit ist, sich Mühe zu geben, kann die Zukunft ändern – aber nur dann, wenn er die Fakten kennt.

Wie oft soll man die Karten legen? Sie werden Leuten begegnen, die Sie bei derselben Sitzung mehrmals darum bitten. Manchmal haben sie mehr als eine Frage; aber sehr oft wollen sie die Karten erneut lesen, weil die erste Antwort ihnen nicht gefallen hat.

Sie können die Karten so oft befragen, wie es notwendig ist, aber im allgemeinen nur zweimal, höchstens dreimal während einer Sitzung für denselben Fragenden. Wenn Sie dieselbe Frage zweimal stellen, dann nur deshalb, weil Sie etwas klären wollen, was beim erstenmal nicht eindeutig war. Andernfalls verschwenden Sie Ihre Zeit – der Tarot ändert Ihnen zuliebe nicht seine Meinung! Auch wenn der Fragende mehrere Anliegen hat, können Sie die Karten während einer Sitzung nicht unbegrenzt oft lesen. Sonst werden Sie ungeduldig, und Ihre Fähigkeit, die Karten zu deuten, läßt nach. In der Regel sollten Sie wenigstens eine Woche warten, bevor Sie eine Sitzung wiederholen, selbst dann, wenn Sie bei der ersten Sitzung eine bestimmte Frage trotz zweimaligen Auslegens nicht eindeutig klären konnten. Bei der zweiten Sitzung müssen Sie die jüngste Entwicklung berücksichtigen; denn die Situation kann sich in der Zwischenzeit geändert haben.

Wenn dieselbe Karte beim Auslegen mehrere Male auftaucht, entweder in derselben Sitzung oder innerhalb von einigen Tagen nach der ersten Sitzung, ist ihre Bedeutung noch größer, einerlei, ob es jedesmal um die gleiche Frage geht. Sie und der Fragende müssen sorgfältig darauf achten, auf welche Person oder Situation diese Karte sich bezieht.

Rechnen Sie nach: Ein Tarot-Deck besteht aus 78 Karten, und bei den meisten Spreads benutzen Sie nur einen kleinen Teil davon. Selbst wenn Sie die Spreads immer nach dem gleichen Muster legen, gibt es Millionen von möglichen Kombinationen. Wenn Sie die Spreads abwandeln, je nachdem, um welches

Problem es geht, erhöht sich die Zahl der denkbaren Kombinationen weiter. Wenn wir unterstellen, daß die Karten gut gemischt sind, ist die statistische Wahrscheinlichkeit dafür, daß dieselbe Karte mehrere Male ausgelegt wird, sehr gering.

Wenn dieser Fall dennoch vorkommt, muß die Situation oder Person, auf welche die Karte anspielt, großen Einfluß auf den Gang der Ereignisse in der unmittelbaren Zukunft haben. Eine Karte, die Sie wiederholt auslegen, wird zur dominierenden Karte, besonders wenn sie mehr als zweimal erscheint.

Abschließend müssen wir noch klären, was unter «aufrechten» oder «positiven» und «verkehrten» oder «negativen» Karten zu verstehen ist. Wenn Sie die Karten auslegen, sind diejenigen Karten, die mit dem «Kopf» nach oben, also aus Ihrer Sicht «richtig» liegen, die aufrechten Karten; jene, die sich von Ihnen abwenden, sind verkehrt.

Jede Karte des Tarots hat sowohl eine positive wie auch eine negative Bedeutung. In den meisten Fällen bedeutet «positiv», daß sich etwas Erfreuliches ereignen wird, während «negativ» unangenehme Ereignisse voraussagt. Diese Regel gilt aber nicht immer. Die «positive» Aussage des Turmes ist beispielsweise katastrophal. Liegt die Karte umgekehrt vor Ihnen, haben Sie ebenfalls Probleme, aber weniger schwerwiegende. Die positive Aussage einer Karte ist also die stärkste, die negative ist abgeschwächt oder ins Gegenteil verkehrt, oder sie erfüllt sich mit einiger Verzögerung.

Was ist der Grund für diese Übereinkunft? Viele Deuter des Tarots sind der Meinung, daß es kein Zufall ist, welche Richtung eine Karte im Spread hat, sondern ein Hinweis auf eine veränderte Situation. Wenn Sie die Karten auf diese Weise interpretieren, ist die Annahme logisch, daß eine umgekehrte Karte auch auf umgekehrte oder zumindest veränderte Umstände hindeutet.

Manche Deuter messen der Richtung der Karte allerdings keine Bedeutung bei. Sie vertreten die Ansicht, daß die Situation, um die es geht, oder der Einfluß anderer Karten im Spread die Wirkung einer einzelnen Karte stärkt oder abschwächt. In diesem Fall beurteilt der Deuter die relative Aussage einer Karte anhand ihrer Beziehung zu benachbarten Karten und/oder nach dem Gesamteindruck des Spreads. (Die meisten Leute, die die Karten auf diese Weise lesen, drehen alle verkehrt liegenden Karten um, ehe sie mit der Deutung beginnen.) Auch hier läßt sich nicht eindeutig sagen, welche Methode am besten ist. Sie können die aufrechte oder verkehrte Position einer Karte benutzen, um herauszufinden, welche mögliche Bedeutung im jeweiligen Spread zutrifft, oder Sie können Ihre Interpretation allein auf die Beziehungen zwischen Nachbarkarten stützen. Beide Methoden haben ihre Vorteile. Wenn Sie danach gehen, ob die Karte aufrecht oder umgekehrt liegt, können Sie schneller und leichter entscheiden, welche Bedeutung zutrifft. Wenn Sie die Richtung der Karte für unerheblich halten, haben Sie mehr Spielraum bei der Deutung. Probieren Sie beide Methoden aus, *und wenden Sie diejenige an, mit der Sie die besten Ergebnisse erzielen.* Langfristig gesehen wird diese Entscheidung Ihre Fähigkeit, die Karten korrekt zu deuten, nicht negativ beeinflussen. Wenn Sie bei jedem Kartenlesen dasselbe System benutzen, werden Ihre Karten sich darauf einstellen und von selbst die richtige Reihenfolge einnehmen.

Jetzt verfügen Sie über alle Anleitungen nebst Ausnahmen und Erläuterungen. Es ist Zeit, daß wir uns einige «echte» Spreads näher ansehen. Es gibt drei Möglichkeiten, Tarotkarten auszulegen.

Drei Möglichkeiten, Antworten zu bekommen

Es gibt sehr einfache, aber auch äußerst komplizierte Tarot-Spreads. Meist benutzt man nicht das ganze Deck, manchmal die Hälfte oder mehr, und gelegentlich reichen zehn Karten oder weniger. Je mehr Karten Sie für einen Spread verwenden, desto mehr Zeit und Mühe benötigen Sie dafür.

Selbst für erfahrene Tarotdeuter ist die einfachere Methode oft die beste. Wenn ein Spread aus wenigen Karten besteht, ist er leichter zu deuten und zu verstehen. Wenn Sie weniger Informationen miteinander in Beziehung setzen müssen, machen Sie beim Interpretieren weniger Fehler. Darum sind die kleineren Spreads mitunter genauer, und mit der Zeit kann die Information, die Sie bekommen, ebenso detailliert sein wie bei komplexeren Methoden. Aus diesen Gründen verwenden wir für die nachfolgend beschriebenen Spreads möglichst wenig Karten.

Einerlei, ob der Spread übersichtlich oder komplex ist – die Aussagen der Karten können dennoch verwirrend sein, wenn Sie noch nie Karten gelesen haben. Ein praktischer Versuch zeigt Ihnen besser als jede Erläuterung, wie die Karten zusammen das Bild einer realen Situation zeichnen und wie Sie sie mit Hilfe der Nachbarkarten und der gestellten Frage deuten. Darum erkläre ich Ihnen bei jedem der folgenden Spreads genau, was er theoretisch aussagt, und gebe Ihnen dazu ein praktisches Beispiel.

Die Beispiele in diesem Kapitel stammen aus meiner Praxis, und ich habe dabei den Zweck dieses Buches im Auge. Ich habe Fälle ausgewählt, die am besten illustrieren, wie der Tarot Fragen beantwortet, wie Sie die richtige Deutung finden und wie Sie diese Deutung der jeweiligen Situation anpassen. Aber auch in einem kleinen Spread ist das Ergebnis häufig komplex. Darum habe ich aus den besten Spreads die drei ausgewählt, die am einfachsten zu erläutern sind.

Da diese Beispiele zeigen sollen, wie man die Karten eines Spreads in ihren Wechselbeziehungen deutet, erhalten Sie etwas mehr Informationen, als es normalerweise erforderlich wäre. Den Interpretationen ist auch die Reaktion des Fragenden beigefügt, und wenn möglich sage ich Ihnen nicht nur, was die Karten enthüllten, sondern auch, was mit dem jeweiligen Fragesteller geschah.

Selbstverständlich bleiben die Fragesteller anonym, und alle Beispiele werden mit ihrer Erlaubnis veröffentlicht.

Fangen wir also an. Hier sind die drei Möglichkeiten, die Karten auszulegen.

Der Zehn-Karten-Spread

Einer der beliebtesten Spreads wird meist «keltisches Kreuz» genannt. Für diesen Spread nehmen Sie lediglich so viele Karten, daß Sie sich ein ziemlich genaues Bild von den derzeitigen Lebensverhältnissen des Fragenden machen können. Sie können diesen Spread auch für eine allgemeine Deutung benutzen, und er ist einer der besten Spreads, wenn Sie eine Antwort auf eine bestimmte Frage haben wollen.

Nachdem Sie die Karten gemischt und das Deck geteilt haben, legen Sie die persönliche Karte (P) aufgedeckt in die Mitte des Tisches. Dann heben Sie der Reihe nach die ersten zehn Karten ab und legen Sie nach dem unten beschriebenen Muster aus (siehe Abb. 1).

Die Position jeder Karte in diesem Spread hat eine genau festgelegte Bedeutung für einen bestimmten Lebensbereich des Fragenden oder für die derzeitige Situation.

ERSTE KARTE: *Sie bedeckt die Personenkarte.* Nehmen Sie die oberste Karte des Decks, und legen Sie sie aufgedeckt auf die persönliche Karte. Die erste Karte beschreibt die Grundsituation oder ihre derzeitigen Einflüsse. Sie verrät Ihnen die allgemeine Atmosphäre, in welcher der Fragende sich zur Zeit bewegt, den aktuellen seelischen Zustand des Fragenden und/oder die Personen und anderen Einflüsse.

ZWEITE KARTE: *Sie kreuzt die Personenkarte.* Legen Sie diese Karte quer über die erste. Wenn Sie zwischen aufrechten und verkehrten Karten unterscheiden, sollte der «Kopf» der Karte rechts liegen.

Diese Karte stärkt oder schwächt die Wirkung der ersten Karte. Sie zeigt Hindernisse oder günstige Umstände sowie derzeitige oder künftige Ereignisse, die auf die Situation des Fragenden unmittelbaren Einfluß haben. Wenn es eine günstige Karte ist, verstärkt sie gute Einflüsse der ersten Karte und schwächt ungünstige ab. Handelt es sich um eine ungünstige Karte, schwächt oder beseitigt sie günstige Einflüsse der ersten Karte und stärkt schlechte Einflüsse.

DRITTE KARTE: *Sie krönt die Personenkarte.* Legen Sie die dritte Karte über die Personenkarte und die erste Karte. Sie beschreibt die Ziele des Fragenden und die derzeitigen Aussichten, sie zu erreichen. Vor allem nennt die Karte das ideale Ziel, das der Fragende in dieser Situation erreichen will, und/oder das

Beste, was er unter den gegebenen Umständen erhoffen darf, einerlei, ob er es will oder nicht. Diese Karte symbolisiert außerdem die unmittelbare Zukunft.

VIERTE KARTE: *Sie liegt unterhalb der Personenkarte.* Die vierte Karte beschreibt das Ereignis oder die Ereignisse, welche die Ursache der gegenwärtigen Situation sind.

Wenn Sie die ersten vier Karten gelesen haben, wissen Sie, welche Frage der Spread beantwortet. Sie haben erfahren, wie die Situation aussieht, was dem Fragenden unter diesen Umständen helfen oder schaden kann, was er will und was ihn in diese Situation gebracht hat. Der Fragesteller ist nun in der Lage, Ihnen zu sagen, ob die Karten seine Frage beantworten oder ob sie beschlossen haben, sich mit einem anderen Aspekt zu befassen.

FÜNFTE KARTE: *Sie liegt rechts von der persönlichen Karte.* Sie enthüllt, welche Einflüsse oder Umstände gerade abgeschlossen werden. Die Ereignisse oder Umstände in der Vergangenheit des Fragenden, wie die ersten vier Karten sie gezeigt haben, sind die Ursache der Verhältnisse, in denen der Fragende sich bewegt. Diese Verhältnisse ändern sich nun, entweder weil der Fragende etwas unternommen hat, oder weil äußere Einflüsse einen Wandel erzwingen.

SECHSTE KARTE: *Sie liegt links neben der Personenkarte.* Diese Karte beschreibt die künftigen Einflüsse oder Umstände, mit denen der Fragende rechnen kann, und die Veränderungen im persönlichen Umfeld, die sich ereignen werden, wenn der Fragende erfährt, was er tun soll, und den Rat beherzigt, oder wenn er einfach mit dem Strom schwimmt. Die von Karte fünf beschriebene Vergangenheit weicht dieser neuen Situation als Folge der Aktionen des Fragenden oder der Ziele, die er anstrebt, oder anderer äußerer oder innerer Einflüsse, wie die ersten fünf Karten sie enthüllen.

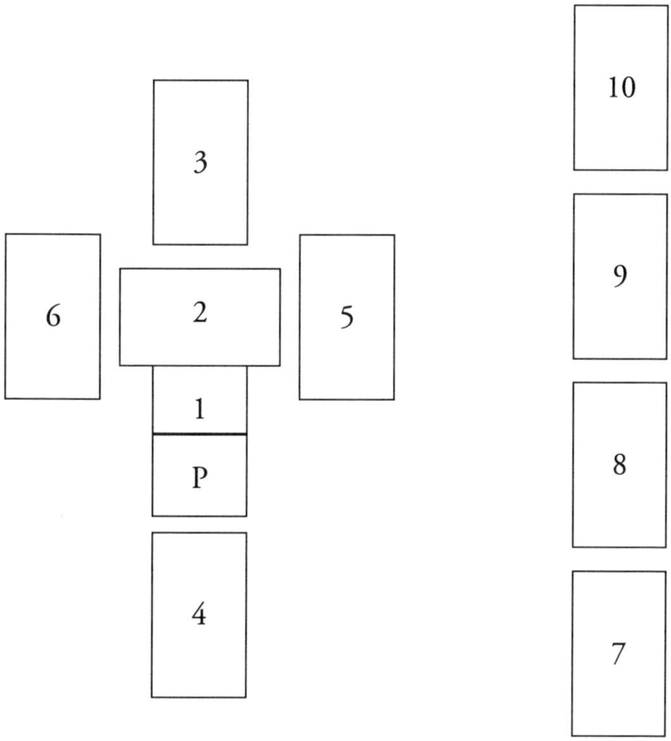

Abb. 1: Der Zehn-Karten-Spread oder das keltische Kreuz

Sie können die Karten fünf und sechs auch benutzen, um herauszufinden, welchen Zeitraum der Spread umfaßt. Das kann sehr nützlich sein; denn Sie werden sicherlich gefragt, *wann* die Ankündigung der Karten sich erfüllen wird. Die Antwort finden Sie in der fünften Karte: Wenn Sie herausfinden, wann diese Umstände vorhanden waren, können Sie ziemlich gut beurteilen, wann künftige Ereignisse eintreten werden.

Erläutern Sie dem Fragenden, welche Situation die fünfte Karte beschreibt, und fragen Sie ihn, wie lange diese Situation zurückliegt. Die Ereignisse oder Situationen, die Karte sechs beschreibt, liegen etwa gleich weit in der Zukunft – und das, was der gesamte Spread voraussagt, ebenfalls.

Da Karte fünf etwas in der Vergangenheit beschreibt, dürfte es nicht allzu schwierig sein, es zu identifizieren. Sie müssen es allerdings so deutlich beschreiben, daß der Fragende genau versteht, von welchem Ereignis oder von welchen Umständen Sie reden. Wenn Ihre Ausführungen dunkel sind, greift er die falsche Situation und damit auch den falschen Zeitraum heraus. Nur der Fragesteller kann Ihnen sagen, wann diese Veränderungen oder Ereignisse eintraten. Wenn seine Information falsch ist, geben Sie ihm ebenfalls eine falsche Auskunft darüber, wie lange er warten muß, bis alle Probleme gelöst sind.

Wenn Sie diese Karten nicht für eine Zeitbestimmung verwenden, können Sie dennoch erfahren, über welche Zeitspanne die Aussage des Spreads sich erstreckt. Bevor Sie mit der Deutung beginnen, sollten Sie diesen Zeitraum spezifizieren. Es kann sich um ein paar Tage oder um zwölf Monate handeln. Sie können die Zukunft nicht zwingen, sich innerhalb einer bestimmten Zeitspanne zu ereignen; aber Sie können die Karten bitten, ihre Voraussagen auf eine bestimmte Phase zu beschränken.

Selbstverständlich kommt es vor, daß Sie überhaupt keine Zeitbestimmung brauchen. Wenn Sie nach einem bestimmten Ereignis gefragt werden, an dem der Fragesteller beteiligt sein wird, dann wissen Sie bereits, wann es sich abspielen wird, und Sie müssen nur herausfinden, wie es ausgeht.

Die ersten sechs Karten bilden ein Kreuz auf dem Tisch, und die persönliche Karte liegt in der Mitte unter der ersten Karte. Die letzten vier Karten legen Sie rechts vom Kreuz aus. Beginnen Sie unten rechts, und legen Sie die Karten in eine senkrechte Reihe.

KARTE SIEBEN: *Diese Karte symbolisiert den Fragesteller.* Sie enthüllt in der Regel, was der Fragende mit den aufgezeigten Umständen zu tun hat: seine Einstellung gegenüber sich selbst und der Situation und seine voraussichtliche Reaktion darauf.

KARTE ACHT: *Sie ist das Haus des Fragenden.* Legen Sie sie über Karte sieben. Sie symbolisiert das Umfeld des Fragenden in der gegebenen Situation; sie zeigt also, was zur Zeit in seiner Umgebung vorgeht und welchen Einfluß er auf andere hat, vor allem auf Menschen, die ihm nahestehen oder die in die betreffende Situation verwickelt sind, und sie gibt Auskunft darüber, wie der Fragesteller die Ereignisse im allgemeinen beeinflußt.

Die Karte verrät außerdem, welchen Einfluß diese Personen oder Ereignisse auf den Fragenden oder auf den Ausgang der Situation haben, was sie tun, wie sie reagieren und/oder welche Absichten sie haben.

KARTE NEUN: *Sie enthüllt Hoffnungen und Ängste.* Legen Sie diese Karte über Karte acht. Sie zeigt die innersten Gedanken des Fragenden, soweit sie die gegenwärtige Situation betreffen; sie zeigt, was er von den Menschen, Ereignissen und Verhältnissen in seinem Umfeld hält und wie er über sich selbst und seine Erfolgsaussichten denkt.

Achten Sie darauf, daß der Fragesteller zwei Tatsachen versteht, die diese Karte betreffen. Erstens: Karte neun beschreibt, wie der Fragende sich *fühlt*, nicht, was geschehen ist, was geschieht oder was geschehen wird. Gefühle haben nicht immer recht! Unter den gegebenen Umständen kann die Reaktion des Fragenden vernünftig sein; vielleicht ist sie aber auch völlig fehl am Platze (dann weisen Sie ihn darauf hin, daß er den Wald vor lauter Bäumen nicht sieht!).

Zweitens: Die Gefühlsreaktion des Fragestellers beeinflußt die Zukunft, einerlei, ob sie berechtigt ist oder nicht. Wenn der Fragesteller beispielsweise etwas unternehmen sollte und sich davor fürchtet, wird er möglicherweise scheitern, selbst wenn die Karten ihm gute Erfolgsaussichten verkünden. Die anderen Karten des Spreads verraten, ob die Einstellung des Fragenden gerechtfertigt ist oder nicht.

KARTE ZEHN: *Sie zeigt das Endergebnis.* Die letzte Karte dieses Spreads liegt über der neunten Karte. Sie enthüllt, was als Folge aller Einflüsse, welche die anderen Karten aufgedeckt haben, geschehen wird.

Auf diese Karte konzentrieren Sie sich als Deuter. Die anderen Karten des Spreads erklären, wie und warum der Fragende an diesen Punkt gelangt und ob er dieses Ergebnis fördern oder vermeiden kann. Dagegen enthält Karte zehn die Antwort auf seine Frage nach dem Gesamtresultat aller vom Spread beschriebenen Einflüsse. Sie liefert und erläutert die Information, die Sie allen anderen Karten entnommen haben, einschließlich der Personenkarte. Beachten Sie, daß die zehnte Karte eine Person symbolisiert, wenn es sich um eine Hofkarte handelt, und daß es an dieser Person liegt, wie die Situation ausgeht.

Wenn der Spread Ihre Frage offensichtlich beantwortet hat und die Bedeutung der zehnten Karte dennoch dunkel ist, haben Sie einen zureichenden Grund, die Karten noch einmal zu legen, um eine klare Antwort zu bekommen. In diesem Fall nehmen Sie diese Karte als persönliche Karte, nicht diejenige, die Sie beim ersten Auslegen benutzt haben. Stecken Sie die anderen zehn Karten (die ursprüngliche Personenkarte und die Karten eins bis neun) zurück in das Deck, mischen Sie, machen Sie drei Päckchen, und heben Sie ab wie zuvor.

Das keltische Kreuz – ein praktisches Beispiel

Ich legte die Karten für einen Mann Anfang dreißig. Er bereitete sich intensiv auf den Beruf seiner Wahl und den Aufbau seines Geschäfts vor, und darunter litt sein Privatleben.

Er gab zu, daß er bei geselligen Anlässen ungeschickt sei (man muß lernen, beliebt zu sein!) und daß er mehr Zeit in seinen Beruf als ins Privatleben investiere. Nun fragte er sich jedoch, ob er etwas versäume, und wollte wissen, ob je eine Frau in ihn verliebt gewesen sei. Obwohl es in der Frage um die Liebe ging, wählte ich als Symbol für den Fragenden den Ritter der Stäbe. Dabei orientierte ich mich an der Persönlichkeit des jungen Mannes: Er war selbständig und ehrgeizig, und er arbeitete hart. Jetzt begannen sich die ersten Früchte seiner Arbeit zu zeigen. Die Grundlage seiner Situation war sein Engagement für den Beruf und die damit verbundene Vernachlässigung des privaten Bereichs.

Ich legte folgende Karten aus (aufrecht, wenn nicht anders angegeben):

ERSTE KARTE: *Bube der Kelche, verkehrt.* Eine Karte aus der «Reihe der Liebe», die Verführung und Betrug symbolisiert.

Wenn Sie eine Hofkarte vor sich haben, wollen Sie zuerst herausfinden, ob sie eine Person symbolisiert, und wenn ja, welche. Es hatte junge Frauen im Leben dieses Mannes gegeben. Einige von ihnen hatte er sehr gern gehabt, und er hatte ein paarmal zaghaft versucht, dauerhafte Beziehungen zu knüpfen, war jedoch gescheitert. Er erinnerte sich aber an keine Freundin die ihn betrogen hätte.

Die Karte symbolisierte also keine Person. Die erste Karte beschreibt jedoch die Grundlage der Situation einschließlich der Einstellung des Fragenden. Hier gab sie die Auskunft, daß er sich nicht ernsthaft genug bemüht hatte, eine Beziehung aufzubauen. Die Karte symbolisierte somit den Fragesteller und beantwortete seine Frage! Wenn er sich davon zu überzeugen versuchte, daß eine Frau in der Vergangenheit in ihn verliebt gewesen war, täuschte er sich selbst.

Was tun Sie, wenn bereits die erste Karte die Frage beantwortet? Sehr wahrscheinlich wollte der Fragende eigentlich etwas anderes wissen – oder er sollte etwas anderes wissen.

So war es auch in diesem Fall. Der junge Mann wollte sein Leben mit einer Frau teilen. Aber es fiel ihm schwer, Freundschaften zu schließen, und er hatte sich nicht die Zeit dafür genommen. Darum hoffte er, seine Traumfrau halte nach ihm Ausschau. Die Karten sagten: Ganz so einfach ist es nicht! Dann erklärten sie ihm, was er zu tun hatte.

ZWEITE KARTE: *Acht der Schwerter, verkehrt.* Eine Karte, die vor Krankheit und Verletzungen warnt. Sie erklärt, warum der Mann noch keine echte Beziehung aufgebaut hatte. Wenn man «Krankheit» als schwächenden Einfluß versteht, sprach die Karte von seiner gesellschaftlichen Unbeholfenheit und seiner Unwilligkeit, an einer dauerhaften Partnerschaft zu arbeiten. Die «Verletzung» hatte er sich selbst zugefügt, und dafür mußte er Einsamkeit erdulden.

DRITTE KARTE: *Sieben der Münzen , verkehrt.* Diese Karte ist ein gutes Beispiel dafür, daß Reihen ihre Bedeutung abwandeln können. Normalerweise beziehen sich Münzen auf Geldangelegenheiten. Die verkehrte Sieben weist auf eine unkluge oder unsichere Geldausgabe hin. Da die Frage jedoch mit Liebe zu tun hatte, handelte es sich hier höchstwahrscheinlich um eine «Ausgabe» von Gefühlen. Gewiß, es kostet Geld, sich zu verabreden, und er hatte bereits einiges dafür ausgegeben. Aber sein wahres Problem bestand darin, eine Frau zu finden, die er lieben konnte, und er vergeudete Zeit und Energie damit, von ihr zu träumen. Er suchte überall nach Liebe nur nicht an der richtigen

Stelle. Und diese «unkluge Ausgabe» würde so lange anhalten, bis er seine Einstellung änderte.

VIERTE KARTE: *Ritter der Schwerter.* Ein heimtückischer Feind! Da bisher niemand versucht hatte, ihm auf dem Gebiet der Beziehungen zu schaden, mußten wir den wahren Feind finden. Denken Sie daran, daß er im wesentlichen selbst schuld an seiner Einsamkeit war. Der Ritter der Schwerter klärte ihn also darüber auf, daß er selbst sein ärgster Feind war.

FÜNFTE KARTE: *Vier der Schwerter, verkehrt.* Das Symbol der Gier. Er hatte in der Vergangenheit etwas erwartet, worauf er kein Recht hatte. Er wollte Liebe haben, ohne sich dafür zu engagieren – das war in der Tat gierig. Aus der Position der Karte ging jedoch hervor, daß die Situation sich allmählich änderte. In welche Richtung?

Hier war eine Zeitbestimmung sinnvoll, wenngleich schwierig, da es nicht um ein bestimmtes Ereignis, sondern um Gefühle ging. In solchen Fällen ist es am besten, einen gewissen Spielraum einzuräumen, indem man zum Ursprung der Situation zurückgeht, auf welche die Frage sich bezieht. Soweit der Fragende sich erinnerte, begann er etwa vor sechs Monaten einzusehen, daß geschäftlicher Erfolg nicht alles war, was er sich vom Leben erhoffte. Damals erwachte auch der Wunsch in ihm, sein Leben mit einer Frau zu teilen. Wenn wir diese Umstände korrekt identifiziert hatten, mußte der Wandel, den die nächste Karte andeutete, ungefähr innerhalb der nächsten sechs Monate abgeschlossen sein, und diese Zeitspanne würde auch das Endergebnis einschließen.

SECHSTE KARTE: *König der Stäbe, verkehrt.* Diese Karte symbolisiert einen asketischen, aber toleranten Mann. Beachten Sie, daß die Karte derselben Reihe angehört wie die Personenkarte und daß sie aufgrund ihrer Position etwas über die Zukunft sagt. Hofkarten aus derselben Reihe wie die persönliche Karte erscheinen so oft, daß man es nicht mit Zufall erklären kann. Meist bezieht sich eine solche Karte eindeutig auf den Fragenden; sie zeigt ihn in einem anderen Umfeld als die ursprüngliche Karte. In diesem Fall beschrieb sie seine neue Einstellung, den beginnenden inneren Wandel.

Was wollte die Karte ihm sagen? Die persönliche Karte war der Ritter der Stäbe, und der junge Mann war auf dem besten Weg, beruflich erfolgreich zu werden. Der König in einer Position, die zukünftige Ereignisse ankündigt, ließ darauf schließen, daß der Fragende Erfolg haben würde; aber er wies auch auf eine veränderte Einstellung hin. Der junge Mann war dabei, sein negatives Verhalten abzulegen und toleranter, reifer zu werden. Er war im Begriff, emotional erwachsen zu werden. Und daß würde sich günstig auf künftige Beziehungen auswirken.

SIEBTE KARTE: *Sieben der Kelche.* Sie enthüllt neue, aber noch unklare Gedanken des Fragenden und eine veränderte Einstellung, jedoch ohne konkrete Pläne. Er wußte, daß er Fehler gemacht hatte und daß er seine Haltung ändern mußte; aber er wußte nicht genau, was er tun sollte. Er hatte erkannt, daß er Liebe wollte und daß er dafür ebenso hart arbeiten mußte wie im Beruf.

Das war immerhin ein Anfang. Und es war der Grund dafür, daß seine Persönlichkeit, wie die fünfte Karte sie beschrieb, sich wahrscheinlich so verändern würde, wie Karte sechs es voraussagte.

ACHTE KARTE: *Der Wagen.* Die Bedeutung, die hier am besten paßte, war die Meisterung gegensätzlicher Kräfte, und da es sich um eine Karte des Großen Arkanums handelte, mußte er nicht nur die Umstände, sondern auch sich selbst besiegen. Er mußte seine beruflichen Interessen mit seinen seelischen Bedürfnissen in Einklang bringen und bereit sein, einer Frau wenigstens ebensoviel Zeit und Aufmerksamkeit zu schenken wie seinem Geschäft.

Um diese Situation zu meistern, mußte er seine Unbeholfenheit überwinden und gesellschaftsfähiger werden. Da diese Karte unter den damaligen Umständen erschien, hatte er offenbar schon begonnen, die notwendigen Schritte zu tun – und er würde damit Erfolg haben.

KARTE NEUN: *As der Stäbe, verkehrt.* Eine Karte, die vor Niedergang und Ruin warnt. Diese Karte gehörte derselben Reihe an wie die Personenkarte, und sie enthüllte, was er über seinen Neubeginn dachte: Er rechnete damit zu versagen.

Die anderen Karten im Spread sprachen jedoch dagegen. Der Ursprung seiner Zweifel war seine innere Unsicherheit. Er war kein arbeitssüchtiger Egoist, sondern ein schüchterner Mensch, der ganz in seiner Arbeit aufging, weil er wußte, daß er im Beruf etwas leisten konnte. Andererseits war er sich nicht sicher, ob er eine Frau finden konnte, die ihn liebte.

KARTE ZEHN: *Gerechtigkeit.* Die Karte verkündet den Sieg des Rechts. Der Fragende wird bekommen, was er verdient; er hat es selbst in der Hand. Und da andere Karten im Spread zeigten, daß der junge Mann bereit war, sich Mühe zu geben, und daß der Sieg in seiner Reichweite lag, verdiente er sehr wahrscheinlich das, was er haben wollte und worauf er hoffte – er würde eine Frau finden, die ihn liebte.

Betrachten wir nun den Spread als Ganzes. Wir sehen zwei Karten des Großen Arkanums (Wandel und Wachstum der Persönlichkeit), drei Hofkarten (ohne die Personenkarte, die in diesem Spread ebenfalls den Fragenden symbolisiert), allerdings aus verschiedenen Reihen, Schwerter (Selbstvernichtung) in der Vergangenheit, Liebe im Herzen und Gerechtigkeit in der Zukunft.

Schwerter sind häufiger vertreten als die anderen Reihen; aber die negativen Einflüsse sind Vergangenheit. Beachten Sie jedoch, daß auch auf der Gerechtigkeit ein Schwert zu sehen ist – es wehrt negative Einflüsse in der Zukunft ab. Er geht nicht mehr den Weg der Selbstvernichtung, sondern kämpft jetzt für sich anstatt gegen sich.

Eine dominierende Reihe gibt es in diesem Spread nicht, wohl aber ein allgemeines Thema. Die Hofkarten beschreiben den Fragenden, und die Karten des Großen Arkanums verraten uns, daß die Persönlichkeitsentwicklung der Schlüssel zu dieser Situation ist. Der Fragende hat einige ernste Schwierigkeiten und Änderungen der Persönlichkeit durchgemacht; doch nun ist Licht am Ende des Tunnels erkennbar.

Wie lautet also die Antwort auf seine Frage? Nein, er ist nie geliebt worden, und er war auch nie wirklich verliebt. Vielmehr erwartet er etwas, worauf er kein Recht hat (die Gier-Karte). Doch das alles ist Vergangenheit, weil seine Persönlichkeit dabei ist, sich zu verändern.

Der König der Stäbe ist in diesem Spread ein besonders gutes Zeichen. Reife und Erfahrung führen zu Fähigkeiten und Einstellungen, die der Jugend abgehen. Der Fragende ist noch schüchtern und hat wenig Selbstvertrauen (Karte neun); aber nicht mehr auf die gleiche Art und Weise und nicht mehr im selben Umfang wie früher. Und wenn er reifer wird und sein Selbstvertrauen entwickelt, nimmt auch seine Fähigkeit zu, Beziehungen einzugehen.

Die Antwort auf diese unausgesprochene Frage lautet daher «ja». Er wird die Liebe finden, nach der er sich sehnt, und zwar in absehbarer Zukunft.

Ich weiß, daß Sie erfahren möchten, was dann geschah. Ich legte die Karten etwa drei Monate bevor ich den Fall in diesem Buch verwertete. Das war ungefähr die Hälfte der Zeitspanne, die

Karte fünf andeutete. Wenn die Deutung und die Zeitbestimmung korrekt waren, müßte der Fragende seinem Ziel nähergekommen sein.

Nun ja, er ist in dieser kurzen Zeit kein Partylöwe geworden! Aber er hat sich bemüht, etwas geselliger zu sein, und hat mehrere junge Frauen getroffen, die ihm gefallen, und eine von ihnen findet er «anders als die anderen». Hochzeitspläne hat er noch nicht; aber er ist über die neue Situation so froh, daß er keinen Wunsch verspürt, sich noch einmal die Karten wegen des alten Problems legen zu lassen. Und das ist ein sehr gutes Zeichen!

Wie Sie sehen, kann selbst ein Zehn-Karten-Spread Ihnen eine Menge über das Umfeld und die Erwartungen eines Menschen sagen. Nun wollen wir herausfinden, was ein Spread leistet, der aus noch weniger Karten besteht.

Ein Fünf-Karten-Spread

Dies ist ein noch einfacherer Spread, der für weniger bedeutende Anliegen gut geeignet ist. Sie brauchen dafür nur die 22 Karten des Großen Arkanums; die Karten des Kleinen Arkanums legen Sie vor dem Mischen beiseite.

Im allgemeinen erübrigt sich eine Personenkarte, da der gesamte Spread sich unmittelbar auf den Fragenden bezieht. Eine persönliche Karte brauchen Sie nur, wenn die Frage für eine andere Person gestellt wird oder ihr gilt. In diesem Fall nehmen Sie eine Karte aus dem Kleinen Arkanum.

Die Vorbereitung des Decks ist ebenfalls einfacher. Nachdem Sie die Karten des Kleinen Arkanums weggelegt haben, mischen Sie den Rest. Sie brauchen keine Päckchen zu bilden, und der Fragende muß nicht abheben, da er die Karten auswählt.

Wenn Sie eine persönliche Karte benutzen, legen Sie sie in die Mitte des Tisches über die Stelle, an der die anderen Karten liegen werden. Sie legen also keine andere Karte auf die Personenkarte. Legen Sie nun die fünf Karten des Spreads in einer waagrechten Reihe von rechts nach links aus. Die Karte rechts außen ist Karte eins (siehe Abb. 2).

Wenn Sie die Karten gemischt haben, bitten Sie den Fragenden, eine Zahl zwischen eins und zweiundzwanzig zu nennen. Wählt er beispielsweise zehn, zählen Sie die Karten von oben nach unten ab, ziehen die zehnte Karte heraus und legen sie als Karte eins auf den Tisch.

Dann mischen Sie die Karten erneut, und der Fragende nennt eine weitere Zahl (die natürlich kleiner sein muß als zweiundzwanzig). Setzen Sie dieses Verfahren fort – mischen Sie die Karten jedesmal, und bitten Sie anschließend um eine neue Zahl. Bevor Sie die folgenden Karten ziehen, können Sie einmal, zweimal oder dreimal mischen, aber jedesmal gleich oft.

In diesem Spread hat jede der fünf Karten ihren eigenen Namen und ihre eigene Bedeutung:

KARTE EINS: *Bejahung.* Diese Karte sagt Ihnen, was geschehen wird. Sie gibt nicht die Antwort auf die Frage wie bei unserem ersten Spread. Die Karte zeigt Ihnen lediglich, was Sie bekommen werden, gleichgültig, was Sie gefragt haben oder was Sie sich erhoffen.

KARTE ZWEI: *Verneinung.* Diese Karte zeigt, was das eben Genannte verhindern kann oder wird.

KARTE DREI: *Erläuterung.* Diese Karte erklärt Ihnen, warum Sie in die jetzige Situation geraten sind.

KARTE VIER: *Lösung.* Diese Karte sagt Ihnen, was Sie tun können, um die Situation zu fördern oder zu ändern.

KARTE FÜNF: *Synthese.* Diese Karte zeigt, was geschehen wird, wenn Sie die notwendigen Schritte unternehmen, oder was Sie erreichen können.

Im Gegensatz zum keltischen Kreuz gibt es in diesem Spread keine Karte, die das Endergebnis verkündet. Alle fünf Karten zusammen liefern die Antwort auf Ihre Frage.

Der Fünf-Karten-Spread – ein praktisches Beispiel

Für den folgenden Spread habe ich diese Methode angewandt. Eine Frage wurde nicht gestellt. Der Fragende wählte lediglich fünf Karten aus, und dies war das Ergebnis:

KARTE EINS: *Der Turm.* Sie steuern auf die totale Vernichtung all Ihrer Pläne und Träume zu.

KARTE ZWEI: *Der Narr.* Sie können die Katastrophe verhindern, wenn Sie aufhören, sich töricht zu benehmen.

KARTE DREI: *Der Teufel.* Worin besteht Ihr dummes Verhalten? Sie stützen Ihre Hoffnungen auf eine Macht, die sich nicht im Geringsten um Sie kümmert.

KARTE VIER: *Der Hohepriester.* Was sollen Sie tun? Hören Sie auf, mit dem Eingreifen der anderen Macht zu rechnen, und nehmen Sie Ihr Schicksal in die eigene Hand.

KARTE FÜNF: *Die Welt.* Wenn Sie sich zusammenreißen, werden Sie Erfolg haben.

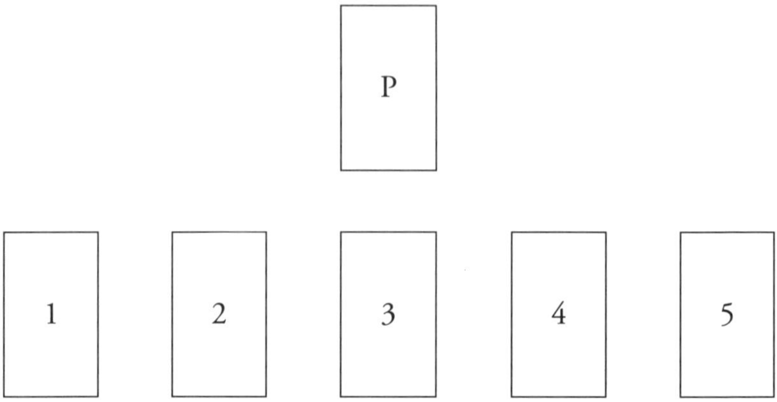

Abb. 2: Fünf-Karten-Spread

In vielen Fällen genügt dieser Rat. Die Frage ist, was sagt dieser Spread dem Fragesteller?

Bevor Sie das verstehen können, müssen Sie wissen, was geschehen ist. Der Freund, für den ich die Karten legte, stellte keine bestimmte Frage. Aber ihm fielen keine fünf Zufallszahlen ein, und darum nahm er die Zahlen, die er jede Woche in der staatlichen Lotterie spielte. Drei dieser Zahlen waren höher als zweiundzwanzig; deshalb addierte er die beiden Ziffern. Normalerweise kreuzt er sechs Zahlen an; aber zwei von ihnen ergaben dieselbe Quersumme, so daß ihm fünf Zahlen blieben.

Dieser Spread wirft ein interessantes Licht auf die Wirkungsweise des Tarots. Wie Sie bereits beim keltischen Kreuz gesehen haben, beantworten die Karten die Frage, die Sie wirklich im Sinn haben, einerlei, welche Frage Sie laut stellen. In diesem Fall wurde keine Frage gestellt; doch da der «Fragende» seine Lotteriezahlen benutzte, wollte er offensichtlich wissen, ob er jemals gewinnen werde.

Wenn Sie eine dumme Frage stellen, erhalten Sie eine schnippische Antwort. Die Tarotkarten – wenigstens meine – lassen sich nicht gerne mit Fragen belästigen, bei denen es um Glücksspiele geht.

Jetzt wissen Sie also, was die Antwort wirklich bedeutet: Wenn du nicht aufhörst, dein Geld zu verwetten, wirst du es verlieren. Statt auf einen Lotteriegewinn und Reichtum zu hoffen, solltest du lieber arbeiten, um viel Geld zu verdienen.

Kurz, hübsch und treffend – und brutal ehrlich, weil ich nur Karten des Großen Arkanums verwendete. Der Tarot nimmt kein Blatt vor den Mund!

Für den nächsten Spread brauchen Sie sieben Karten. Trotzdem ist er der einfachste von allen.

Ein Sieben-Karten-Spread

Wie Sie gesehen haben, liefert der Tarot sehr oft eine Erklärung und keine simple Antwort. Er sagt Ihnen nicht nur, was geschehen kann, sondern auch, warum es geschieht und wie Sie es ändern können, und er gibt Ihnen eine Fülle weiterer Erläuterungen und Einsichten in die Situation und in die Persönlichkeit des Fragestellers.

So viele Einzelheiten sind nicht immer erforderlich. Manchmal wollen Sie nur eine schnelle, einfache Antwort haben. Den folgenden Spread können Sie genau analysieren, wenn Sie wollen, oder einfach «ja» oder «nein» daraus lesen. Er ist nicht für eine allgemeine Deutung geeignet, und die Frage muß so formuliert sein, daß sie sich mit ja oder nein beantworten läßt.

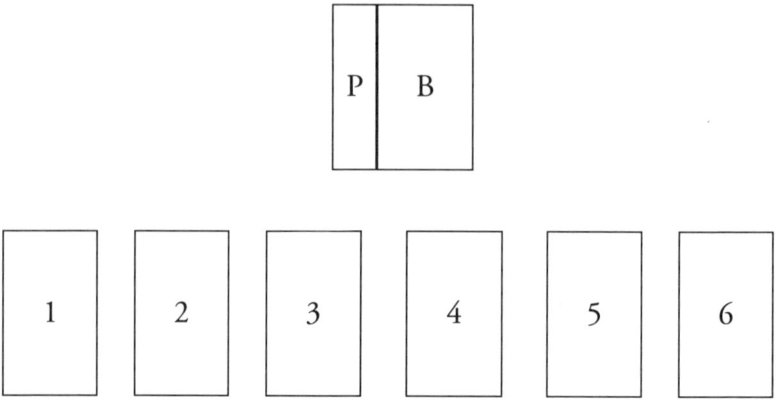

Abb. 3: Sieben-Karten-Spread

Nachdem Sie die Karten gemischt und in drei Haufen geteilt haben, legen Sie die ersten sieben Karten von links nach rechts aus, wie die Abbildung es zeigt. Wenn Sie die Karten einzeln deuten, symbolisieren die ersten drei Karten die Vergangenheit oder die Ereignisse, die zu der gegenwärtigen Situation geführt haben. Die letzten drei Karten enthüllen die Zukunft oder das, was aus der Situation wird. Die mittlere Karte heißt Brennpunktkarte (B); sie liefert die meisten Informationen über die Situation.

Legen Sie diese Karte auf die Personenkarte, wenn Sie eine benutzen.

Wenn Sie die Karten einzeln deuten wollen, kann die Brennpunktkarte auch die vom Tarot ausgewählte persönliche Karte sein. Das heißt, Sie suchen keine Personenkarte, um sie an die erste Stelle zu legen, sondern Sie betrachten die mittlere Karte als Grund für die Antwort des Spreads auf Ihre Frage.

Wenn die Frage formuliert ist, mischen Sie die Karten und bilden drei Päckchen. Dann legen Sie die Karten von links nach rechts in eine waagrechte Reihe. Die Brennpunktkarte ist die vierte abgehobene Karte. Alle aufrechten Karten bedeuten «ja», alle verkehrt liegenden «nein». Die ersten drei und die letzten drei Karten sind jeweils einen Punkt wert, die Brennpunktkarte zwei Punkte. Ein bißchen Arithmetik genügt: Zählen Sie die Ja- und Neinpunkte zusammen, und Sie haben die Antwort.

Mit diesem Spread können Sie auch schnell und leicht feststellen, ob die Karten eine bestimmte Frage beantworten werden oder nicht. Wenn das Ergebnis «unentschieden» lautet, muß der Fragesteller ohne Hilfe des Tarots eine Entscheidung treffen.

Der Sieben-Karten-Spread – ein Beispiel aus der Praxis

Die Frage stellte eine Mutter, und sie betraf ihre Tochter. Die Tochter, eine junge Frau Anfang zwanzig, sollte in knapp zwei Wochen operiert werden, und die Mutter wollten wissen, ob alles gutgehen würde.

Von den sieben Karten lagen vier, einschließlich der Brennpunktkarte, verkehrt; drei Karten waren aufrecht. Das waren fünf negative und drei positive Punkte – ein klares Nein.

Da es sich um eine ernste Situation handelte, wollten wir selbstverständlich näheres wissen. Die geplante Operation war nicht sonderlich gefährlich, und die junge Dame war ansonsten gesund. Warum also die schreckliche Warnung? Der Tarot gab dazu die folgende Erläuterung.

Die gewählte Personenkarte war der Bube der Stäbe, da die junge Frau eindeutig frech und spitzbübisch war. Dies waren die Karten, die ich auslegte:

KARTE EINS (vergangene Einflüsse): *Sechs der Schwerter, aufrecht* – eine Reise mit ungewissem Ziel. Das bezieht sich offensichtlich auf die Operation, da die Fragestellerin nicht wußte, ob sie erfolgreich sein würde. Aber es war auch eine andere Deutung denkbar.

KARTE ZWEI: *Der Turm, verkehrt* – Unannehmlichkeiten geringerer Art. Damit konnte ebenfalls die Operation gemeint sein: Sie galt als recht einfach und nicht als lebensbedrohend (abgesehen von dem Restrisiko, das jeder chirurgische Eingriff mit sich bringt). Oder wollte die Karte sagen, daß die Krankheit der Tochter überhaupt keine Operation erforderte?

KARTE DREI: *Gerechtigkeit, verkehrt* – Rechtsmißbrauch, Heuchelei. Diese Karte scheint unseren Verdacht zu bestätigen. Die Tochter und ihre Familie waren Einwanderer. Sie hatten sich gut eingelebt und konnten sich eine ärztliche Behandlung leisten; aber sie verstanden das System nicht ganz. Ein übereifriger Arzt konnte ihnen etwas aufschwatzen, was sie gar nicht brauchten.

KARTE VIER (Brennpunktkarte): *Zwei der Stäbe, verkehrt* – eine Überraschung, ein unerwarteter Faktor. Beachten Sie, daß die Brennpunktkarte aus derselben Reihe stammt wie die Personenkarte. Die Zwei der Stäbe ist in der Regel keine günstige Karte; daher konnte die Überraschung angenehm oder unangenehm sein (oder, wie in diesem Fall, beides zugleich). Aber offensichtlich wird die Situation von einem neuen Faktor beeinflußt, der mit der Tochter zu tun hat, weil die vierte und die persönliche Karte dieselbe Farbe haben.

KARTE FÜNF (Ergebnis in der Zukunft): *Der Tod, aufrecht* – Tod, Scheitern. Der Tarot sagt also, daß die junge Frau mit dem Leben spielt, wenn sie sich operieren läßt. Vielleicht stirbt sie nicht auf dem Operationstisch; aber der Eingriff wird mehr Probleme hervorrufen, als er löst.

Karte Sechs: *Zehn der Stäbe, aufrecht* – ein Spiel mit hohem Risiko. Hier ist die Bedeutung klar. Die junge Frau riskiert ihr Leben. Sie muß sich fragen, ob sie die Operation wirklich benötigt.

Karte Sieben: *Vier der Kelche, verkehrt* – neue Beziehungen, ein unvorhergesehenes Ereignis. Das ist eine Bestätigung der Brennpunktkarte: Etwas wird sich ändern. In diesem Fall wird die Veränderung von freundlich gesonnenen Menschen bewirkt, denen die Fragende oder ihre Tochter bald begegnen werden.

Dieser Spread zeigt anschaulich, wie gründlich der Tarot die Zukunft ändern kann. Als das Ergebnis vorlag, erkundigte ich mich zuerst, wie viele Ärzte die junge Frau konsultiert hatte – es war nur einer. In der folgenden Woche suchte sie drei weitere auf, und keiner von ihnen empfahl ihr, sich operieren zu lassen! Sie hatte tatsächlich Beschwerden; aber die drei Ärzte rieten ihr zu einer medikamentösen Behandlung. Es dauerte nur drei Wochen, bis die junge Frau völlig wiederhergestellt war – ohne die unnötige Operation.

Es erübrigt sich fast zu sagen, daß dies eine der erfreulichsten Deutungen war, die ich seit langem vorgenommen hatte. Solche Ergebnisse sind der Grund dafür, daß wir Zeit und Mühe aufwenden, um die Karten lesen zu lernen.

Schluß

Was bedeutet das alles für Sie? Sie haben 78 seltsam aussehende Karten und ein Buch voller möglicher Bedeutungen für jede Karte. Sie wissen, daß in diesem Deck die Antworten auf Ihre wichtigen Fragen stecken. Wie holen Sie diese Antworten hervor?

Um die Karten korrekt lesen zu können, müssen Sie ihre Bedeutungen kennen. Sofern Sie kein Supergedächtnis haben, ist es allerdings unmöglich, die vielen Informationen auswendig zu lernen. Und selbst mit einem fotografischen Gedächtnis wäre das ziemlich sinnlos. Eine Liste von Worten und Sätzen ist für sich allein wertlos. Sie müssen sie beim Kartenlesen auf eine reale Situation anwenden. Das macht die Angelegenheit schwierig: Um die Karten nutzen zu können, müssen Sie sie verstehen, und um sie zu verstehen, müssen Sie sie benutzen.

Außerdem sind nicht alle Bedeutungen der Großen und Kleinen Arkanen gleichzeitig anwendbar. Sie müssen also nicht nur alle möglichen Bedeutungen kennen, sondern Sie müssen auch diejenige finden, die zur realen Situation paßt.

Die genaue Aussage einer Karte zu bestimmen ist einfach eine Frage der Erfahrung. Mit der Zeit werden Sie lernen, die aufgezählten Bedeutungen in der Praxis anzuwenden und einen logischen Zusammenhang mit der Lebenssituation des Fragenden herzustellen.

Aber dieser Rat hilft Ihnen noch nicht viel weiter. Schließlich ist dies ein Buch für Anfänger, und es nützt Ihnen wenig, wenn Sie lesen, was Sie «mit der Zeit» lernen werden. Darum möchte ich zum Schluß noch mit Ihnen darüber reden, wie Sie Erfahrungen sammeln können.

Sie werden sehen, daß die meisten Menschen von der Idee begeistert sind, sich die Karten lesen zu lassen, und die meisten haben durchaus Geduld mit Anfängern wie Ihnen. Wenn Sie sich nicht gleich zu Beginn Ihrer Praxis als großen Experten hinstellen, können Sie aus dem Umgang mit Ihren ersten Klienten und deren Reaktionen viel über die Karten lernen.

Sagen Sie also den Leuten, daß Sie Anfänger sind. Sie werden warten, während Sie die Bedeutung der Karten nachschlagen, und sie werden Ihnen sagen, wie diese Bedeutungen zu ihrem Problem passen. Wenn Sie bereit sind, anfangs ein wenig «ins Schwimmen» zu geraten, wenn Sie zugeben, daß Sie selbst als künftiger Experte nicht unfehlbar sein werden, können Sie verstehen lernen, was der Tarot Ihnen sagen will. Arbeiten Sie *mit* dem Fragesteller, lernen Sie aus dem Leben anderer und aus Ihrem Leben; dann garantiere ich Ihnen, daß die richtigen Ideen Ihnen bald von selbst zufließen. So einfach ist das!

Um einen Spread deuten zu können, müssen Sie noch zwei weitere Punkte beachten. Zunächst einmal sind die meisten Probleme nicht welterschütternd. Nur selten – Sie haben es am dritten praktischen Beispiel gesehen – geht es um Leben und Tod. Suchen Sie also nicht nach außergewöhnlichen Informationen in den Karten. Schließlich lesen Sie die Karten für ganz gewöhnliche Leute. Deren Probleme sind zwar wichtig – daran sollten Sie nie zweifeln –; aber die Antworten, die sie brauchen und die sie von den Karten bekommen, sind wahrscheinlich keine mystischen Offenbarung von herausragender Bedeutung. Suchen Sie das Normale, nicht das Anormale, und beherzigen Sie die alte Ärzteweisheit: «Wenn du Hufe hörst, denk an Pferde, nicht an Zebras.»

Der zweite Punkt ist: Das Deuten der Tarotkarten gleicht sehr oft der Traumdeutung, vor allem wenn Sie mit einem Spread arbeiten, der sich auf die Großen Arkanen beschränkt. Sie hören die Botschaft nicht auf gut Deutsch, sondern Sie bekommen Bilder, Symbole und Hinweise, die Sie dann mit den beteiligten Menschen und der gestellten Frage in Verbindung bringen müssen. Kurz gesagt: Sie müssen über die Botschaft nachdenken, um zu verstehen, was sie bedeutet und was Sie mit dem Leben des Fragestellers zu tun hat.

Aber auch hier gilt: Je mehr Sie üben, desto klarere Bilder erhalten Sie. Und eines Tages sind Sie so weit, daß Sie nur einen Blick auf den Spread zu werfen brauchen, um zu wissen, wie die Antwort lautet. Dann brauchen Sie die einzelnen Karten nur noch zu interpretieren, um Genaueres zu erfahren.

Der Start ist der schwierigste Teil. Es ist nicht leicht, die Karten lesen zu lernen; aber Sie können es schaffen. Lassen Sie sich nicht entmutigen, wenn Sie eine Weile brauchen, um die erforderlichen Fertigkeiten zu erwerben – es liegt nicht daran, daß Ihnen das Talent fehlt, sondern daran, daß Sie sich eine komplizierte und komplexe Aufgabe gestellt haben.

Gleichgültig, ob Sie die Karten nur zum Meditieren benutzen, ob Sie Antworten auf Ihre Fragen suchen oder ob Sie für andere lesen – die Zeit und die Mühe, die Sie investieren, lohnt sich. Genießen Sie die Reise. Wenn Sie angekommen sind, werden Sie sehen, daß der Tarot ihr bester und verläßlichster Führer sein kann.

Schluß

Ihre Zukunft in den Karten

Obwohl Ihnen dieses Buch eine Menge Informationen vermittelt hat, ist ihr Studium des Tarots bei weitem nicht abgeschlossen. Sie haben gerade erst begonnen.

Alle Tarotbücher haben den Nachteil, daß sie nur begrenztes Wissen enthalten. Allerdings steht es Ihnen frei, mehrere Bücher zu lesen, und ich empfehle es Ihnen sogar. Aber selbst wenn Sie unendlich viele Deutungen finden, gibt es doch nur eine endliche Zahl von Karten. Und nachdem ein Buch sein System vorgestellt hat, kann es Ihnen nicht mehr weiterhelfen.

Dennoch können Sie weitergehen; denn es gibt keine Grenze für Sie. Der Tarot selbst kann Sie hinbringen, wohin Sie wollen.

Mein bester Rat für Sie lautet: Wachsen Sie mit dem Tarot. Lernen Sie zunächst die hier beschriebenen Grundlagen, und prüfen Sie dann alle Systeme, die Sie in die Finger bekommen (und die Sie sich leisten können). Lesen Sie andere Bücher, schauen Sie sich eine Reihe von Decks an. Vielleicht kommen Sie ab und zu vom Weg ab; aber solange Sie keine Vorstellung von der Vielfalt der Deutungssysteme und Kartenentwürfe haben, können Sie nicht entscheiden, was für Sie am besten geeignet ist.

Sie haben viele verschiedene Möglichkeiten. Es gibt skizzenhafte und unvollständige Tarotbücher mit okkultem Inhalt ebenso wie sehr detaillierte (und gelegentlich unverständliche)

Bände, die jeden denkbaren Aspekt zu erklären versuchen. Es gibt Karten mit einfachen, klaren Bildern – teils hervorragend gezeichnet, teils köstlich primitiv –, und es gibt extrem komplexe Kunstwerke voller magischer Symbole, welche die Grundbedeutung der Karten manchmal unterstreichen, manchmal verdunkeln.

Unter den Systemen, die Sie prüfen, werden Sie einige finden, die Sie für Ihre Mühe überreichlich belohnen, und andere, die Ihrer Meinung nach Zeitverschwendung sind. Dennoch haben jedes Tarot-Deck, einerlei, wie die Karten gezeichnet sind, und jeder Text, gleichgültig, ob er gut oder schlecht geschrieben ist, dem ernsthaften Tarotforscher etwas zu bieten. Reagieren Sie nicht ungeduldig auf die Ansichten anderer, selbst wenn Sie ihnen weit hergeholt vorkommen oder wenn Ihr Gefühl Ihnen sagt, daß sie falsch sind. (Wenn Sie zu spüren beginnen, ob etwas richtig oder falsch ist, fangen Sie langsam an, den Tarot zu verstehen und Ihre eigene, einzigartige Deutung der Karten zu entwickeln.)

Seien Sie vor allem nicht ungeduldig mit jenen Autoren, deren Auffassung sich stark von der Ihren unterscheidet. Diese Autoren brauchen Sie am nötigsten, gerade *weil* ihre Ansichten so anders sind und ihre Ziele von Ihren Zielen abweichen. Sie öffnen ein Fenster, das Sie allein gar nicht gefunden hätten, und sie zeigen Ihnen, wie viele unterschiedliche Visionen der Tarot ermöglicht. Dieses uralte Buch der Weisheit läßt sich jeder Version der Realität anpassen, und je mehr Versionen Sie sehen, desto wahrscheinlicher finden Sie irgendwann Ihre eigene Wahrheit.

Gewiß, manche Tarot-Schriftsteller sind dogmatisch. Sie behaupten, im Besitz der einzig gültigen Deutung der Karten zu sein, oder sie «berichtigen» die Aussage der Karten und zwängen sie in ein enges System. In jeder Generation gibt es Interpreten, die den Tarot ihrer persönlichen Philosophie oder politischen Meinung anpassen.

Solche Leute sind jedoch in der Minderheit. Die meisten Bücher über den Tarot haben Leute geschrieben, die darin ihre Visionen ausgedrückt sehen und sie mit Ihnen teilen wollen. Einige dieser Deutungen sind erhellend oder faszinierend, andere verwirrend, manche lächerlich. Einige verstören Sie vielleicht oder machen Sie wütend, selbst wenn sie keine höhere Einsicht für sich in Anspruch nehmen. Doch selbst wenn Sie eine bestimmte Auffassung vom Tarot nicht akzeptieren können, handelt es sich um eine zulässige Auffassung. Es lohnt sich, die vielen Wege kennenzulernen, auf die der Tarot Sie führen kann.

Eines ist sicher: Es gibt keine absolut richtige oder falsche Deutung der Karten. Sie haben *alle* recht – und sie können alle unrecht haben, je nachdem, was Sie suchen.

Es gibt einen einfachen Grund dafür, daß alle Menschen verschieden auf den Tarot reagieren: Alle Menschen sind verschieden. Ihre Persönlichkeit, Ihre Lebenserfahrung und Ihre spirituellen Bedürfnisse machen Ihre Reaktion auf den Tarot einzigartig. Vor allem die Karten des Großen Arkanums enthalten eine derart reiche Symbolik, daß nur wenige Menschen sie sofort verstehen können. Darum konzentrieren wir uns auf einige Aspekte und lassen andere beiseite. Das führt manchmal dazu, daß wir etwas Wichtiges übersehen oder etwas weniger Wichtigem zuviel Bedeutung beimessen.

Einerlei, welche Auffassung der Autor vertritt – ein Tarotbuch kann Ihnen nur sagen, was Ihnen ohne Anleitung entgehen würde, was Sie übersehen würden, weil Sie es nicht aus eigener Erfahrung kennen. Jeder Autor kann Ihnen nur seine Meinung zur Bedeutung der Karten mitteilen; einen vollständigen und unfehlbaren Tarotleitfaden gibt es nicht, weil es keine festgelegte, absolute Deutung der Karten gibt. Letztlich entscheiden *Sie* über die «wahre» Aussage der Karten.

Der Tarot ist ein Schlüssel, und wo ein Schlüssel ist, ist auch eine Tür. Und auf der anderen Seite dieser Tür finden Sie die Antworten auf alle Ihre einfachen und komplexen, weltlichen und religiösen, spirituellen und materiellen Fragen. Wehren Sie sich nicht dagegen, daß jene, die den Weg vor Ihnen gegangen sind, Ihnen zeigen, welche Türen der Tarot für sie geöffnet hat. Sammeln Sie so viele Informationen wie möglich, und nutzen Sie sie, um Ihre Einsicht in den Tarot zu vertiefen.

Dann sollten Sie Ihren eigenen Weg gehen. Erlauben Sie dem Tarot, Sie mitzunehmen, wohin er will, und Ihnen dabei zu helfen, Ihre eigene Vision der Wahrheit und der Realität zu entwickeln. Und sollte diese Vision sich jedesmal ändern, wenn Sie Ihre Karten in die Hand nehmen, dann liegt es nur daran, daß auch Sie sich ändern, weil Sie wachsen und lernen. Lassen Sie sich nicht verwirren. Nehmen Sie es als Zeichen dafür, daß Sie sich den Antworten nähern, die Sie suchen.

Wenn Sie Glück haben, paßt eines Tages alles zusammen, und Sie sehen den Weg, den Sie gehen müssen, um sich selbst und Ihr Verständnis des Universums zu erneuern. Wenn das geschieht, sind Sie ein Tarotmeister.

Wahrsagen mit dem Tarot

Dieses Buch ist in zwei Abschnitte geteilt; darum wollen wir den Schluß ebenfalls zweiteilen.

Sicherlich ist Ihnen inzwischen klargeworden, daß ich den Tarot vor allem als Hilfsmittel für die Meditation und die spirituelle Entwicklung betrachte. Aber wenn Sie nur nach einer einfachen Methode des Wahrsagens suchen, ist auch das legitim. Ich benutze meine Karten ebenfalls zum Wahrsagen, und zwar seit

Jahren. Der Tarot ist schließlich ein vorzügliches seherisches Werkzeug, und es wäre töricht, diese Nutzungsmöglichkeit zu übersehen oder herabzusetzen.

Wenn Sie die Karten zum Wahrsagen verwenden möchten, dürfen Sie eine sehr wichtige Tatsache nicht vergessen. Denn wenn Sie sie vergessen und wenn Ihre Klienten sie nicht völlig verstanden haben, rufen Sie Zweifel an Ihren Fähigkeiten hervor, und vielleicht zweifeln Sie sogar an sich selbst.

Es gibt kein unabänderliches Schicksal. Es gibt nur Ursache und Wirkung. Manchmal sind die Ereignisse leicht zu verstehen. Wenn man blau und gelb mischt, erhält man grün. Wenn man zwei und zwei addiert, erhält man vier.

Die meisten Lebenssituationen sind jedoch so komplex, daß es schwierig oder unmöglich ist, die Folgen seines Tuns exakt zu bestimmen. Genau das sind die Situationen, in denen Sie ein prophetisches Instrument benötigen, das Ihnen klar und deutlich sagt, was geschehen wird.

Denken Sie aber daran, daß Sie die Wirkung ändern, wenn Sie die Ursache ändern. Das bedeutet, daß Ihre Voraussage nicht unbedingt falsch war, wenn eine von den Karten angekündigte Wirkung nicht eintritt.

Wenn ich Ihnen sage, daß grün und blau zusammen gelb ergeben, und wenn Sie diese Farbe nicht mögen, können Sie statt dessen blau mit rot mischen und purpur erhalten. Sie haben die Wirkung geändert, und dennoch war meine «Voraussage» richtig – denn wenn Sie blau und grün gemischt hätten, wäre daraus gelb entstanden. *Sie* haben beschlossen, keine grüne Farbe herzustellen, und *Sie* haben das Resultat verändert. Ich habe Ihnen lediglich gesagt, was geschehen wäre, wenn Sie aus Unwissenheit weiter den Weg gegangen wären, den Sie zunächst gewählt hatten. Wenn Sie Ihre Karten zum Wahrsagen benutzen, werden Sie diesen Vorgang immer wieder erleben: Sie sagen korrekt voraus, was die Zukunft dem Fragenden bringen wird, und der vorgewarnte Klient unternimmt die notwendigen Schritte, um seine Zukunft zu ändern. Wenn es ihm gelingt, war Ihre Voraussage nicht falsch, sondern sie hat ihren Zweck erfüllt. Sie waren ein echter Prophet.

Eine Geschichte aus der Bibel veranschaulicht dieses Phänomen. Jona erhielt von Gott den Auftrag, nach Ninive zu gehen und den Einwohnern den Untergang als Strafe für ihre Sünden zu verkünden. Jona wollte nicht gehen (darum floh er und landete im Bauch eines Wals); denn er wußte, was geschehen würde, weil er es schon einmal erlebt hatte und es nicht noch einmal erleben wollte.

Was geschah also? Nachdem Gott ihm auf die Finger geklopft hatte, wanderte Jona murrend nach Ninive und prophezeite, daß Gott die ganze Stadt samt ihren Bewohnern vernichten werde, weil sie Sünder seien.

Der König und die Bürger hatten ebenfalls Erfahrungen mit solchen Voraussagen, und sie glaubten Jona jedes Wort. Also fasteten sie in Sack und Asche und bereuten ihre Sünden.

Und als Gott sah, daß ihre Reue echt war, hob er sein ursprüngliches Urteil auf und verschonte die Stadt. Genau das hatte Jona vorausgesehen, und genau deshalb hatte er keine Lust gehabt, nach Ninive zu gehen. Nicht daß er die Stadt zerstört haben wollte – aus der Geschichte geht klar hervor, daß sie ihn gar nicht interessierte. Aber er war schließlich ein echter Prophet, ein Mann, der wirklich mit Gott sprach. Und er fürchtete, als Versager oder, schlimmer noch, als Narr dazustehen, wenn seine Prophezeihung sich nicht erfüllte.

Jona ist etwas entgangen, was Ihnen nicht entgehen sollte: Selbst göttliche Beschlüsse, die Ihre Zukunft betreffen, sind nicht unabänderlich. Wenn Sie sich ändern, ändert Gott seine Entscheidung. Wieviel einfacher muß es wohl sein, relativ unbedeutende

Ereignisse zu ändern, für die nicht Gott verantwortlich ist, sondern Sie selbst?

Die Zukunft ist nicht festgelegt. Sie können die Richtung Ihres Lebens bestimmen – *sofern Sie wissen, was Sie zu tun haben.* Der Tarot kann Ihnen und anderen die benötigten Informationen liefern.

Eine Prophezeiung hat nicht den Sinn, die Unfehlbarkeit des Propheten zu rühmen. Sie soll vielmehr den Menschen, an die sie gerichtet ist, vor Augen halten, welche Auswirkungen ihr Verhalten hat. Wenn sie dann die Ursache ändern, ändern sie auch die Wirkung.

Die bloße Tatsache, daß Sie jemandem seine mögliche Zukunft offenbaren, kann also diese Zukunft ändern. Seien Sie als Tarotdeuter kein Jonas, und fürchten Sie sich nicht davor, wie ein Narr auszusehen, wenn die Prophezeiung nicht eintrifft. Und beginnen Sie vor allem nicht an Ihrer seherischen Begabung zu zweifeln, nur weil ein Mensch, dem Sie die Karten gelesen haben, die Information dazu nutzte, sein Schicksal zu ändern. Denken Sie einfach daran, daß es Ihre zutreffende Information war, die es ihm ermöglichte, sich aus einer unangenehmen Lage zu retten, die er ohne Ihre Hilfe gar nicht durchschaut hätte.

Halten Sie sich also beim Wahrsagen an folgende Regeln. Erstens: Sagen Sie, was Sie sehen. Spielen Sie nichts herunter, was die Karten Ihnen zeigen. Wenn Sie eine Katastrophe sehen, dürfen Sie nicht eitel Sonnenschein und Wonne verkünden, nur damit der Fragende sich besser fühlt. Erklären Sie ihm, was Sie kommen sehen, und sagen Sie ihm, soweit möglich, warum es geschieht. Der Fragesteller muß alles erfahren, Wichtiges und Unwichtiges, Gutes und Schlechtes. Er braucht Fakten, damit er einen sinnvollen Entschluß fassen kann.

Zweitens: Sollte eine vorausgesagte Wirkung als Folge des Kartenlesens nicht eintreten, dürfen Sie nicht an Ihren Fähigkeiten zweifeln und sich erst recht nicht deprimiert fühlen, wenn der Fragende Ihnen berichtet, er habe das Ereignis verhindern können. Wenn Ihre Voraussage es jemandem ermöglicht, eine Katastrophe abzuwenden oder eine unangenehme Situation auch nur ein wenig zu verbessern, dann haben Sie gewiß keinen Grund, sich als Versager zu fühlen!

Klären sie alle Ihre Klienten darüber auf, daß sie ihre neuen Informationen nutzen können, um ihre Zukunft zu ändern – das ist ein Teil der Informationen, die sie brauchen. Und wenn ein Fragesteller dann seine Zukunft tatsächlich ändert, bedeutet das nur, daß Sie ihm mehr geholfen haben, als wenn Ihre Voraussage eingetroffen wäre. Sie haben nicht versagt, sondern Sie haben Ihren Zweck erfüllt.

Seien Sie ehrlich zu sich selbst und zu den Menschen, für die Sie Karten legen. Sie haben ein Werkzeug in der Hand, mit dessen Hilfe Sie Ihr Leben und das Leben anderer Menschen ändern können.

Eine Schlußbemerkung

Der Tarot vermittelt Ihnen eine Fülle von Erfahrungen und Einsichten, wenn Sie ihm aufgeschlossen gegenüberstehen. Er öffnet Ihnen viele Türen, und der Humor vieler Karten ist köstlich. Die Schöpfer des Tarots waren weise; sie erkannten die Torheit des Menschen, aber auch seine Möglichkeiten.

Der Tarot ist zweifellos ein seriöses und wichtiges Instrument zum Meditieren und Wahrsagen. Doch das sollte Sie nicht darüber hinwegtäuschen, daß er auch Spaß machen kann, genauso wie die typisch menschlichen Szenen, die er beschreibt.

Lernen Sie von den Karten, und wachsen Sie mit ihnen. Aber vergessen Sie nicht, sich auch an ihnen zu erfreuen.

Ich hoffe, Sie finden was Sie suchen.

Über die Autorin

P. Scott Hollander studiert und benutzt den Tarot seit mehr als 20 Jahren. Sie weiß heute nicht mehr, wie oft sie die Karten im Laufe der Jahre schon gelesen hat, sowohl in Anwesenheit ihrer Klienten wie auch schriftlich oder telefonisch. Sie verwendet die Karten als Lebenshilfe, für bestimmte magische Zeremonien und als Hilfsmittel bei der Meditation. Sie ist der Meinung, daß sie die Ebene des *Sterns* erreicht hat, was ihre Studien betrifft. Als freie Schriftstellerin schreibt und veröffentlicht sie seit über 25 Jahren Bücher, Artikel und Kurzgeschichten. Das ist seit 1989 ihr Hauptberuf. In ihren Sachbüchern und Artikeln geht es vor allem um esoterische Themen.